ÖSTERREICHISCHE AKADEMIE DER WISSENSCHAFTEN
PHILOSOPHISCH-HISTORISCHE KLASSE
SITZUNGSBERICHTE, 845. BAND

VERÖFFENTLICHUNGEN ZUR IRANISTIK
HERAUSGEGEBEN VON BERT G. FRAGNER UND VELIZAR SADOVSKI

NR. 65

VELIZAR SADOVSKI UND ANTONIO PANAINO

DISPUTATIONES IRANOLOGICAE VINDOBONENSES, II.

Verlag der
Österreichischen Akademie
der Wissenschaften

ÖAW

Wien 2013

Vorgelegt von w. M. Bert G. Fragner
in der Sitzung am 17. Juni 2011

Diese Publikation wurde einem anonymen, internationalen
Peer-Review-Verfahren unterzogen.

This publication has undergone the process of anonymous, international peer review.

Die verwendete Papiersorte ist aus chlorfrei gebleichtem Zellstoff hergestellt,
frei von säurebildenden Bestandteilen und alterungsbeständig.

ISBN 978-3-7001-7140-9

Druck und Bindung:
Prime Rate kft., Budapest

Printed and bound in the EU

http://hw.oeaw.ac.at/7140-9
http://verlag.oeaw.ac.at

INHALTSVERZEICHNIS

VORWORT

Der zweite Band der Serie *Disputationes Iranologicae Vindobonenses* (für Band 1 vgl. PANAINO – SADOVSKI 2007) vereint jene Ergebnisse einer Reihe von in den Jahren 2007–2010 in enger Zusammenarbeit durchgeführten Forschungsarbeiten, deren Inhalte von den beiden Autoren im Rahmen mehrerer gemeinschaftlich organisierter Symposien und Vortragsveranstaltungen an der Österreichischen Akademie der Wissenschaften, den Akademien der Wissenschaften von Bologna und Rom, sowie – gefördert vom Erasmus-Dozentenaustauschprogramm der EU – an der Universität Bologna (mit deren Zweigstelle in Ravenna) und der Universität Wien vorgestellt wurden.

Es ist uns eine angenehme Pflicht, den beteiligten Kooperationspartnern und -koordinatoren unseren Dank auszusprechen: der Österreichischen Akademie der Wissenschaften mit ihrem Institut für Iranistik (B. G. Fragner, F. Schwarz) und ihrer Internationalen Abteilung (B. Plunger), der vormaligen *Facoltà di Conservazione dei Beni Culturali* und dem neuen *Dipartimento Beni Culturali* der *Alma Mater Studiorum Università di Bologna* (A. Panaino), dem inzwischen leider aufgelösten *Istituto Italiano per l'Africa e l'Oriente – IsIAO* († Gh. Gnoli), dem nunmehrigen *Dipartimento di Storia – Culture – Civiltà* der Universität Bologna († G. R. Franci, S. Marchignoli), der Universität Wien mit ihrem Institut für Slawistik (F. Poljakov, A. Kretschmer, H. Miklas) und mit ihrer für das Erasmus-/Sokrates-Programm der EU sowie für den bilateralen Dozentenaustausch zuständigen Dienstleistungseinrichtung *Forschungsservice und Internationales* (L. Moser, T. Antalovsky, K. Krall, M. Kudler), der *Wiener Sprachgesellschaft* (H. Chr. Luschützky), der *Accademia dell'Istituto delle Scienze di Bologna* sowie der *Accademia Nazionale dei Lincei* in Rom als Auslandspartner der ÖAW in Italien.

Der vorliegende Band wurde 2011 redaktionell abgeschlossen und von der Österreichischen Akademie der Wissenschaften auf Vorschlag des k.M.A. Rüdiger Schmitt zum Druck genehmigt; seit 2012 wird bereits an einem dritten Band der Reihe gearbeitet, der in Bälde der Philosophisch-historischen Klasse der Akademie vorgelegt werden soll.

Velizar SADOVSKI Antonio PANAINO

TEIL 1

VELIZAR SADOVSKI

ZUR MORPHOLOGIE UND SEMANTIK VON NAMEN UND EPITHETA IM INDO-IRANISCHEN

I. MORPHOLOGISCHE UND SEMANTISCHE STRUKTUREN IM PERSONENNAMENSYSTEM

A. Namen, Epitheta und (poetische) Phraseologie

1.1. Wohl nicht ganz zufällig ist das Erscheinungsjahr der ersten Monographie über iranische Personennamen, publiziert von dem Indogermanisten August Friedrich POTT unter dem Titel *Die Personennamen, insbesondere die Familiennamen und ihre Entstehungsarten, auch unter Berücksichtigung der Ortsnamen: eine sprachliche Untersuchung* zu Leipzig 1853,[1] zugleich das Geburtsjahr der Kunde von der Sprache der indogermanischen Dichtung. Zu dieser Zeit machte Adalbert KUHN die erste fundierte Vergleichung einer poetischen Formel im Veda und bei Homer:[2] Von nun an erstreckte sich die Domäne der Vergleichenden Sprachwissenschaft nicht nur auf die lautlichen und formalen Entsprechungen, sondern auch auf poetische Formeln, rhetorische Stilfiguren und, logischerweise, den Bereich der *Epitheta* und *Eigennamen*, welche auf Elemente freier Syntax zurückgehen und *poetische Phraseologie* in eine konzise, synthetische Form nominalisieren. So begannen „*Namenschatz*" und „*Dichtersprache*" in den linguistischen Behandlungen Hand in Hand zu gehen – ohne jedoch immer zu einem gemeinsamen Ziel, der Untersuchung der wechselseitigen Beziehungen zwischen Wortbildung und zugrundeliegender Phraseologie, gelangen zu können.

Es ist daher auch durchaus kein Zufall, daß es gerade der Patriarch der Iranischen Onomastik, Ferdinand JUSTI war, der, lange bevor er sein *Iranisches Namenbuch* veröffentlichte,[3] die erste grundlegende vergleichende

---

1 Zweite Ausgabe Leipzig, 1859; cf. auch den ausführlichen Aufsatz POTT 1859.

2 KUHN 1853: 467. – Über die Anfänge der systematischen Studien der indogermanischen Denkmäler der (mündlichen) Dichtung vom Standpunkt ihres phraseologischen, stilistischen und poetischen Wertes cf. die klassische Arbeit von SCHMITT 1967: z.B. 1–5 ('Prolegomena'), 6–60 ('Problemgeschichte') et passim, SCHMITT 2000a: 32–46 (mit Addenda auf S. 223) sowie z.B. CAMPANILE 1999: 29 ff.; 49ff. (mit Bibl. auf S. XIX-XXVI), die (teilweise annotierte) Bibliographie bis zur Mitte der 1990er Jahre in COSTA 1998: 333–476 und neuerdings WEST 2007: 1–25, Joshua KATZ in: FOLEY (ed.) 2005: 20–30, sowie John Miles FOLEY's *Introduction* ibid., 1–19, und das Literaturverzeichnis ibid., 589–650.

3 JUSTI 1895. Im Entstehungskontext dieses *magnum opus* kann der philologisch-sprachwissenschaftliche Aspekt von den historischen Interessen JUSTIs nicht getrennt werden, deshalb treten beide Komponenten im Konzept des Gesamtwerkes in einer dialektischen Einheit auf.

Abhandlung über *Nominalkomposita* im Indogermanischen geschrieben hat.[4] Hierbei benutzte er das Material sowohl der appellativischen Substantiva als auch jener (zusammengesetzten) *Nomina propria*, die dann die Basis seines künftigen onomastischen Compendiums bilden sollten.

Dieses Zusammenspiel von Interessen ist logisch und sinnvoll. Denn die linguistische Analyse von Personennamen kann sich nur im Spannungsfeld zwischen der *morphologischen Untersuchung* ihrer derivationellen bzw. kompositionellen Struktur und dem Studium ihrer *semantischen Motivation* und ihres *phraseologischen Backgrounds* vollziehen. Und seit dem Erscheinen des ersten Bandes des Iranischen Personennamenbuchs, geschrieben von Manfred MAYRHOFER vor mehr als dreißig Jahren[5] und gefolgt von zahlreichen einzelnen Publikationen von Rüdiger SCHMITT, insbesondere zu Namen aus griechischen, anatolischen und nahöstlichen Quellen,[6] kann sich nun die Vergleichende Iranische Sprachwissenschaft endlich auf einer soliden Basis den linguistischen Herausforderungen der *Morphologie und Semantik* der Eigennamen und deren Pendants im Bereich der *Appellativa* zuwenden.

1.2. Denn bis zum heutigen Tag zeigt die Distribution zwischen *Onomastik* und *Epitheta-Forschung* im Indischen und Iranischen eine eigenartige, privative Opposition: Im Falle des Altiranischen verfügen wir über ein minutiös angelegtes *Personennamenbuch*,[7] das jedoch *naturgemäß* nicht in der

---

[4] JUSTI 1861; über die frühere Geschichte der vergleichenden Erforschung der Nominalkomposita des Indogermanischen s. SADOVSKI 1998 (mit Lit. S. 149–154); zu den Implikationen der einheimischen indischen Tradition cf. SADOVSKI 2002a, mit Bibl. auf S. 351–382.

[5] MAYRHOFER 1977a; cf. auch das Panorama in MAYRHOFER 1977b: 7–12; 1973; einzelne Themenbereiche in MAYRHOFER 1977b: 12–53; MAYRHOFER 1979–1996: passim.

[6] Cf. z.B. die Studien von SCHMITT 1978a und 1978b; 2002; 2003a & b; 2006a; 2006b; 2011, sowie die in SCHMITT 2000a ausgewählten Veröffentlichungen und die Bibliographie des Autors ib., 225–279 (für Titel von 1999 an s. SCHMITT 2006a: 35–36 und 2006b: 31f., 38–54, passim).

[7] *Iranisches Personennamenbuch* (IPNB), begründet von Manfred MAYRHOFER, Hrsg. von Rüdiger SCHMITT, Heiner EICHNER, Bert G. FRAGNER und Velizar SADOVSKI. Seit 2006 erscheint das IPNB als Teil der neuen Publikationsserie „Iranische Onomastik". Folgende Bände und Faszikel wurden bislang veröffentlicht: MAYRHOFER 1977a (Band I; Fasz. 1–3); GIGNOUX 1986 und 2003 (Band II, Fasz. 2 und 3); ALRAM 1986 (Band IV); SCHMITT 1982 (Band V, Fasz. 4); HUYSE 1991 (Band V, Fasz. 6a), FRITZ 2006 (Band III, Fasz. 3). Sechs weitere, insbesondere die älteren iranischen Sprachzustände betreffende Teilbände sind seit 2008 erschienen: so über das Altiranische Ran ZADOKs Studie der iranischen Personennamen in der neu- und spätbabylonischen Nebenüberlieferung (ZADOK 2009), die entsprechende Untersuchung iranischer Namen im Neuassyrischen (SCHMITT 2009) – beide Werke setzen sich auch mit dem unmittelbar vorher erschienenen, groß angelegten Lexikon altiranischer Eigennamen und Appellativa von Jan TAVERNIER (2007) intensiv wie auch

Lage ist, das System der Appellativa zu berücksichtigen, die als Attribute oder Epitheta verwendet werden. Im *Altindischen* liegen dagegen mehrere Einzeluntersuchungen über poetische Beiwörter[8] und Wortfeld-Semantik vor, während eine echte philologische Behandlung des *onomastischen Systems* in seiner Gesamtheit fehlt. Wir finden hier, abgesehen von drei Teilstudien mit jeweils spezifischen Schwerpunkten[9], nur drei Monographien[10] allgemeinen oder wiederum ziemlich partiellen Charakters, die im Laufe von 130 Jahren erschienen sind, also fast mit der Periodizität des Halleyschen Kometen. Vor allem die ersten zwei Pionierarbeiten, die einen Abriß und eher kursorische Erschließungen ausgewählten Materials bieten, gleichen angesichts des wirklichen „indischen Dschungels" von mündlich und schriftlich überlieferten Literaturdenkmälern einem Tropfen im Indischen

---

kritisch auseinander –, sowie, nach zahlreichen Vorarbeiten wie zuletzt SCHMITT 2006a, soeben [Korr.-Nachtrag: = nach dem redaktionellen Abschluß dieses Bandes] Rüdiger SCHMITTs *magnum opus* über die griechische Überlieferung vor Alexander dem Großen (SCHMITT 2011). Das Mitteliranische wiederum betreffen die Abhandlungen zu den sogdischen (LURJE 2010) und baktrischen (SIMS-WILLIAMS 2010) Namen und die Übersicht über die iranischen Personennamen im Syrischen (GIGNOUX – JULLIEN – JULLIEN 2009). Mehrere Faszikel weiterer fünf Bände (II, III, V, VI, und VII) befinden sich in Vorbereitung zum Druck am Institut für Iranistik der Österreichischen Akademie der Wissenschaften; so etwa der zur Publikation in 2013 genehmigte Band über die iranischen Namen im Ägyptischen von Rüdiger SCHMITT und Günter VITTMANN sowie die vom Herausgeberteam für 2014 vorgesehene Abhandlung von Manfred HUTTER über die Namen iranischer Herkunft im Alten Testament. Über skythische Namen s. zuletzt etwa MAYRHOFER 2006. Weitere Spezialarbeiten der Reihe „Iranische Onomastik" außerhalb des *Iranischen Personennamenbuchs* betreffen den Fragenkomplex der Frauennamen im R̥gveda und Avesta (REMMER 2006) oder fokussieren sich – wie im Falle von SCHMITT 2006b – auf das Namenbuch selbst als Forschungsschwerpunkt [sowie auf dessen 2011 leider hingeschiedenen Begründer Manfred MAYRHOFER als Forscherpersönlichkeit (s. SCHMITT 2012) – Korr.-Nachtrag].

8 Vor allem GONDA 1959b (über die Epitheta im RV, hauptsächlich vom semantischen Standpunkt, insbesondere im Bezug auf deren religiösen Wert) und *AiGr* II/1 (komponierte Adjektive, inkl. Epitheta); s. auch GONDA 1959a: 390–396 (ein kurzer Abriß einiger stilistischer Wiederholungen in Eigennamen und Epitheta); GONDA 1968 (Veränderungen in der Struktur von Komposita); BENVENISTE 1968 (Phraseologie); zum Germanischen cf. z.B. SCHRAMM 1957. Rezentere Wortfeld-Studien werden in der von Frank HEIDERMANNS publizierten, aktualisierbaren *Bibliographie* (HEIDERMANNS 2005) aufgelistet.

9 Es sind dies FICK 1874: CXXXIX–CXCI (im Kapitel „Die Namengebung im Sanskrit"), FRANKE 1890: 57–63 (im Anhang „Die indischen Namen") und – zu einem Spezialthemenbereich – GUBLER 1903; zu einzelnen Namen allgemein MACDONELL – KEITH 1912, s.vv.

10 Wenn man einige frühere Darstellungen – wie etwa die in der vorangehenden Anm. aufgezählten – beiseite läßt, sind es: HILKA 1910, SÖRENSEN 1904–1925 und VAN VELZE 1938; das von HEIMANN (1931: 155) geplante Projekt ist leider unvollendet geblieben.

Ozean. Die bislang einzige Monographie, die ein spezifisches Corpus der archaischen Periode – das R̥g-Vedische – vollständig erfaßt, erschien erst vor wenigen Jahren.[11] Und trotz der verblüffenden typologischen – und genealogischen – Parallelitäten in den drei Schwestersprachen bleibt eine vergleichende Untersuchung von Beiwörtern, Beinamen und Personennamen und ihr Verhältnis zur poetischen Phraseologie noch immer ein Desiderat.

1.3. Um diese Lücke auszufüllen, begann ich eine Studie von Epitheta und Eigennamen in ihrem Verhältnis zur poetischen Phraseologie im Jungavestischen und Vedischen im indogermanischen Vergleich, die seit 2003 an dem neuen *Institut für Iranistik* der Österreichischen Akademie der Wissenschaften als Teil der Arbeit am *Iranischen Personennamenbuch* durchgeführt wird.[12] Das untersuchte Material umfaßt, in seinem iranischen Teil, alle (422) im Avesta bezeugten Personennamen (definiert als solche laut den im IPNB gängigen Einschränkungen), kombiniert mit mehreren hundert altpersischen Namen von den Keilschrifttexten und aus den sogenannten „Nebenüberlieferungen", die in den letzten Jahrzehnten vor allem von MAYRHOFER, HINZ und SCHMITT veröffentlicht bzw. neu ausgewertet wurden.[13] Was das Altindische anbelangt, werden die Daten des Rigveda durch jene des späteren Vedischen ergänzt und, bis zu einem gewissen Ausmaß, durch Material aus der Überlieferung des Epischen und Klassischen Sanskrit. Im Folgenden werden einige der Highlights dieser Untersuchung präsentiert, die die Kompositionsstruktur der Namen (und Epitheta) im Indo-Iranischen analysieren; eine weitere Behandlung vom Standpunkt der Semantik wird in einem anderen Rahmen innerhalb der Serie *Veröffentlichungen zur Iranistik* der ÖAW erscheinen.

2. In diesem Kontext ist es nützlich, zunächst die Grenzen unseres Wissenshorizonts und die Einschränkungen der Analyse genauer zu bestimmen: Als ein erstes Wort der Warnung sollte man bedenken, daß die Epitheta und die Personennamen ursprünglich Transformationen freier phraseologischer Syntagmata oder ganzer Sätze und oft von konstanten, wiederkehrenden

---

11 MAYRHOFER 2003; im Folgenden abgekürzt als PNRV.

12 Forschungsergebnisse bezüglich der poetischen Gattung der Kataloge von Epitheta und Götternamen in den ältesten Denkmälern der indo-iranischen hymnischen Poesie vom Standpunkt ihrer Form, Semantik, stilistischer Verwendungsweise und systemhafter Entstehungs- bzw. Verbreitungsgeschichte wurden in SADOVSKI 2007 veröffentlicht, unter Bezugnahme auf analoge Prozesse im System der indo-iranischen Anthroponyme.

13 Cf. HINZ 1975: 17–279; MAYRHOFER 1973; idem, Archiv für Orientforschung 25, 1974/77, 179–184; SCHMITT 1982; idem, Beiträge zur Namenforschung, N.F. 37, 2002, 133–144; für neuere Studien cf. die Registereinträge von SCHMITT 2006a: 298–306, 2011: 403ff. und die Lit. in SCHMITT 2006b: 45–56.

poetischen Formeln sind. Da ein Kompositum meistens aus *nicht-flektierten* Wortstämmen gebildet ist, ist die Bedeutung eines Epithetons oder eines Eigennamens oft sehr kondensiert, und es gibt nicht selten mehr als eine mögliche Interpretation des Verhältnisses zwischen den Konstituenten, mehr als eine 'Katalyse' (cf. z.B. HARWEG 1964: 14; 61–66) des Kompositums.

2.1. Ein wesentliches Problem steckt in den (deskriptiv) sogenannten '*nicht-komponierten*' *Namen*: Wenn Komposita gekürzt werden, bleibt für gewöhnlich nur einer der Stämme erhalten. Nun kann man nicht a priori die Frage beantworten, ob ein gegebener eingliedriger Name ein ursprüngliches *Simplex* ist oder ob wir es mit einem sekundär *verkürzten* ursprünglichen *Kompositum*, d.h. mit einem *De-kompositum* zu tun haben.

2.2. Es bieten sich zum Beispiel zwei Erklärungsmöglichkeiten für den vedischen Personennamen *Śyā́va-*[14]: es kann ein „echter" *eingliedriger Name* der Bedeutung 'der Braune', sozusagen '*Bruno*' – bezogen auf die Haar- oder Hautfarbe –, oder aber die *verkürzte Form* eines Kompositums wie vedisch *Śyāvā́śva-* 'der braune Pferde hat' sein, das dem avestischen **Siiāuuāspa-* (bezeugt im Patronymikon *Siiāuuāspi-*) Laut für Laut parallel ist; cf. auch jungavest. *Siiāuuaršan-* 'der braune Hengste hat' (Yt. 9,18.22; 13,132; 17,38; 19,71, 19,77; AZ 3; IPNB 1,75); *Śyāvā́śva-* nennt sich in der Tat selbst einmal (RV 5,61,9b) *Śyā́va-*[15]; cf. auch *Śyā́vaka-* : iran. (Nebenüberl.) Σιαυακος (PNRV 95). Analoges gilt von Namen wie vedisch *Kŕ̥ṣṇa-* (ein Sänger in RV. 8,85,3–4; mit einer patronymischen Entsprechung *Kārṣṇá-* [zu Betonung und Bedeutung *AiGr* II/2,135]), avestisch (*)*Karšna-* vs. dem ([de]komponierten) Clan-Namen *Karšnaz-* (s. neuerdings PNRV 30), oder von griech. Μέλας 'Black' – gegenüber Μελάνιππος 'der schwarze Pferde hat'. Während unserer Arbeit am IPNB wurden eine Reihe hilfreicher Kriterien[16] entwickelt, um festzustellen, wie die ursprüngliche Struktur des jeweiligen Namens ausgesehen haben mag; jedoch bleiben viele Interpretationen ambivalent, nicht zuletzt mangels ausreichender Evidenz aus dem externsyntaktischen Kontext vor allem der iranischen Kleincorpussprachen.

2.3. Des weiteren beobachten wir eine verbreitete *Formvariation* von zusammengesetzten Namen, wie in Yt. 13,121 *Frādat̰.vaŋhu-* 'der Gutes/Güter fördert' gegenüber altpers. **Vau-frāda-* und **Frāda-vau-* mit pragmatisch glei-

---

14 SCHMITT 2000a: 68, § 1.2.; cf. ibid. 48 und 92, Anm. 23.

15 PNRV 95, SCHMITT 2000a: 48.

16 Über die Beispiele bei SCHMITT 2000a: 45–59 hinaus vgl. auch den Typus von altind. *Amara-* usw., einer Verkürzung von *Amaradeva-* oder *Amarasiṃha-* (HILKA 1910: 55f., 58ff.; HEIMANN 1931: 139; aber cf. auch ebenda S. 141!).

cher Bedeutung; es ist das Syndrom, das im altindischen Namen RV+ *Bharád-vāja-* 'der den Siegespreis davonträgt'[17] (des altindischen *kṣayád-vīra*-Typus von „Verbalrektionskomposita" mit regierendem *Vorderglied*, s. auch § 3.2.2.) gegenüber Saṃh. *vāja-bhr̥t-* und RV. *vājam-bhará-*, mit (morphologisch abweichenden) regierenden *Hintergliedern* vorliegt.[18] Cf. auch altiranisch **Dāta-miθra-* und **Miθra-dāta-* (R. SCHMITT, *Encyclopaedia Iranica*, s.v. *Personal Names, Iranian*, i. [Online-Preprint (zuletzt gesehen am 10.04.2011): http://www.iranicaonline.org/articles/personal-names-iranian-i]). — So muß man beim Übersetzen von Namen auf ihre *derivationelle* und *kompositionelle Struktur* achten, weil die Mißachtung der spezifischen Kompositionsregeln der betreffenden Sprache oft zu den absurdesten Interpretationen führt.[19]

Manchmal läßt sich eine Formvariation sogar im Falle ein und derselben Person beobachten, wie im Beispiel mit dem Namen des Begründers dessen, was als die indische Protoform der Atomtheorie gilt[20] – belegt als *Kaṇa-bhuj-*, *Kaṇād-* und *Kaṇabhakṣaṇa-* 'Korn-Verzehrer/Korn-Esser/Korn-Genießer'; cf. auch andere, sozial bedingte, Fälle von Namensvariation wie jene auf dem Gebiet der Spitz-/Familiennamen im Europa des Spätmittelalters und der Frühen Neuzeit, wo ein und dieselbe Person (KUNZE 1998: 63), in vier verschiedenen Perioden ihres (Berufs-)Lebens, in den Dresdner Stadtregistern 1513 als *Georg Eysenmenger*, 1514 als *Georg Seidenheffter*, 1525 als *Georg Seidensticker* und schließlich, 1525, als *Georg Czolner* erscheint.

B. Kompositionsstrukturen im System der Personennamen im Indo-Iranischen

3. Wenn wir einen Überblick über die *Kompositionsstrukturen* im System der Personennamen im Iranischen zu geben versuchen, werden wir sofort auf ein (quantitatives [und, historisch, qualitatives]) Mißverhältnis stoßen, das das Iranische mit anderen archaischen indogermanischen Sprachen teilt:

---

17 *AiGr* II/1,318ff., 276 und Nachtr., 87; II/2,164; cf. auch PNRV 66f., EWAia. 1,426; PINAULT 2006: 374ff.

18 See *AiGr* II/1,276, § 108e)α).

19 Die Beispiele für derartige Mißinterpretationen sind zahlreich und berüchtigt – sie können manchmal sogar von Expertenseite kommen, cf. Listen bei R. SCHMITT, Göttingische Gelehrte Anzeigen 226, 1974, 95–113; zuletzt SCHMITT 2006a: z.B. 100; 131; 135, Fußn. 21; 143, Fußn. 40, 144, Fußn. 44; 146, Fußn. 49; 147; 159, Fußn. 84; 160; 173, Fußn. 124, 175, Fußn. 133; 195; 229.

20 HILKA 1910: 71, HEIMANN 1931: 139.

3.1. Die exozentrischen *Komposita*[21] bilden, genauso wie im Vedischen oder Homerischen, die Hauptmasse der Eigennamen.

3.1.1. Dies betrifft insbesondere die Possessivkomposita:

3.1.1.1. Hier können wir einerseits den Typus mit *Vorderglied in Stammform* finden – RV. 8,52,2 *Ṛ́jū-nas-* (Kashm. ~ °*jī*°) m. 'dessen Nase [*nás-*] gerade [*ṛjú-*] ist, *Grad-nas*(*e*)', Name eines Opferers.[22] – Ein archaischer Subtyp wird mit einer speziellen, 'kompositionellen' Stammform gebildet: dies bedeutet entweder die Substitution von Adjektiva des 'Caland-Systems' mit den entsprechenden *-i*-Substantiven oder spezifische Ablautänderungen des zugrundeliegenden Stammes. Beide Erscheinungen treten gemeinsam in dem Kompositum jungavest. *Bərəzi-šnu-* (Yt. 13,110) 'dessen Knie hoch sind', pragmatisch: 'der lange Vorderbeine hat' zutage, dessen Vorderglied – genauso wie jenes im semantisch ähnlichen jungavest. *bərəzi.pāδa-* 'dessen Füße hoch sind' (Yt. 15,54) – gemäß der Regel von CALAND[23]/WACKERNAGEL *bərəzaṇt-* entspricht[24] und dessen Hinterglied *-šnu-* nichts anderes als die archaische (cf. SCHINDLER 1987; 1997: 537) „Super-zero"-Stufe des avest. Wortes für 'Knie', *zānu-* ist – das gleiche Phänomen wie in altind. (*mitá*)*-jñu-* vs. *jā́nu-* 'Knie'.[25]

3.1.1.2. Das Kompositionsvorderglied kann des weiteren in einer *Kasusform* auftreten wie dem [adverbialen] Lokativ im Champions-Namen *Aγraē-raθa-* (Yt. 13,131, Yt. 9,18), mit der Bedeutung: 'dessen (Streit-)Wagen an der Spitze/Vorder(linie) ist', dem eine Reihe von Formeln im Veda und Avesta entsprechen – z.B. RV 9,96,1: *ágre ráthānām* 'an der Spitze der (Streit-)Wagen' (IPNB 1,17; MAYRHOFER 1977b: 20, § 4.3.1. mit Lit.;

---

[21] Zu den Kompositatypen s. zuletzt SADOVSKI 2000a: 455ff. und 2000b: 133, 142–145; cf. BRUGMANN 1905/06a, 1905/06b, RENOU 1956a, SCHINDLER 1997; über die traditionelle Terminologie wie *bahuvrīhi-*, *tatpuruṣa-* etc. vgl. SADOVSKI 2002a; die klassischen Darstellungen unter den einschlägigen Compendia bleiben immer noch *AiGr* II/1 und DUCHESNE-GUILLEMIN 1936.

[22] *AiGr* II/1,91; EWAia. 1,252f., mit Lit.; 2,30f., 833; PNRV 22, § 2.1.99.

[23] Erstveröffentlichung Zeitschrift für Vergleichende Sprachforschung auf dem Gebiet der Indogermanischen Sprachen 31, 1892, 267f.; 32, 1893, 592; cf. WACKERNAGEL 1953–1979: 1,770.

[24] Für rezentere Literatur über diese Regel s. nun etwa MEIER-BRÜGGER 2002: 292–295; des weiteren vgl. insbesondere A. J. NUSSBAUMs unpublizierte Dissertation (NUSSBAUM 1976) sowie NUSSBAUM in: EICHNER – LUSCHÜTZKY (Hrsg.) 1999: 402, monographisch zuletzt WIDMER 2004; eine wissenschaftshistorische Abhandlung von F. DELL'ORO ist in Vorbereitung.

[25] Sieh z.B. IPNB 31f., EWAia. 1,585 und im Detail NUSSBAUM 1986: 89–91, 267–274, SADOVSKI 2000a: 464 und 2001: 101 mit Fußn. 3, 103 mit Fußn. 11.

EWAia. 1,45; SCHMITT 2006a: 151, Fußn. 62); zum Begriff des ‘Vordermannes’ vgl. auch Yt. 5,11:

**yō +paouruuō +vāṣ̌əm vazāite* *ąxnā̊ +dražete +vāṣ̌ahe* *ahmiia vāṣ̌a vazəmna* [...].	Wenn einer als erster/vorderer (/an der Spitze) „das Fuhrwerk“ (den Wagen) fährt, so hält sie (Anāhitā) die Zügel „des Fuhrwerks“ (des Wagens), bei ihm mit dem Wagen fahrend [...] (nach OETTINGER 1983: 45, modifiziert).

3.1.1.3. „Indeklinabilia“ im Vorderglied:

3.1.1.3.1. Unter diesen Formationen begegnen wir gelegentlich solchen mit *adverbial(isiert)en* Formen als erstem Element: dem Typus von ved. *Viṣvā́c-* – in RV. 1,117,16[26] Name eines von den Aśvin erschlagenen Dämons –, der sich als **viṣu-vac-* ‘dessen Rede in verschiedener/abweichender Weise ist/läuft’, ‘irreführend, betrügerisch’ analysieren läßt; stärker „verdunkelte“ Komposita wie das (urspr. als Bahuvrīhi interpretierbare) ved. *Tiraścī́-* zeigen synchronisch eine geringere Transparenz hinsichtlich ihrer Struktur und Bildeweise.

3.1.1.3.2. Als Kompositionsvorderglieder erscheinen viel häufiger *Präverbien*; Formationen mit einem Präverb im Vorderglied gehören dem sogenannten *Entheos-Typus* an (griech. ἔνθεος ‘Gott in [sich] habend’)[27]:

So lassen sich jungavest. (Yt. 13,117) *Aiβixᵛarənah-* und das Epitheton *aiβi.xᵛarənā̊* (Nom. Sing. Yt. 15,48) sowie der Name des vedischen R̥ṣi *Abhi-tapas-* (*Saurya-*), angeführt in der Anukramaṇī als der (mythische) Autor von RV. 10,37, als ‘whose glory is ab(undant) / over(flows)’ bzw. ‘whose heat over(flows)’ wiedergeben. Jungavest. *Aipi.vohu-* (Yt. 19,71; Yt. 13,132) läßt sich als ‘Gut(es)/Güter „[dar]auf“ [auf sich] habend’ auflösen und gehört zu dem gut bezeugten Typus von Adjektiven wie griech. ἐπίχρυσος ‘Gold „[dar]auf“ [auf sich] habend; vergoldet/goldbelegt’ (wozu s. FORSTER 1950), einer Untergruppe der Entheos-Komposita. Nach einer Spezialuntersuchung der (appellativischen) Entheos-Komposita im Veda und Avesta[28] können wir nun anhand reichen Materials feststeilen, daß die von JUSTI vorgeschlagene – und sogar in IPNB 1,86 bevorzugte – Übersetzung des Namens *Uspąsnu-* als „über den Staub sich erhebend“ von der Masse der Sprachdaten nicht gestützt werden kann: Es gibt praktisch keine alten

[26] PNRV 87; cf. auch die von SCARLATA 1999: 472 vorgeschlagene Interpretation als ‘doppelzüngig’.

[27] Zum Begriff cf. SADOVSKI 2000a: 455–458; 461–463; 465–469, mit Lit., insbes. SOMMER 1948: 109–115 et passim.

[28] SADOVSKI 2000a: 460, 465ff.

Präpositionalrektionskomposita mit avest. *uz-* / ved. *ud-* als Vorderglied.[29] Vielmehr sind die altertümlichsten Bildungen mit diesem Vorderglied Possessivkomposita des Typs vedisch *úd-bāhu-*, jungavest. *uz.bāzu-* 'dessen Arme empor(gehoben) sind' (SADOVSKI 2001: 101). Daher ist *Uspąsnu-* besser interpretierbar als ein *faktitivisches Entheos-Kompositum* (cf. SCHINDLER 1986: 398 und SADOVSKI 2000a: 457ff.) der Bedeutung 'den Staub empor(gehen) lassend', 'der den Staub hoch auf(wirbeln) läßt' (cf. BARTHOLOMAE 1904: 408).

3.1.1.3.3. Die Negationspartikel ist erwartungsgemäß häufig belegt als Vorderglied von Possessivkomposita: So bedeutet jungavest. *Amru-* (Yt. 13,109) 'wer [die Kuh] nicht mißhandelt', mit einem Wurzelnomen als Hinterglied. In der Tat haben wir es auch hier mit einem (faktitivischen) Possessivkompositum zu tun: 'der keine Gewalt(tat) hat/ausübt'. I Altindischen vgl. *Ā́-yavasa-* (RV. 2,122,15), das entweder als 'der die Weide herbei(schafft/-bringt)' wiedergegeben werden könnte oder wiederum, laut FORSSMAN, als 'keine Weide(n) habend'[30]; nach dieser letztgenannten Interpretation ist die Dehnung des privativen *a-* durch einen ursprünglich im Wurzelanlaut des Hinterglieds vorhandenen urindoiranischen Laryngal bedingt. — Cf. auch die (angeblichen?) Namen von Poeten – oder nur poetischen Namen –, in der RV-Anukramaṇī: *A–prati-ratha-* und *A–punar-doṣa-*.

3.1.1.4. Der SCHULZE/SCHINDLERsche Typus von „Doppelpossessiva" (*íṣuhasta*-Komposita, s. SCHINDLER 1986) hat nicht nur eine „essivische", sondern auch eine *faktitivische* Version (Typus *rīt̯y-àp-* 'die Wasser fließen lassend'): So ist *Púṣṭi-gu-* zu interpretieren als 'der die Rinder gedeihen läßt', völlig korrekt gebildet als *faktitivisches Bahuvrīhi-Kompositum* (anders PNRV: „Umgestaltung von **puṣṭa-gu-*, Tonverschiebung") und entsprechend der faktitivischen Bedeutung des aktiven Verbs in der Formel RV. 3,45,3b (*AiGr* II/1,320) *krátuṃ puṣyasi gā́ iva* 'du läßt die Geisteskraft gedeihen, (opulent) wie die Kühe'.

3.1.2. Die desyntagmatischen *Ableitungskomposita*, so bezeichnet von Ernst RISCH (1945: 17), sind in unserem Corpus nur sporadisch bezeugt:

---

29 Über den Typus *uz.daxiiu-* und dessen möglichen Charakter als Entheos-Kompositum s. SADOVSKI 2001: 109–111.

30 Cf. SADOVSKI 2000a: 467–469; idem apud José L. GARCÍA-RAMÓN, in: EICHNER – LUSCHÜTZKY (Hrsg.): 94, Fußn. 48; zu faktitivischen Parallelen wie *s$_u$v-ā́-vasu-* „der Gutes fein herbeischafft" und *ābharád-vasu-* s. SADOVSKI 2001: 114, Fußn. 42. – Zur Alternative cf. FORSSMAN in: CARDONA – ZIDE (Hrsg.) 1987: 118 ff., EWAia. 1, 481; EWAia. 2, 404; PNRV 16.

3.1.2.1. Ableitungskomposita, die *attributive Syntagmata* nominalisieren, kommen sehr selten vor: zu gāθisch-avest. *Maidiiōi.må̊nha-*, jungavest. *Maiδiiōi.må̊nha-* als Name eines Vetters von Zaraθuštra cf. SCHMITT 2006d 198f.; SADOVSKI 2004: 328ff.

3.1.2.2. Komposita, die auf der Grundlage von Präpositionalsyntagmen gebildet sind, sind im System der Eigennamen zumeist von spärlicher oder späterer Bezeugung: so der Typus von Mbh. [1,94,3479+] *Pratīpa-*, basierend auf ved. *pratīpá-*, wörtlich 'der gegen das Wasser ist/sich stellt/läuft', 'gegnerisch; Adv.: gegen, entgegen', ein Präpositionalrektionskompositum (über das Appellativum s. SADOVSKI 2002b und 2001: 102f.). Auch kreative bzw. 'kreativ kreierte' „Namen" von Veda-Dichtern wie *Pratikṣatra-*, *Pratiratha-*, *Pratibhānu-* und *Pratiprabha-* (s. OLDENBERG, Zeitschrift der Deutschen Morgenländischen Gesellschaft 42; OLDENBERG 1888: 227, und die Lit. in PNRV 126), die von poetischen Passus inspiriert sind, gehören einerseits zum Typus von Namen mit „kata-logischer Analogie" (s. nun SADOVSKI 2007: 37ff, insbes. 52, 57–59) und haben andererseits ihren Nukleus im System jener ursprünglichen *Entheos*-Bahuvrīhis, die sekundär als Ableitungshypostasen oder wiederum als Determinativkomposita reinterpretiert werden könnten.

3.2. Sehr häufig, mit mehr als 35% aller Formationen, sind die *Verbalrektionskomposita* (so besser denn als „*verbale*" Rektionskomposita zu bezeichnen), eine Klasse, die nach Jochem SCHINDLER (z.B. 1997: 539f.; cf., mit Lit., SADOVSKI 2000b: 144 mit Fußn. 39) auf ursprüngliche Possessivkomposita zurückgeht: in der Tat haben wir bei diesen Komposita nicht mit einem wirklich *verbalen*, sondern vielmehr mit einem *nominalen* Element zu tun, und der ursprüngliche Charakter solcher Nominalglieder ist jener der *nomina actionis*.

3.2.1. So haben wir in der traditionell als „*verbale Rektionskomposita mit regierendem Hinterglied*" bezeichneten Gruppe das Beispiel von jungavest. *Daēnā-uuāzah-* 'die Religion fördernd' (freie Phrasenentsprechung: in V. 3,31 – zu ergänzen zum Lemma in IPNB 1,34), ein Stammkompositum (mit einem *-ā*-Stamm im Vorderglied), das in Yt. 13,117 belegt ist; vgl., außerhalb des Avestischen, auch parth. Δηνό-βαζος (dessen Vorderglied zu einem *-o*-Stamm ausgeglichen ist, wie dies in den meisten Stammkomposita üblich ist). In diesem *Daēnā-uuāzah-* ist das Hinterglied natürlich kein Verb, sondern ein *nomen actionis* – *vāzah-* 'Fahren, (Be-)Fördern' – zu RV+ *vā́hat-* 'opfernd', RV 8,6,2 'Beförderung', EWAia. 2,536f. mit Lit.; vgl. auch das Hinterglied in *mr̥ktá-vāhas-* (letzteres ist eher als ein Epitheton denn als Eigenname zu interpretieren [PNRV 47, 72, 131]). Deshalb kann die ursprüngliche Bedeutung des Kompositums paraphrasiert werden als „die

Förderung der Religion 'machend'/verursachend", ein *bahuvrīhi* mit essivischem oder faktitivischem Charakter. Das Gleiche gilt auch von jungavest. *aš̌a-uuāzah-* 'das Aš̌a/R̥ta fördernd'. Für die zugrundeliegende freie (nominale) Syntax vgl. die altindische Entsprechung (RV. 8,6,2) *r̥tásya vā́hasā* 'durch die Förderung des R̥ta'. Wegen der pragmatischen Interpretation des Verhältnisses zwischen den Elementen als dem einer verbalen/partizipialen Phrase (> „die Religion fördernd", „das Leben lobpreisend" etc.) – mit einem Prädikat(iv) und einem (direkten) Objekt – tendieren solche Komposita dazu, in das regierte Glied *Kasusformen* einzuführen: dies zeigt etwa der Akkusativ in jungavest. *Ahūm.stūt-* (Yt. 13,97) 'das Gebet *ahū* [...] lobpreisend vortragend' / 'das Leben lobpreisend'; cf. auch *vājam-bhará-* in § 2.3. oben, sowie SCHINDLER 1997: 537f.

3.2.2. Unter den Komposita „*mit regierendem Vorderglied*" kann eine erste große Gruppe als „*kṣayád-vīra-*/*Bharád-vāja*-Subtyp" bezeichnet werden, bei dem das Vorderglied deskriptiv ein „*-at*"-Stamm ist:

3.2.2.1. Man vergleiche jungavest. *Viδat̰.x^{v}arənah-* 'der das *x^{v}arənah*-Findende (Gewinnende)'.

3.2.2.2. Im Iranischen und generell im Indo-Iranischen läßt sich eine Koexistenz dieses Typus und des *Trasá-dasyu*-Subtyps feststellen, bei dem das Vorderglied ein *-a*-Stamm ohne jegliches Dentalelement ist. So entspricht der avestische Name *Viδat̰.x^{v}arənah-* (*Bharád-vāja*-Subtyp) dem altpersischen *Vinda-farnah-*, griech. Nebenüberl. Ἰνταφέρνης (*Trasá-dasyu*-Subtyp), genauso wie altpers. **Vidāspa-* 'Pferde findend/gewinnend', ohne ein Dentalelement, dem dentalhaltigen ved. **Vidád-aśva-* – belegt im Patronymikon (PNRV 89) *Váidadaśv-i-* (: RV+ *aśva-víd-*) – entspricht, cf. auch avest. *Vīdat̰.gu-* (: RV+ *go-víd-*) 'Rind(er) findend' (worüber s. EWAia. 1,479; SCHMITT 2006a: 289f., beide mit Lit.).

3.3. Nur eine kleine Gruppe indo-iranischer Eigennamen besteht aus *determinativen endozentrischen Komposita*, in denen das eine Glied das andere näher bestimmt, wie eventuell *Bāhuvr̥ktá-* (PNRV 65.129), wenn es als ein Kompositum des 'Armstrong-Typus' zu interpretieren ist, oder *śákapūta-* (PNRV 90.140), wenn darin überhaupt ein Personenname vorliegt.

3.3.1. Komposita mit Vorderglied in der Stammform, insbes. der Subtyp Adjektiv/Partizip + Substantiv (und vice versa), fehlen hier fast vollständig: *Gávi-ṣṭhira-* (nach PNRV 32 „*Beim Rinde stark"), könnte zu dem in der Anm. zum § 3.3.2. unten besprochenen Typus gehören, als Bahuvrīhi: 'dessen Stärke/Starksein in der/in Bezug auf die Kuh ist' [*locatiuus loci* oder *relationis*]). Der Typus aus Substantiv + Substantiv ist nur marginal: wir finden dabei vor allem *Juxtapositionen* der wohlbekannten Art von *Śúnaḥ-śépa-* (PNRV 93f.142) 'Hundes-Schwanz' (*AiGr* II/1,247, 262, 30; nach diesem Muster bildete man im Brāhmaṇa-Kontext Namen wie *Śunaḥ-puccha-*, *Śunas-karṇa-*, *Śuno-lāṅgūla-*; cf. skt. (Epos) *Śunaḥ-śakha/i-*, s. SÖRENSEN 1904–1925: 221b) oder *Dívo-dāsa-* 'Himmels-Diener/-Knecht/-Sklave (?)' (*AiGr* II/1,241, 247, 263f., 266, 270, Nachtr. 72 etc.; PNRV 44); und bei der Wiedergabe des Stammkompositums *Syūma-raśmi-* mit 'Band-bridle' intendiert VAN VELZE 1938: 151 nicht eine Interpretation als Determinativ-, sondern wahrscheinlicher eine als substantiviertes Possessivkompositum (des ῥοδοδάκτυλος-Typus, cf. AV. 8,6,21a *pavī-nas-á-* 'dessen Nase aus einem (Metall-)Reifen besteht/wie ein (Metall-)Reifen ist; Reifen-Nase').

3.3.2. Worauf wir in den Corpora bei dieser Klasse vor allem stoßen, sind *Vorderglieder in einer Kasusform*: so der (an sich bereits adverbial verwendete, cf. § **3.3.3.1.**) Lokativ in jungavest. *Dūraē-srūta-* 'in der Ferne/ weithin berühmt' (Yt. 13,119), cf. das epithetische Kompositum jungavest. *dūraēsrūta-* 'in der Ferne/weithin berühmt' (Vyt. 42) und den altindischen (Lexikogr.) Personennamen *Dūre-śruta-*, m. (~ Br. *Daureśruta-*, m., Patronymikon), ein (Determinativ-)Kompositum, das dem indo-iranischen Possessivkompositum **Dūrai̯-ćrau̯as-* 'dessen Ruhm/Ruf in der Ferne/weithin ist/reicht' in den Personennamen altind. (Lex.) *Dūre-śravas-* m. (~ Br. *Daure-śravas-a-*, m., patronym.) = (post-alt)iran. **Dūrai̯-sravah-* entspricht.[31] Für parallele freie Syntax und Phraseologie cf. Yt. 5,3: *masitąm dūrāt̰.frasrūtąm* 'die ausgebreitete, in der Ferne (überaus/hoch-)berühmte' (scil. Anāhitā).

3.3.3. Auch „Indeklinabilia" können als Vorderglied auftreten:

3.3.3.1. Man vergleiche den Fall der *adverbialisierten* Formen im Vorderglied, ved. **nabhā-nediṣṭha-* (in abgeleitetem *Nā́bhā-nédiṣṭha-*) ~ jungavest. (appell.) *nabā-nazdišta-* (EWAia. 2,14.55f., PNRV 50.122),

3.3.3.2. oder den Typus von Determinativkomposita mit einem Präverb im Vorderglied, genannt nach dem Musterbeispiel *prá-vīra-* „Superman(n)/Superheld": hier läßt sich der jungavest. Namen *Frā-iiaoδa-* mit der Bedeutung 'πρό-μαχος' einordnen.

3.3.3.3. Negationspartikel kommen als Vorderglied von Determinativkomposita im Avestischen nicht vor (zu den Bahuvrīhis cf. § 3.1.1.3.3.), aber wir

---

[31] Auch im Falle von *śruta-* als Kompositionshinterglied ist es nicht a priori ausgeschlossen, daß wir es ursprünglich nicht mit einem Determinativkompositum zu tun haben, sondern mit einem *bahuvrīhi* (mit einem substantivierten Neutrum als Hinterglied) 'dessen berühmte [Taten] weit (verbreitet/bekannt) sind'; über diesen (*amŕ̥ta-*)Typus cf. SADOVSKI 2004: 312, Fußn. 39. – Zur 'Vg-Substitution' bei (*)*srau̯ah-*Komposita im Iranischen s. SCHMITT 2006c.

haben einige Beispiele im Vedischen, so aus dem RV Name und Epitheton *Ágohya-* mit der Bedeutung „nicht zu verstecken, nicht zu verbergen".

3.4. Kopulativkomposita sind in avestischen PN praktisch nicht belegt; im Vedischen kann man Namen zu „Dualdvandvas" kombinieren – sogar zusammengesetzte Namen wie *Viśvā́mitra-* + *Jamádagni-* zu *Viśvā́mitra-jamádagni-* (RV. 10,167,4). Der Charakter dieser 'Dvandvas' (s. das Material in *AiGr* II/1,149–173 et passim) wurde von Stanley INSLER in der *Festschrift Watkins* (JASANOFF – MELCHERT – OLIVER [eds.] 1998: 285ff.) erschlossen, weitere Aspekte des Phänomens im Vedischen und Avestischen werden in einer in Vorbereitung befindlichen Studie analysiert. Formationen wie ved. *Vr̥ṣan-aśvá-* (: mittelpers *Gušnasp*, PNRV 87f.) sind wiederum keine Dvandvas, sondern Bahuvrīhis: 'dessen Pferde männlich/stark sind'.

3.5. Auch im System der Eigennamen finden wir einen besonderen Typus von Bildungen, die auf ganzen Phrasen oder Textstrings basieren und daher von BENVENISTE bekanntlich *Delokutiva* genannt werden. Im Iranischen besteht diese Gruppe zumeist aus den sog. *Zitatnamen* – wie jungavest. *Astuuat̰.ərəta-*, das von der gāθischen Formel *astuuat̰ aṣ̌əm x́iiāt̰* 'knochenhaft sei das R̥ta!' inspiriert ist (IPNB 1,22f., MAYRHOFER 1977b: 12f., mit Lit., zuletzt SCHMITT 2006a: 228). Einige dieser Namen sind lediglich *mechanische Univerbierungen* von benachbarten Wörtern oder avestischen *Versteilen*, die nicht einmal enger zusammengehören: dies ist der Fall bei der *Juxta*position *Aṣ̌əm.yahmāi.ušta* von Yt. 13,120, die die Sequenz *yahmāi uštā* vom Beginn des Yasna 43,1 wieder aufnimmt.

Diese 'Zitatnamen' können nur bis zu einem gewissen Ausmaß vom Phänomen der *Echo-Namen* unterschieden werden: Letztere beziehen sich auf Phrasen, die von einer Person so oft wiederholt wurden, daß die Phrase selbst als Spitzname verwendet zu werden beginnt. Wir haben beredte Beispiele wie den Namen des tschechischen Literaten Jan Otčenášek '*Pater-nostr-ulus*' und seine typologischen Entsprechungen im Deutschen wie *Gott-erbarm* von einer *Kyrie-eleison*-Formel oder *Bi-gott* von dem Ausruf 'By God!'. — Ein (paradoxer bzw. absurder) Namengebungstyp begegnet uns in der sowjet-russischen Kategorie der *Slogan-Namen*: so ist der änigmatische Parteiaktivistentochtername *Dazdraperma* nichts anderes als eine Abkürzung des Slogans „*Da zdra*vstvuet *Per*voe *Ma*ja!", 'Hoch lebe der Erste Mai!'. (Eine adäquatere Übersetzung für ein derartiges *monstrum* sollte vielleicht eher '*Mayday*!' lauten; zu derartigen ideologischen Namentypen s. zuletzt SADOVSKI 2011: 55–59, 70ff., mit Lit.).

4. Eigennamen sind glücklicherweise bei weitem nicht nur Objekt einer formalen Analyse. Der *morphologische* und der *semantische* Aspekt sind auch in ihrem Fall etwas wie Leib und Seele: Und all die sophistizierten strukturellen Studien der besprochenen Namentypen machen wirklich Sinn, wenn sie heuristisch verwendet werden für ein besseres Verständnis der Bedeutung der Namen und ihres kulturellen Inhalts. Namen geben uns bemerkenswerte Daten über die Systeme der Prioritäten und die Lebensideale. Denn *Personennamen* reflektieren „in einem bestimmten Umfang die ethischen Werte, die für eine Gesellschaft verbindlich sind“[32] bzw. die den gemeinsamen ‘Nenner’ der Personen in einer Familie oder in einer Gesellschaft ausmachen.[33]

Namen *reflektieren* Realitäten – aber für die antiken Menschen können sie nichtsdestoweniger auch Realitäten *kreieren*. Um diese Schlüsselkonzepte des individuellen und sozialen Lebens herauszufinden und festzustellen, wie sie in Namen und Epitheta widerspiegelt sind, haben wir demnach eine komplexe Untersuchungsmethode anzuwenden, die die Daten von Onomastik und Epitheta-Studien mit jenen der poetischen Phraseologie und Intertextualität kombiniert. Eine derartige Synthese muß sowohl die genaue linguistische Analyse der Namen (ihre Morphologie, insbes. hinsichtlich Kompositions- und Derivationsstruktur, und ihre Semantik) als auch die onomastisch-prosopographischen Fakten in Betracht ziehen; darüber hinaus muß sie die Textgattung der hymnischen Dichtung, ihre formelhafte Sprache und ihre Ritualfunktion berücksichtigen, sowohl von stilistisch-poetologischem als auch von kulturhistorischem Standpunkt.[34] Genauso wie die archaischen

---

32 Cf. NEUMANN 1991a: 167.

33 Wie Günter NEUMANN (1991a: 167f.) es formulierte, „[w]enn der Vater dem neugeborenen Kind einen redenden Namen gibt, dann verknüpft er damit Hoffnungen. Er und mit ihm die ganze Familie möchten, daß dieser Name einen leitenden Einfluß, vielleicht sogar einen magischen Zwang auf den Träger des Namens ausübt. Wir sprechen von ‘Wunschnamen’.“ Über diesen Wert der Personennamen s. (außer HIRZELS *opus classicum* [1918]) die betreffenden Artikel in EICHLER – HILTY – LÖFFLER – STEGER – ZGUSTA (Hrsg.) 1995; bezüglich des Indo-Iranischen: GONDA 1970 und, neuerdings, SADOVSKI 2007: 37ff., PANAINO 2002: z.B. 107ff. et passim; vgl., über Götternamen im Allgemeinen, GLADIGOW 1975, 1981 und 1993. Zu sekundär zusammengesetzten Namen cf. OLDENBERGS Rezension von HILKA 1910 (GGA 1918, Nos. 3–4, 147–153, insbes. S. 152f.).

34 Dieser Themenkomplex ist der Fokus eines in Vorbereitung zum Druck befindlichen Aufsatzes, der für das von der *Multilingualism Research Group* und der Österreichischen Akademie der Wisenschaften organisierte Symposium „Multilingualism and the History of Knowledge in Asia from Antiquity till Early Modern Times“ (Wien, November 2011) vorbereitet wurde und in der Serie *Multilingualism and History of Knowledge* an der ÖAW (hrsg. von J. E. BRAARVIG, Markham J. GELLER, Velizar SADOVSKI und Gebhard J. SELZ) erscheinen soll.

indo-iranischen Namen es uns in morphologischer Hinsicht erlauben können, eine große Anzahl von Wurzeln und Stämmen zu entdecken, die in den überlieferten Texten sonst nicht bezeugt sind, könnte eine neue kontrastive Analyse ihrer semantischen *richesse* uns einen Schritt über das begrenzte Textcorpus hinausbringen – an die Wurzeln der für die Frage nach individuellen und soziokulturellen *Identitäten* relevanten Begriffe und Ideen. Und insofern als *identitas* 'Selbst-heit' bedeutet, können unsere Namen Licht auf unser *Selbst* werfen.

II. ZUR SEMANTIK DER ALTINDISCHEN UND ALTIRANISCHEN PERSONENNAMEN: EINE FALLSTUDIE

1. Schon seit ihren frühesten Jahren hat sich die Historisch-Vergleichende Sprachwissenschaft mit der Frage nach möglichen 'Synergieeffekten' zwischen archäologischer Forschung und sprachlicher Rekonstruktion auseinandergesetzt. Der Positivismus des neunzehnten Jahrhunderts war stark bemüht, die Überzeugung zu nähren, daß die Kombination von 'Sprachwissenschaft' und 'Ur-Geschichte' zur Rekonstruktion nicht nur einer 'Ur-Sprache', sondern auch einer 'Ur-Heimat' der Indogermanen zu verhelfen vermöge.[35] Und die Stilisierung eines Heinrich SCHLIEMANN als desjenigen, der nur durch die Lektüre der homerischen Gedichte in der Lage war, zwei der wichtigsten archäologischen Zentren des Altertums, Troja und Mykene, zu entdecken, hat bis zum gegenwärtigen Tag Öl ins Feuer derartiger Bestrebungen gegossen. Aber bis zu welchem Ausmaß ist es berechtigt zu versuchen, *realia* hinter den *nomina* herauszulesen, und ist es wirklich möglich, am Material alter poetischer Texte die 'Sachen' hinter den Begriffen ausfindig zu machen?

1.1. In der Entwicklungsgeschichte der indo-iranischen Philologie haben wir überraschend viele Hinweise gesehen, die es ermöglichen, unser Wissen auf diesem Gebiet vermittels einer Untersuchungsstrategie „der kleinen Schritte" zu vergrößern. Diese basierte auf einer komplexen Methode, nach der die aus literarischen Texten geschöpfte interne Evidenz über die umgebende Realität der jeweiligen Autoren einer Gegenprobe anhand der (sprach)externen Daten aus der Archäologie oder der Ethnographie unterzogen werden sollte. So haben eine Reihe von Arbeiten, die nach dem Erscheinen des mehrbändigen *Grundrisses der Indo-Arischen Philologie und Altertumskunde* sowie des *Grundrisses der iranischen Philologie* herausgegeben wurden – wie jene über das vedische Haus von Louis RENOU (1939) oder über die Opferutensilien im

---

[35] Für eine Bibliographie bis 2000 unter Berücksichtigung der Schnittstellen zwischen Linguistik und Altertumswissenschaft *sensu lato* s. RAULWING 2000: 141–206 und SCHMITT 2000b: 403–404 (mit einer Analyse vom sprachwissenschaftlichen Gesichtspunkt auf S. 395–399, „§ 4: Herkunftsgebiet (sog. Urheimat) der I[n]d[o]g[ermanen]., Ausgliederung der i[n]d[o]g[ermanischen]. Sprachen"), s. auch die Literatur in HÄUSLER 2000: 407–408 (archäologische Aspekte) und vgl. ZIMMER 2002 und 2003, mit Übersichten über in der zweiten Hälfte des 20. Jahrhunderts erschienene Veröffentlichungen mit Relevanz für die Rekonstruktion der (ur)indogermanischen materiellen und Geisteskultur.

Veda von RAGHU VIRA (1934) – sowie besonders in den letzten vier Jahrzehnten des zwanzigsten Jahrhunderts erschienene Veröffentlichungen klar gezeigt, wie weit in dieser Hinsicht die Analyse altindischer und altiranischer (Ritual-)Texte die Forschung vorantreiben konnte. Zur letztgenannten Gruppe von Arbeiten zählen etwa die Analyse der vedischen Zeugnisse über Schiffe und Boote von Konrad KLAUS (1989; zur Frage nach den Möglichkeiten der Überquerung von Flüssen im Zuge der Migrationsbewegungen der Ind[o-Iran]er cf. bereits KWELLA 1973), die Studie von Shingo EINOO (1988) über die Rolle von Reis und Gerste in den altindischen Tertialopfern, sowie Teamunternehmen wie jenes der Universität von Kalifornien in Berkeley über den vedischen Feueraltar (STAAL 1983), bei dem die Analyse von Ritualsūtren mit der Terrainforschung über die Ritualpraxis der Nambudiris in Kerala Hand in Hand geht. Hervorzuheben sind vor allem eine Serie von Arbeiten Wilhelm RAUs zwischen den späten fünfziger und frühen neunziger Jahren – über Staat und Gesellschaft in Alt-Indien (RAU 1957) sowie über besondere technologische und wirtschaftsrelevante Bereiche wie Töpferei und Keramik (RAU 1972), (Produktion von) Metall und Metallwerkzeuge(n) (1974) oder verschiedene Webe- und Flechttechniken (RAU 1971); über die altindische Stadt cf. etwa SCHLINGLOFF 1969. Allerdings läßt sich an solchen Beispielen auch ersehen, wie leicht an die Grenzen der auf einer sehr limitierten, genrespezifischen Tradition basierenden Kenntnisse über Materialkultur und Realien zu stoßen ist[36] und wie sich die besagten „kleinen Schritte" manchmal als viel „kleiner" herausstellen, als wir sie uns wünschen mögen:[37] Es war nämlich der gleiche W. RAU, der im Jahr 1975 einen Vortrag auf dem Freiburger Kongreß der Deutschen Morgenländischen Gesellschaft unter dem etwas provokanten Titel 'Ist vedische Archäologie möglich?' (veröffentlicht als RAU 1977) hielt und zeigte, wie – trotz zweifelloser Erfolge – viele der entscheidenden Fragen der Sozialökonomiegeschichte, der „linguistischen Paläontologie"[38] oder der

---

[36] Über Konstituenten und Praktiken des altindischen und altiranischen Rituals vgl. terminologische Lexika wie RENOU 1954 und MYLIUS 1995 (bezüglich des Veda), für Quellen und Kommentar vgl. auch den mehrbändigen *Śrautakośa* – zur Begriffsentwicklung in nachvedischer Zeit z.B. GHATAGE et al. (ed.) 1976 ff. –, sowie die von KOTWAL – BOYD 1991 vorgenommene Darstellung der avestischen Liturgie in deren Entwicklung bis in die Gegenwart.

[37] Man denke nur an die vielfältigen Ambitionen, die Angaben der überlieferten vedischen Texte vor dem Hintergrund der „vorindoarischen" Kulturen wie Harappa zurückzuprojizieren.

[38] Als Teil einer allgemeinen „Altertumskunde", wie diese in der (deutschsprachigen) Klassischen Philologie definiert und innerhalb der Indologie des 19. Jahrhunderts etwa in der Pionierarbeit von LASSEN 1867 angewandt wurde. Zum Konzept der „linguistischen Palä-

Technologiegeschichte immer noch offen bleiben. Diese allgemeine Frage steht auch im Bezug auf die spezifische Problematik der indo-iranischen Pferde, Streit-, Förder- und Lastwagen im Raum, und ihre Antwort hängt zu einem großen Teil mit der philologischen und hermeneutischen Beurteilung der überlieferten literarischen Denkmäler zusammen.

1.2. Anläßlich einer Fachtagung über „Pferde und Pferdehandel in Asien" wurde ich von den Konferenzveranstaltern eingeladen, über die ältesten Personennamen[39] des Veda und des Avesta[40] zu berichten, die Wörter von ‘Pferd’ und ‘Wagen’ enthalten, sowie, wenn möglich, einige spezifisch wirtschaftliche Implikationen dieser sprachlichen Daten über die Rolle von Pferden in der altindischen und der altiranischen Tradition hervorzuheben. Verständlicherweise konnten diese zwei Belange nur teilweise miteinander kompatibel gemacht werden: Die erste Aufgabe, die ich dann auch außerhalb des Rahmens dieses Symposiums in zwei gesonderten Untersuchungen weiterverfolgt habe – die Spuren der betreffenden altindischen und altiranischen Wörter in den onomastischen Systemen beider Sprachgruppen zu zeigen –, weist einen gut definierten Skopos und klare Einschränkungen auf, während die zweite Fragestellung, wie man aus diesem lexikalischen Material unmittelbare wirtschaftlich relevante Implikationen postulieren kann, von der allgemeinen Frage abhängt, inwieweit es überhaupt möglich ist, sprachliche Daten in einer mehr als kursorischen[41] Art und Weise zu den Zwecken

---

ontologie" in Bezug auf das (Ur-)Indogermanische s. neuerdings RAULWING 2000: 25ff.; ZIMMER 1990: 12 (cf. auch MEID 1994: 53f.); RAULWING 1998: 524 mit Fn. 13; 530f.

39 Als Standardkompendien auch in semantischer Hinsicht bleiben, für das Altindische, GUBLER 1903, HILKA 1910, SÖRENSEN 1904–25, VAN VELZE 1938, und PNRV, vgl. dazu SCHMITT 2000a: 67ff.; 87ff., SADOVSKI 2007: 37ff. und oben, S. 8 - 10; für das Altiranische: JUSTI 1895 und das an der Österreichischen Akademie der Wissenschaften angesiedelte *Iranische Personennamenbuch* (s. Anm. 7 oben), insbesondere IPNB 1 (sowie Spezialarbeiten wie SCHMITT 1978, 2002 und 2006a).

40 Für eine rezente Einführung in das System der ältesten indischen und iranischen Personennamen vom Standpunkt von deren (morphologischer) Struktur s. das vorangehende Kapitel und vgl. insbesondere SCHMITT 2000a: 1–31, 67–86, 95–114, sowie die reichhaltige in SCHMITT 2006b angeführte Literatur zu einzelnen Fragen, darunter über die Prinzipien und Möglichkeiten der Klassifizierung und Systematisierung von Personennamen nach semantischen Kriterien.

41 Versuche, moderne (rationalistische) sozialökonomische Theorien an der vedischen Gesellschaft anzuwenden, indem vedische Spekulationen als Ausgangspunkt oder sogar als „bodies of evidence" eingesetzt wurden, erzielten in Wirklichkeit ziemlich limitierte Erfolge; s. diesbezüglich die Studien von SALETORE 1973, vgl. die bibliographischen Verweise in RENOU 1931: 146–158 (insbes. ad §§ 133 und 137) sowie die der Wirtschaftsge-

der Erforschung sozialer und ökonomischer Geschichtsfragen auszuwerten. Im Falle der ältesten indo-iranischen Texte bleiben solche Möglichkeiten, wie man sich mit normalem Hausverstand leicht vergegenwärtigen kann, ziemlich beschränkt. Tatsächlich erlaubt der poetische und rituelle Charakter des Veda und des Avesta, unserer wichtigsten und frühesten Quellen der zwei Schwestersprachen, den Forschern nur gewisse Interpretationen, die möglichst bescheiden und jeweils streng differenziert zu bleiben haben: Die ältesten Denkmäler der religiösen, hymnischen Dichtung, wie die R̥gveda-Saṃhitā (RV) und die Hymnen des Avesta, arbeiten mit derartigen Realienbegriffen vorwiegend innerhalb eines kultisch-religiösen Rahmens. Tendenziell setzen die Dichter jedes Mal, wenn sie von Objekten (umliegender) 'materieller Kultur' sprechen, voraus, daß das Publikum schon die Kenntnisse von deren utilitaristischen Aspekten besitzt, und schließen die *realia* hauptsächlich auf einer sehr abstrakten, oft nur metaphorischen[42] Bedeutungsebene ein, auf der die Verbindungen zur menschlichen Wirklichkeit des öfteren von einem vage assoziativen Charakter sind. Solche Nachrichten „zu entziffern", wird somit häufig zu einer Gleichung mit mehr als einer Variablen, bei der nicht nur der tiefgreifende religiöse Sinn sich exoterischen Rezipienten entziehen, sondern auch der Realwert der Objekte von Gleichnissen oder Metaphern in den Augen moderner Leser weitgehend fraglich bleiben kann. Und es ist bekannt, daß sogar in den darauffolgenden Perioden, in Denkmälern der exegetischen Literatur wie den vedischen Brāh-

---

schichte gewidmeten Einträge in DANDEKAR 1946–85 bzw., für die spätere Periode, STIETENCRON (Hrsg.) 1992.

42 Über das vedische System von Metaphern und Vergleichen und seine interne (manchmal angeblich 'irrationale') Logik s. GONDA 1949: 21ff. *et passim* und 1959: 206ff.; 211ff. Was die Vergleiche im RV. unter Beteiligung von auf *Pferde* bezogenen Begriffen als *comparanda* oder *tertia comparationis* anbelangt, s. AMMER 1939: 109–112 (von Soma), 30f. (von Agni), 72f. (von Indra), 94 (von den Marut), 44 (von Mitra und Varuna), 51 (von den Aśvin), 85 (von Uṣas), mit einschlägigen Schlußfolgerungen (die 'Pferde'-Vergleiche betreffend: insbes. 133, 136) und Statistik (139–157, insbes. 139, 140, 144, 146, 152, 153, 157); vgl. des weiteren GONDA 1959b: 210f. und PLATH 1992. Metaphern und Vergleiche, die mit dem (Bild des) Streit-/Rennwagen(s) verknüpft sind, werden in EDGERTON 1919 und in jüngerer Zeit von SPARREBOOM 1985, OBERLIES 1998: 415f., 459f. und 1999: 224ff., 245–250 angeführt; über die Symbolik des Rades in indischen kosmologischen Spekulationen vgl. etwa HORSCH 1957 oder KRICK 1982: 326f., Fußn. 857 (Rad) und *ibid.* 535, Fußn. 1458 (Wagen). – Für Vergleiche mit dem Begriff der 'Weide' als Referenz s. ELIZARENKOVA 1999: 146–149; 137 und 231. – Eine umfassende Liste derartiger metaphorischer Verwendungen des Bildes des Wagens und von dessen Bestandteilen bei Homer wird von PLATH 1994b: 118–395 gegeben; cf. auch die Bemerkungen von SCHMITT 1995: 285.

maṇas sowie den Āraṇyakas und Upaniṣads, die Interpretationen dieser poetischen Texte großteils einen mystisch-theosophischen Charakter aufweisen, so daß zu den Zwecken der Rekonstruktion der materiellen Kultur die exegetischen Abhandlungen des öfteren selber mehr interpretative Schritte brauchen als die Quellen, die sie kommentieren (sollten)![43]

1.3. Somit können für eine ausführlichere, obwohl keineswegs systematische, Wirtschaftsgeschichte nur Texte späterer Perioden wirklich nützlich sein: im Fall des Veda sind solche Quellen die Denkmäler der (technischen) Literatur, die den täglichen Vollzug ritueller Aktivitäten betrifft, die Sūtren – insbesondere die das feierliche Ritual behandelnden Śrauta-Sūtras,[44] die mit dem privaten, dem „Haus-"Ritual beschäftigten Gr̥hya-Sūtras[45] sowie auch die Śulba-Sūtras[46] – Vertreter der in Prosa abgefaßten vedischen „Hilfsliteratur", die z.B. den Opferaltarbau betreffen. Diese Texte stellen sich offen als eine wahrhaftige Schatzgrube für die Realienkunde heraus,[47] da sie –

---

[43] Man hat das geläufige Klischee über die 'Obskurität' der brāhmaṇischen Ausdrucksformen im Allgemeinen zu relativieren und von generalisierend pejorativen Qualifizierungen wie etwa jenen von W. D. WHITNEY Abstand zu nehmen, der einmal (American Journal of Philology 3, 393) die Aussagen der Brāhmaṇas als „aberrations of the human mind" apostrophierte. Abwertende Behauptungen wie die in GONDA 1975a: 342 mit Fußn. 17 angeführten fußten viel zu häufig auf Mißverständnissen oder leichtfertig interpretativen (Zusatz-)Annahmen, welche dann bei einer besseren textkritischen Lektüre bzw. Kontextanalyse zerstreut wurden; s. die Polemik von CALAND (ed. 1990: 542ff.) gegen KEITH 1914; in Wirklichkeit geben die Brāhmaṇas detaillierte Auskunft sowohl was geographische Fragen betrifft (wie WITZEL 1987 zu zeigen versuchte) als auch im Bezug auf das soziale Ambiente der jeweiligen Epoche (cf. BASU 1969). Zugegebenermaßen ist allerdings ein Gutteil der Ritualbeschreibungen und exegetischen Diskussionen ziemlich weit von dem entfernt, was von Hermann OLDENBERG „vorwissenschaftliche Wissenschaft" genannt wurde, während der nüchterne und anspruchslose, jedoch effiziente Darstellungs- und Argumentationsstil der Sūtren – in denen erstmals „die Darstellung der rituellen Praxis inhaltlich und nicht selten auch sprachlich auf Informationen beruht, die zuvor systematisch aus verschiedenen Quellen gesammelt worden sind" (KLAUS 2000: 183) – zu den Zwecken der Erforschung der Wirtschaftsgeschichte zweifelsohne ergiebiger sein kann (über den [ethno]geographischen Aspekt vgl. BRUCKER 1980).

[44] Zu ihrem heuristischen Wert s. GONDA 1977: 489ff. und 616–621, SHARMA 1977: *passim* sowie KLAUS 2000 (z.B. 182ff.) und vgl. TSUJI 1970: 183ff. und KASHIKAR 1968: 165–173.

[45] Eine prägnante Übersicht wird von OLDENBERG (1886–1892, sieh insbes. die jeweiligen Einleitungen) gegeben; cf. GONDA 1977: 546–615 und 467 mit Fußn. 10.

[46] S. etwa GONDA 1977: 469f.; 473. – Über die Kalpa-Sūtras im Allgemeinen sieh *ibid.* und vgl. GOPAL 1959 (zu beachten jedoch WITZEL 1987: 205, Fußn. 108).

[47] Empfehlenswert ist die Zusammenfassung über diverse Themen der Landwirtschaft, Viehzucht (insbes.: Großviehzucht) usw. in RENOU 1950/1997: 131–151, speziell 139ff.

obwohl in einer sehr 'ökonomischen' (hier = sparsamen und konzisen) Art und Weise – spezifische Aspekte der betreffenden Begriffe weitgehend zu verdeutlichen vermögen: Zum Beispiel kann man, wenn auch nur *per disiecta membra*,[48] die Dimensionen einiger (hauptsächlich zu repräsentativen Zwecken in und außerhalb des Rituals verwendeten)[49] Wagentypen[50] rekonstruieren oder die jeweiligen Funktionen verschiedener Arten von Last- und Güterbeförderungswagen herausfinden. Jedoch ist die Anwesenheit von Eigennamen in diesen Quellen – wenn wir die Namen von den Mantras oder anderen Zitaten aus literarischen Denkmälern, die älter als die Sūtren sind, nicht dazuzählen – ziemlich marginal; die hier erwähnten (menschlichen) Personennamen bestehen hauptsächlich aus Bezeichnungen für (halb)mythische Persönlichkeiten, schon bekannt aus den Saṃhitās und den Brāhmaṇas, und nur selten aus Namen von Personen, die als Zeitgenossen der Sūtra-Periode aufgefaßt werden, wie z.B. von autoritativen Ritualisten. Somit weist das Auftreten von Personennamen gegenüber den Realien mit einer klar bestimmbaren sozioökonomischen Funktion eine weitgehend komplementäre, wenn nicht privative Distribution auf. Trotz dieser Distribution, die für die Anhänger des linguistischen Positivismus vielleicht etwas enttäuschend ist, erlauben uns die späteren Texte einen Einblick in die Motivation einiger Eigennamen, indem sie über den *appellativischen* Wert der Wörter Auskunft geben, die als ihre Derivationsbasis dienen oder ihren Kompositionselementen zugrundeliegen.

1.4. Eigennamen und Beinamen/Epitheta können in der Tat auf die Stellung bestimmter in ihnen enthaltener Schlüsselkonzepte innerhalb der Werte der betreffenden Personen (genauer gesagt: der Generation ihrer Eltern),[51] insbesondere der Autoren der jeweiligen Texte, sowie ihres sozialen Milieus Licht werfen. Aber in rein wirtschaftlicher Hinsicht erlauben sie nur sehr allgemeine, manchmal ziemlich banale, Schlußfolgerungen.[52] Nichtsdestowe-

und 142ff. Bezüglich der vedischen Periode vgl. RENOU 1931: 149 und die einschlägigen Rubriken in DANDEKAR 1946–85.

[48] S. die Ergebnisse von SHARMA 1977 sowie AGRAWALA 1963, die pāṇineische Evidenz betreffend.

[49] Vgl. den von OBERLIES 1999: 221–227 gegebenen Abriß, insbesondere die Bemerkungen *ibid.* 221f. (mit Fußn. 4) und 224; darüber hinaus s. die in § 2 unten angeführte Literatur.

[50] S. die Abweichungen zwischen den von RAU 1983: 34 und SPARREBOOM 1985: 127 vorgenommenen Rekonstruktionen und cf. OBERLIES 1999: 224.

[51] Z.B. NEUMANN 1991a: 167f.; vgl. auch NEUMANN 1994.

[52] Es erscheint klar, daß während Personennamen wie jungavest. *Yuxtāspa-* – welches einem mit ved. *yuktā́śva-* identischen Epitheton *yuxtāspa-* entspricht – die Rekonstruktion eines

niger enthalten sie oft einige der frühesten Belege relevanten lexikalischen Materials, wie im Falle des Altpersischen, wo die Masse der in den verschiedenen Traditionen (neben dem Altpers. selbst vor allem in elamischen oder in neu- und spätbabylonischen Quellen[53]) bezeugten Personennamen und ihrer Ableitungen eine entscheidende Rolle innerhalb des Sprachmaterials als Ganzen[54] spielt. Onomastische Sammlungen wie jene von Alfons HILKA (1910: 119f. et passim), Jacob Antoon VAN VELZE (1938: 89–91), Max SPARREBOOM (1985: 138f.), und Manfred MAYRHOFER mit seiner Monographie über die altiranischen (1977a) sowie, in jüngster Zeit, über die r̥gvedischen Eigennamen (2003), listen insgesamt mehr als 200 Einheiten auf, die die Bezeichnungen für Pferd, Wagen und Zubehör als ihre Komponenten enthalten! Jedoch enthalten sie wiederum viel häufiger die hochstilisierte Emanation jenes Ideengutes, das wir von der hymnischen Poesie kennen, als eine rationale Aufzählung von Daten, die von einem wirtschaft(sgeschicht)lichen Standpunkt rational zu beurteilen sind. Eben aus diesem Grund können wir uns bei der Darstellung des einschlägigen poetischen Materials keineswegs an der allgemeinen neoliberalistischen Tendenz von heute beteiligen und dem Motto 'Weniger *Poesie* und mehr *Ökonomie*!' Tribut zollen. Daher wollen wir uns zunächst – auf eine möglichst *ökonomische* Weise – auf die Angaben über die Karren und andere [Güter-]Beförderungswagen (im Gegensatz zu den zu militärischen oder repräsentativen Zwecken bestimmten Wagenarten) konzentrieren, entsprechend den gemischten, aus der frühen indo-iranischen Dichtung und der exegetischen Literatur gewonnenen Informationsquellen.

2. Über Pferde und Wagen im Veda und Avesta gibt es reichhaltige Literatur;[55] unter den Spezialabhandlungen, die den Veda betreffen, muß man die von ZIMMER 1879[56] unternommene Pionierdarstellung des relevanten

---

wichtigen gemeinindoiranischen Kompositums **(H)i̯uktā́ću̯a-* „dessen Pferde angeschirrt sind“ (~ „der angeschirrte Pferde hat“ / „der [seine] Pferde angeschirrt hat“) erlauben, die Erkenntnis über diese ziemlich banale Gewohnheit der Arier offenbar weniger einen epistemologischen als einen stilistisch-poetischen Wert hat.

[53] Die von Ran ZADOK im Zuge von fast zwei Jahrzehnten systematisch vorbereitete Studie der iranischen Personennamen in neu- und spätbabylonischer Überlieferung (IPNB, Bd. VII, Faszikel 1B) ist mittlerweile in unserer Reihe „Iranische Onomastik“ erschienen (= ZADOK 2009).

[54] S. MAYRHOFER 1973; 1977b.

[55] Für allgemeine Bemerkungen über die wirtschaftliche Funktion, aber auch die rituelle und symbolträchtige Rolle von Pferden im Kreise der anderen Tiere in der vedischen Welt s. zum Beispiel die Abrisse von RENOU 1950/1997: 121f., 128–130 (Militär) und 143f. (Wirtschaft) oder von MACDONELL 1899: 150–151, 109, 165f. (Opferritual).

[56] Sieh S. 71, 76f.; über die Pferdezucht: 221ff., insbes. 230–232.

Materials, die jeweiligen Lemmata des *Vedic Index*[57], die detaillierten Berichte über das Pferdeopfer in SCHWAB 1886 und DUMONT (1927 und 1948, s. unten) wie auch Max SPARREBOOMs Dissertation (1985) über den Streitwagen unterstreichen. Inhaltsreiche Einblicke in die Reitkunst und -praktiken sind in der Untersuchung von Harry FALK 1994 zu finden; nützlich für Studien zu einzelnen Aspekten sind z.B. GONDA 1965: 71–114[58] und die Überlegungen von Thomas OBERLIES zur Rolle von Pferd und Wagen unter besonderer Berücksichtigung ihrer Stellung innerhalb (der Symbolik) des feierlichen (Soma-)Rituals.[59] Überblicke über den jeweiligen Stellenwert des Pferds in der iranischen, anatolischen und griechischen Tradition wurden in letzter Zeit von OETTINGER 1994 bzw. PLATH 1994a[60] gegeben. Für einen Umriß des Problems aus indogermanischer Perspektive sieh neben SCHMITT 2000b: 402 auch die Verweise in MALLORY – ADAMS (eds.) 1997[61] sowie eine Reihe unlängst erschienener Arbeiten von Peter RAULWING[62].

2.1. Es ist bekannt[63], daß für die alten Indo-Iranier die Fahrzeuge in der Dialektik zwischen Migrationszügen und Niederlassung (ved. *yoga-kṣema-*) als eine „bewegliche Behausung“ funktionierten, die oft wichtiger war als das Haus selbst. Für eine in stetiger Wanderung befindliche Gemeinschaft[64] wie die früh-

---

57 MACDONELL – KEITH 1912: 42f., s.v. Aśva; 21f., s.v. Anas; 201–203, s.v. Ratha, sowie 203–207 über Komposita oder Derivativa, die ein Element mit derartiger Bedeutung als Kompositionsglied oder Derivationsbasis beinhalten.

58 Im Kapitel „The absence of vāhanas in the Veda and their occurrence in Hindu art and literature“; s. speziell S. 95ff. zur Geschichte des Fahrens und Reitens in der ind[o-iran]ischen Tradition vom indogermanischen Gesichtspunkt.

59 OBERLIES 1999: 221–256, im ausführlichen Exkurs „Vājasāti II: Der Siegeslauf des Rennpferdes“; zu vedischen Epitheta mit dem Wort für ‘Pferd’ oder mit dem Begriff des ‘Pferdeopfers’ als Bezugsgröße vgl. auch GONDA 1959b: 210f.

60 Über den frühgriechischen (Streit-/Renn-)Wagen s. PLATH 1994b und vgl. SCHMITT 1995.

61 Diese Zusammenfassung enthält auch einen Forschungsbericht über verschiedene frühere (und teilweise umstrittene) Arbeiten, z.B. aus der Feder James P. MALLORYs oder Colin RENFREWs.

62 Z.B. RAULWING 1995; 1998; 2000: insbes. 25–36, 60–68; hier begegnen die Angaben der Archäologie den (in Diskussion mit Manfred MAYRHOFER und Rüdiger SCHMITT herauskristallisierten) linguistischen Interpretationen. S. auch ZIMMER 1994: 32f. und vgl. die Verweise in MEID 1989: 10f., 15, 18ff., 25–27 etc. (sowie MEID 1994: 54–57 [Pferd] und 57–64 [Wagen], mit teilweise stärker antiquierten etymologischen Ansätzen).

63 Sieh etwa RAU 1983: 22ff.; ein Resümee des *status quo* (bis 2000) der Erforschung linguistischer Fragen über das Pferd im urindogermanischen Zusammenhang wird von SCHMITT 2000b: 402 vorgenommen; cf. HÄUSLER 2000: 403–404 („§ 9. Domestikation des Pferdes und Ursprung des Wagens“).

64 Sieh VAN LOHUIZEN-DE LEEUW 1975 und vgl. SPARREBOOM 1985: 4 mit Fußn. 15.

vedische ist diese Feststellung keineswegs paradox oder übertrieben – Reflexe des Phänomens sind in zahlreichen Formeln und stehenden Epitheta sowie auch in mehreren seit der ältesten vedischen Periode überlieferten Eigennamen belegt. Der Umstand, daß die vedischen Inder des öfteren mehr Zeit auf ihren Plan- und Streitwagen als in beständigen Unterkünften zu verbringen pflegten,[65] wird z.B. von (poetischen) Beinamen unterstrichen wie *rátha-proṣṭha-* m., bezeugt im Lok. Pl. in RV. 10,60,5 (*ásamātiṣu ráthaproṣṭheṣu*), mit der wahrscheinlichen Bedeutung 'den Wagen (*rátha-*) als Nachtlager/Lagerstätte (*próṣṭha-*) habend' (PNRV 2.1.414; für diesen und weitere Namen s. auch SPARREBOOM 1985: 139).[66]

2.2. Ebenso aus Gründen sowohl von religiöser Relevanz als auch von sozialem Prestige finden wir eine Serie von *Eigennamen* oder sogar mehr: von Personennamen von Helden oder Edelleuten, die entweder den Stamm **Haću̯a-* 'Pferd' (avest. [-]*aspa-*, ved. [-]*aśva-*) oder den Stamm **rátHa-* (> **rátʰa-*) 'Wagen' (av. [-]*raθa-*, ved. *rátha-/°ratha-*)[67] enthalten. Die onomastischen Daten haben einen speziellen Wert für die Geschichte der iranischen Sprachen, da unsere ältesten Quellen etwa des Altpersischen vor allem von Katalogen von Eigennamen geliefert werden, die auf Myriaden von Keilschrifttafeln von Elam bis Babylonien zu finden sind.[68] So sind zwei grundlegende Elemente der *Kriegsführung* für den arischen Hochadel in Eigennamen reflektiert wie (a) elam.-iran. *Pirriyašba,*[69] zu rekonstruieren als **Friya-aspa-*, bezeugt auch unter (Indo-)Ariern des Vorderen Orients (Mitte des 2. Jahrtausends v. Chr. Geb.) als **Prīta-aśva-*, **Priya-aśva-*,[70] aus indo-iran. **pri̯i̯a-(H)aću̯a-,* 'dem die Pferde/Rosse lieb sind', 'der die Pferde lieb hat',[71] und (b) RV. 1,122,7 *Priyáratha-* 'dem der (Streit-)Wagen lieb ist', 'der den (Streit-)Wagen lieb hat' (PNRV 2.1.353), mit (formelhaften) syntagmatisch-phraseologischen Parallelen aus der vedischen Dichtung (vgl. PNRV, S. 64).

3. Der vedische Streitwagen kann in der Tat hauptsächlich aufgrund von literarischen Hinweisen rekonstruiert werden, da mit der bekannten Aus-

---

65 Cf. das Zeugnis von Megasthenes (*Indika*, Fragment L, 2–3), zitiert von RAU 1983: 22 (vgl. RAU 1977: LXXXV); zum Stellenwert von Megasthenes als Quelle der altindischen Ethno-, Geo- und Historiographie sieh insbesondere MCCRINDLE 1926.

66 HOFFMANN 1992: 862 (mit Lit.); EWAia 2,193; PNRV 75, mit weiteren Verweisen.

67 EWAia. 2,429f.; zum Inventar der avestischen Ableitungen cf. HUMBACH 1977, über den Typus *rathī́-* s. auch die Bemerkung in KLINGENSCHMITT 1992: 104.

68 MAYRHOFER 1973: 5; 1977b: 7f.; SCHMITT 2000a.

69 MAYRHOFER 1973: 218; IPNB 1,45, Nr. 148 und 146.

70 Eine typologische Parallele im germanischen Namensystem wird von altengl. *frīd-hengest* 'gut gepflegtes Roß', SCHMITT 1967: 243f., IPNB 1,45, geliefert.

71 Sieh EWAia. 2,189, PNRV 2.1.353, Anm.

nahme eines vereinzelten Rades (cf. SPARREBOOM 1985: 90 mit Anm. 24; 10) keine einschlägigen Wagen(teile) archäologisch erschlossen sind, wenn man von den sog. Spielzeug- bzw. Modellwagen absieht; in den alten indo-iranischen Sprachen unterscheiden wir zwischen zwei Haupttypen von Fahrzeugen (für lexikalische Evidenz vgl. MACDONELL – KEITH 1912: 21f., 201ff.; RAU 1977: LXXXVf., 1983: 22; SPARREBOOM 1985; RAULWING 2000: 25–36, 60–68, mit Lit.). Die wichtigste Funktionalunterscheidung ist jene zwischen dem *Transportkarren/Güterwagen*, vedisch *ánas-*, und dem *Streit-/Rennwagen*, altind. *rátha-*, altavest./ jungavest. *raθa-* bekannt ist. Eine Anzahl von Fachbegriffen – Teilen des Wagens und einigen Termini für Manöver – läßt sich nicht erschließen, wie sogar die bereits klassische Arbeit über ‘Streitwagen im Veda’ von SPARREBOOM (1985) nach Jahren von Forschung und einer sorgfältigen Beurteilung der verfügbaren Fakten eingestehen mußte. Die frühen Darstellungen in der Kunst, jene aus Sāñchī (ungefähr 1. Jh. n. Chr. Geb.) werden ihrem Aussehen nach als „ziemlich realistisch“ beurteilt.[72] Natürlich könnte man vor einer derartigen Sachlage mit einem „Ignoramus atque ignorabimus“ resignieren. Aber im Mikrokosmos des Avesta und des Veda kann die penible Analyse der poetischen Texte nicht nur auf erstaunlich viele Details des Aufbaus wirklicher Wagen und Karren Licht werfen; es kann auch von den Daten von nüchternen Abhandlungen wie jenen in den Śrauta-Sūtren (s. oben) unterstützt werden, in denen die Begriffe nunmehr vor allem in ihrer jeweiligen direkten lexikalischen Bedeutung auftreten.

3.1. Sowohl die altiranische als auch die altindische Dichtung liefert reiches Material über den Streit-/Rennwagen – ved. *rátha-*, av. *raθa-* – als zentrales Element des militärischen Lebens, aber auch des arischen Rituals und der Sakral-Kosmologie: denn die detailliertesten Beschreibungen eines (Ideal-)Wagens sind nicht jene von Königs- oder Generalswagen, sondern diejenigen von den Wagen der Götter – wie Miθra im avestischen Yašt 10 oder Indra und Agni im R̥gveda; vgl. auch den altind. Namen *Devaratha-* ‘den Wagen eines Gottes habend’. Darstellungen von Göttern als Reitern oder Wagenlenkern machen einen wichtigen Teil der göttlichen Ikonographie in der sakralen Dichtung aus.

---

[72] S. das Exposé von SPARREBOOM 1985: 83–117, insbes. 92. Vgl. *ibid.*, 113: “On the Sāñchī monuments seventeen representations of cars can be found, sixteen on the pillars and gateways around stūpa I and one on a balustrade of stūpa II. They are all two-wheeled, open vehicles drawn by horses, with the exception of one covered, two-wheeled cart, which is drawn by two oxen [...]. Apart from one relief on which the chariot is drawn by four horses [...], all chariots are drawn by two horses.”

So haben wir im Avesta den o., § **3.1.1.2.** erwähnten Namen *Ayraēraθa-* der Bedeutung 'dessen Wagen an der Spitze/der Front(-Linie) ist'. Diesem Namen entsprechen poetische Formeln im Veda und dem Avesta – wir sollen nur an die altindische Wendung *ágre ráthānām* 'an der Spitze der (Streit-)Wagen' in RV. 9,96,1 erinnern. Man sollte zum wiederholten Male auch die avestische Brüdernamenreihe *Dāraiiaṯ.raθa-*, *Frāraiiaṯ.raθa-* und *Skāraiiaṯ.raθa-* in Yašt 13 hervorheben,[73] jeweils der Bedeutung 'der den Wagen zurückhält', 'der den Wagen vorantreibt', 'der den Wagen in Bewegung setzt', die altindischen Namen mit gleichem Hinterglied wie z.B. *Adhiratha-*[74] oder Epitheta wie *apratiratha-* 'dessen Wagen kein „Entgegen"/„Gegenüber"/keinen (ebenbürtigen) Gegner hat/kennt'[75] entsprechen.

Die Vorstellung vom 'glänzenden Wagen' wird vom zusammengesetzten Namen *citráratha-* ausgedrückt (PNRV 2.1.177), mit RV+ *citrá-* 'glänzend', gāthisch-avest., jungavest. *ciθra-*, als Vorderglied. Eine verkürzte Form von diesem oder einem ähnlichen Namen könnte vertreten sein in RV. 8,21,18, Br.+ *cítra-* m.[76] (mit Betonungsänderung), genauso wie in altpers. **čiça-* sowie med. **čiθra-*, in einem Hypokoristikon altpers. **čiçina-* < **čiθrina-* usw. Für *Citrāśva-* des epischen Sanskrit setzt VAN VELZE 1938: 90 und 151, Anm. 471a, eine Bedeutung „Bild" + „Pferd" an, unter Berufung auf Sāvitrī (2,13). Diese kontextabhängige Interpretation jedoch, selbst wenn sie das Richtige treffen sollte, sollte die Tradition nicht außer Acht lassen, laut der ein „white horse with black ears is mentioned in the Atharvaveda [5,17,15] as being of special value" (MACDONELL – KEITH 1912: 42f.); die im Text dazugehörigen Epitheta sind *śvetá-* 'hell, licht, weiß' und *kr̥ṣṇakárṇa-* 'schwarz-ohr[ig]'. MAYRHOFER (IPNB 1,77f., Nr. 292) teilt den Namen *Spiti-* der gleichen Gruppe zu, indem er eine zusammengesetzte Vollform als **Spitii-aspa-* 'mit weißen Rossen' rekonstruiert und hinsichtlich des Hintergliedes auf den Umstand verweist, daß der Name des Bruders des Namensträgers *Ərəzrāspa-* ist.

3.2. Neben dem Appellativum *dáśaratha-* m. 'Kolonne/Zug von zehn Wagen', von einem adjektivischen Possessivkompositum der Bedeutung 'zehn (*dáśa-*) Wagen (*rátha-*) enthaltend', erwägt GRASSMANN[77] (für RV

---

[73] IPNB 1,35, Nr. 102; 1,44, Nr. 141 und 1,76, Nr. 284; SCHMITT 2000a: 6, 11, 101, 148; 2006a, 2011; SADOVSKI 2007: 62.

[74] VAN VELZE 1938: 91; SCHMITT 2000a: 6.

[75] *Apratiratha-* ist wohlgemerkt auch der Name des RV-Hymnus 10,36 beim Agniciti-Ritual (bzw. während des Rituals der Gründung des Opferfeuers); s. KRICK 1982: 327, Fußn. 857.

[76] PNRV 2.1.176, EWAia. 1,542.

[77] Literatur in PNRV 2.1.223.

1,126,4) als Alternative einen Personennamen, welchen MAYRHOFER (PNRV) dann mit Namen wie *Daśaratha-* (bezeugt vom epischen Sanskrit an), Pāli *Dasaratha-*, Prākrit *Dasaraha-* m. vergleicht.

Die in den heiligen Hymnen vorkommenden Belege nicht nur für Zwei-Pferde-Wagen („*bigae*“), sondern auch für *quadrigae* entsprechen Personennamen wie jungavest. *Caθβaraspa-* ‘(einen Komplex von) vier Pferde(n) / ein Viergespann habend“, man vergleiche das jungavest. Komplexivkompositum *čaθβarə.aspa-* ‘ein Komplex von vier Pferden, Viergespann’, oder jungavest. *Biiaršan-*, wohl ‘zwei Hengste habend’ (bzw. ‘mit/auf zwei Hengsten fahrend’).[78]

4. Letztere zwei Namen bringen uns zum nächsten Punkt, den *Pferden*.[79]

4.1. Während die normale Bezeichnung für ‘Pferd’ im Vedischen *áśva-*, m. (und die für ‘Stute’: *áśvā-*, f.) ist, gibt es insbesondere für das männliche Roß mannigfaltige weitere Termini: die einschlägigen Epitheta sind Legion, und ein großer Teil von ihnen wurde dann quasi synonymisch mit dem Wort ‘Pferd’ verwendet, wobei jedes von ihnen nichtsdestoweniger eine spezialisierte Bedeutung beibehalten hat.[80] So bedeutet ein Epitheton mit der Semantik ‘der Schnelle’, **aru̯ant-* – das bereits für das Indo-Iranische vorauszusetzen ist –, sowohl im Vedischen [*árvan*(*t*)-] als auch im Avestischen [*auruuaṇt-*] auch ‘Rennpferd’ (EWAia. 1,121f.), wobei *árvatī-* (RV, AV) ‘(schnelle) Stute’ bedeutet. – Mit dem gleichen Stamm als Vorderglied begegnen wir in Yt. 5,105 dem Namen *Auruuat̰.aspa-* (IPNB 1,26f., Nr. 57), Vater des Yt. 15,28 und 19,41 vorkommenden *Hitāspa-* (IPNB 1,50, Nr. 171), im Einklang mit der in §§ 4.2. und 5.4. unten beschriebenen Tradition der Namengebung. Die Bedeutung des zuletzt erwähnten aristokratischen Namens wird als ‘dessen Pferde gebunden sind’ [scil. am Streit-/Rennwagen (?)] angesetzt; von derselben Verbalwurzel stammt sein Antonym *Vīštāspa-* (IPNB 1,97, Nr. 379), das in der altiranischen Onomastik seit langem zu den meistdiskutierten Namen gehört[81] und bekanntermaßen als ‘dessen Pferde losgebunden sind [scil. etwa „zum Rennen“, als iir. Rennsportterminus (NARTEN), o.ä.]’ (~ Ved. *víṣita- áśva-*) gedeutet wird; ein Pendant, ebenfalls

---

78 Mit IPNB 1,32, Nr. 86, somit gegen JUSTIS (1895: s.v.) Interpretation als ‘zweier Männer Kraft habend’.

79 Aus der nach dem Erscheinen der Monographie SPARREBOOMS und des OBERLIESschen Compendiums publizierten Literatur s. die Zusammenfassung der indischen Fakten bei FALK 1994 in Bezug auf das Pferdereiten; s. auch COOMARASWAMY 1942 und vgl. den (kursorischen) Überblick in ESNOUIL 1986.

80 Über die folgenden Bezeichnungen cf. EWAia: s.vv.; MACDONELL – KEITH 1912: 42f.

81 Vgl. zuletzt SCHMITT 2006b: 124; 125, Fußn. 191; 195 mit Fußn. 178.

mit dem Adverb/Präverb *ví* im Vorderglied, lautet RV+ *Vi̯yaśva-* – ‘dessen Pferde „auseinander“ sind’ [d.h. entweder ‘dessen Pferde nach allen Richtungen hin (laufen)’ oder ‘los(gefahren) sind’, weniger wahrsch. ‘dessen Pferde weg sind’][82], ein Entheos-Kompositum.

Diesem thematischen Komplex gehört die nachr̥gvedisch bezeugte Zusammensetzung *Sākam-aśva-* (Jaiminīya-Brāhmaṇa 3,101), der Name eines Nachkommen des Priyamedha an.[83] Es bedeutet ‘dessen Pferde gemeinsam/zusammen(getrieben/versammelt) sind’, mit dem Adverb *sākám* als Vorderglied, und ist zum Lemma über *sākám* in EWAia 2,721f. zu ergänzen.

Weitere Beinamen – und sekundäre Benennungen – des Pferdes sind: *átya-*, m. (von der Stute: *atyā-*, f.), vielleicht ‘der Renner’, wenn von der Sippe von *sám* + *at-* ‘loslaufen/-rennen’;[84] – ‘das in einem Team angeschirrte (Pferd)’ (*sapti-*, cf. EWAia 2, s.v.); – ‘der mit dem Siegespreis Versehene/Charakterisierte’ (*vājín-*); über das Konzept von *vā́ja-* und den Ableitungen und Zusammensetzungen mit dessen Beteiligung s. zuletzt PINAULT 2006. Die semantische Nuance des ‘Antriebs/Angesporntseins’ ist wohl auch in *háya-*, m. vorhanden, mit dessen Entsprechung im Personennamen *Haya-* (Pur.)[85], cf. das Hinterglied im zusammengesetzten Adjektiv *aśva-hayá-* ‘Pferde antreibend/anspornend’, ‘Pferde losstürzen lassend’. Eine spezifische indische Bezeichnung der Stute ist außerdem *váḍabā-*, f. (KS.+; EWAia. 2,494), der ein späterer (purāṇischer) Eigenname *Vaḍavā* (VAN VELZE 1938: 89a), mit phonologischer Variation, entspricht. Die ‘Schnelligkeit’ der Pferde ist als semantisches Merkmal auch im Bedeutungsbereich des avest. *Xšuuiβrāspa-* ‘mit flinken Rossen’[86] präsent, aus einem gemeinindoiran. **kšu̯ipra-*, jungavest. *xšuuiβra-* ‘flink, beweglich’, ved. *kṣiprá-*.

4.2. Unter den Eigennamen, die das Wort für ‘Pferd’ enthalten, finden wir *ererbte* wie avest. *Ərəzrāspa-* ‘schnelle Pferde habend’, mit ved. *R̥jrā́śva-* identisch, oder avest. *Frīnāspa-* (s. auch § **4.3.** unten), zu verbinden mit den im Arischen des Vorderen Orients belegten **Prīta-aśva-*, **Priya-*

[82] SADOVSKI 2000a: 468, § 1.3.1.2 (über den Kompositionstypus); PNRV 2.1.463; 2.2.436; vgl. das Patronymikon in 2.1.495.

[83] Cf. CALAND 1919: 243, Nr. 181f.; Prosopographie *ibid.*, 318.

[84] EWAia. 2,58f., unter Verweis, auf p. 59, auf (angebliche?) iranische Parallelen wie den skythischen Personennamen ’Ατέας, über welchen nun MAYRHOFER 2006: 19, § 4.2 zu sehen ist.

[85] Cf. VAN VELZE 1938: 89a; phraseologische Parallelen und etymologische Analyse in EWAia. 2,803; letzteres unterstreicht die Urverwandtschaft dieses Namens mit dem armenischen Appellativum *ji* ‘Pferd’, über das s. im Detail Ch. DE LAMBERTERIE in: PINAULT – PETIT 2006 (eds.): (222–)223 und cf. zuletzt R. SCHMITT, Kratylos 53, 2008, 59.

[86] Yt. 13,111, cf. IPNB 1,101, Nr. 399, vgl. auch Nr. 397.

aśva- (vergleichbar mit der formelhaften vedischen Phrase *áśvān prī-* 'sich um die Pferde kümmern'). In einem signifikanten Gegensatz zu dieser Sachlage im Indo-Iranischen hat etwa das mykenische Griechisch virtuell keine Namen in Verwendung, die das Wort für 'Pferd' enthalten; solche treten erst von Homer an in Erscheinung.[87] Allerdings ist, wie bereits Ernst RISCH[88] beobachtet hat, „[b]emerkenswert [...], dass statt 'Pferd' 'Wagenteile' oder 'Wagen' in [mykenischen] Namen mehrmals vorkommen"[89]. Sowohl das Altgriechische als auch das Altindische machen weitestgehend von der ererbten indogermanischen Methode der Namengebung mittels der Wiederholung von Elementen der Namen von Personen aus der Sippe als (Teile der) Namen ihrer Verwandten Gebrauch, wie oben, Kapitel I, ausführlich gezeigt wurde. In genau derselben Weise finden wir das Element 'Pferd' z.B. in den Namen der *beiden* Tyrannenmörder, der Brüder Ἱππίας und Ἵππαρχος;[90] wir finden des Weiteren im Mahābhārata[91] die Namen der Dānava-Brüder *Aśva-*, *Aśvapati-*, *Aśvaśiras-*. In dieser typologischen Parallele, die außerdem ein Element gemeinsamen Ursprungs umfaßt (uridg. *$h_1$ék̯u̯os*)[92] ist auch die gleiche Vorgehensweise zu bemerken, bei der gekürzte Ein-Stamm-Namen neben zusammengesetzten nicht nur in „vertikaler" genealogischer Linie, zwischen (Groß-)Vater und Sohn,[93] sondern auch auf horizontaler Ebene, in Namen von Brüdern (wie Skt. *Vr̥ka-tejas-* und *Vr̥ka-la-*)[94] und von Schwestern, oft im Fall von Zwillingen gebraucht werden.[95] Nicht vergessen sollen

---

87 NEUMANN 1991a: 174; 1991b: 323; 1994; cf. allerdings PANAGL 1985.

88 RISCH *ad* NEUMANN 1991a: 175, in einem mitpublizierten Beitrag zur Tagungsdiskussion.

89 Über die analoge Situation im älteren Germanischen s. SCHMITT 2000a: 15.

90 *Der Kleine Pauly* 4,681–685, s.v. 'Pferd'.

91 Mbh. 1,59,24 (1,65,2531–2532), cf. SÖRENSEN 1904–25: 7b, 8a, 9a.

92 Sieh EWAia. 1,139f.; 807; 2,827, mit weiteren Verweisen, und vgl. ZIMMER 1994.

93 Wir haben SADOVSKI 2007: 51 und 61f., dieses Phänomen als 'Hildebrand-Syndrom' apostrophiert, wenn eine Wiederholung von *Hintergliedern* stattfindet, bzw. *ibid.* 52 und 58 mit Anm. 73 als 'umgekehrtes Hildebrand-Syndrom', wenn die Wiederholung die Vorderglieder betrifft.

94 HILKA 1910: 71; vgl. SCHMITT 2000a: 11, mit weiteren Beispielen aus (dem Thrakischen und) dem Germanischen; der griech. Simplex-Name Ἵππος gehört nicht zum Typus von *Aśva-*/Ἱππίας/*Vr̥kala-*; in diesem Fall liegt ein *Spitzname* eines Gewinners bei den Olympischen Spielen vor, dessen [Geburts-]Name *Hermogenes* war (SCHMITT 2000a: 11), cf. Pausanias 6,13,3.

95 Eine Reihe von charakteristischen Beispielen für diesen Namengebungstyp lassen sich bis heute in den meisten idg. Sprachzweigen feststellen, z.B. im Deutschen (*Bernhard* und *Bernfried*; im Germanischen kann auch der [bloße] Stabreim als Marker eines Verwandtschaftsverhältnisses gelten, vgl. KUNZE 1998: 29a über die Nibelungennamen *Gunther*, *Gernot*, *Giselher*, und *Grimhilt*), im Italienischen ([*U-*]*Baldo* and *Arcimbaldo*, in diesem Fall

wir wieder einmal, auch in dieser Hinsicht, die oben zitierten Namen der Brüder aus dem avestischen Yašt 13 – *Dāraiiat̰.raθa-*, *Frāraiiat̰.raθa-* und *Skāraiiat̰.raθa-* (SADOVSKI 2007: 62 und oben, § **3.1.**, S. 33).

4.3. Gerade die Namen, welche das Wort für 'Pferd' enthalten, bilden eine ganze Reihe von Comparanda zwischen dem Iranischen und dem Indischen. Hier haben wir das altpers. **Vidāspa-* 'Pferde findend/erhaltend', zu analysieren als **Vida-+aspa-* (oben, § **3.2.2.2.**), gegenüber ved. **Vidád-aśva-*, bezeugt im patronymischen (PNRV 89) *Váidadaśv-i-* (RV + *aśva-víd-*). Dasselbe (-*T*-haltige) Vorderglied erscheint auch in einem anderen Kompositum mit einem Haustier-Wort als zweitem Element, dem avest. *Vīdat̰.gu-* (: RV+ *go-víd-*) 'Rinder (Kühe) findend/erhaltend'.[96] Analog bedeutet der jungavest. Name *Arəjat̰.aspa-* (sechsmal im Avesta bezeugt) 'an/zu Pferde(n) gelangend'.[97] Erwerb von Pferden und Fürsorge um die Pferde, die man besaß, wurde als eine Tugend betrachtet, die dermaßen wichtig war, daß dieses Konzept schon im gemeinsamen indo-iranischen Eigennamensystem vorhanden war: so im besagten jungavest. *Frīnāspa-* 'dessen Pferde gepflegt sind'; „Pflegen" bedeutet in diesem Kontext alles, was mit der physischen Gesundheit und dem Wohlergehen des Pferdes zu tun hat: Weitere Namen stellen die Pferde des Namensträgers als 'fett' und 'wohlgenährt' dar – so Yt. 13.131 *Tumāspana-*, ein aus einem **Tuma-aspa-* 'fette Pferde habend' abgeleitetes Patronymikon (IPNB 1,81, Nr. 308).

Eine quasi „doppelte Negation" dieses letzten Begriffes ist im purāṇischen Namen *A-kr̥śāśva-* 'dessen Pferde nicht mager sind' enthalten, im Gegensatz zu den Personenbenennungen des Typs „der mit den mageren/schwachen/verwerflichen Pferden", eines von vielen Motiven im Namengebungssystem, die greifbare tabuistische Spuren aufweisen. Die letztgenannte Bedeutung ist im Namen eines der erhabensten arischen Helden festzustellen, der vom Avesta an bezeugt ist – *Kərəsāspa-* (IPNB 1,60, Nr. 216; für andere Namen mit diesem Element, cf. *ibid.* 59f., Nr. 213–215). Zu diesem Typus gehören auch Namen wie der Name eines Opfer(veranstalt)ers *Ninditā́śva-*, m. (RV 8,1,30; PNRV 2.1.276), mit der Bedeutung 'dessen Pferde „getadelt"/tadelnswert/nicht zufriedenstellend sind'.

Namen germanischer Herkunft), und im Bulgarischen (*Svetozar* und *Svetomir*), um lediglich drei Vertreter (neu)indogermanischer Sprachzweige wie Romanisch, Slawisch oder Germanisch zu erwähnen.

96 Sieh EWAia. 1,479, zuletzt SCHMITT 2006a: 289f., beide mit Lit.

97 So IPNB 1,20, Nr. 22: von der avest. Wurzel *arj-* 'gelangen an' (und nicht von *arg-* 'wert sein', vgl. Nr. 20-21 und 23).

Was material-ökonomische Parameter anbelangt, so waren die Pferde "highly prized [...] and were not rare [...], for as many as four hundred mares are mentioned in one Dānastuti ('Praise of Gifts'). [...] They were on occasion ornamented with pearls and gold." (MACDONELL – KEITH 1912: 42). Pferde werden nicht nur teuer(st) gekauft; ein Pferd kann selbst als Preiseinheit bzw. -richtwert gelten: vgl. Zusammensetzungen wie *pañcāśva-* 'der (den Preis von insgesamt) fünf Pferde(n) kostet', 'der um (zum Preis von insgesamt) fünf Pferde(n) gekauft wird'[98] (AiGr II/2,53, II/1,309); ähnliche (Preis-)Schätzungen/Beträge werden auch in Bezug auf Rinder (Kühe) bzw. Kamele angegeben.

4.4. Das Pferd gilt natürlich nicht nur als eine angesehene Besitzform, sondern auch als ein wirkliches Kultobjekt. Dabei ist die Farbe der Pferde nicht lediglich ein Unterscheidungsmerkmal von verschiedenen Typen, Charakteristik gewisser noblen Rassen – sie trägt verschiedene Implikationen in mythologischer Hinsicht. Der Veda unterscheidet z.B. dunkelbraune Pferde (ved. *śyāvá-*, avest. *siiāuua°*) – zur Liste von zusammengesetzten Personennamen urindoiranischer Herkunft zählt etwa der (oben, § **2.2.** analysierte) Name des vedischen Dichters *Śyāvā́śva-* 'dessen Pferde dunkel (braun) sind', mit einer Parallele in avest. (durch das patronym. *Siiāuuāspi-* vorausgesetzt) **Siiāuuāspa-*;[99] cf. auch *Siiāuuaršan-* m. 'dessen Hengste dunkel sind', der Name des Vaters von *Haosrauuah-*. Ein (nicht geringer) Teil der bezeugten einstämmigen Namen wie RV. 8,85,3.4 *Kŕ̥ṣṇa-* oder (RV. 1,116,23; 1,117,7) *Kr̥ṣṇiyá-* (PNRV 2.1.149–150)[100] sind auf Kürzungen von Nominalkomposita rückführbar, und unter den letzteren kann man leicht Bildungen mit einem Wort für 'Pferd' im Hinterglied erwarten, genauso wie in griech. Μέλας 'Schwarz' vs. Μελάνιππος 'der schwarze Pferde Habende' (o., § **2.2.**). Des Weiteren unterscheiden sich die Quellen zwischen hellfarbigen Pferden bzw. Schimmeln (ved. *śvetá-*, avest. *spaēta-*), Falben (*hári-*, *harít-*, *hárita-*), rötlichen Pferden (*aruṇá-*, *aruṣá-*, *piśáṅga-*, *róhita-*), etc.[101] Diese Farbunterschiede werden wieder einmal in Eigennamen reflektiert: wie jungavestisch **Dāzgrāspa-* 'dessen Pferde *dāzgra-* sind' (wohl '[X-]*farbig*', vielleicht 'dunkelfarbig'), belegt im patronymischen Derivativum *Dāzgrāspi-*; man vergleiche Personennamen wie jungavest. *Dāzgrō.gu-* 'dessen Rinder *dāzgra-* sind'.

---

98 Urspr. 'der (einen Komplex von) fünf Rossen hat', des von RISCH 1945: 19ff. besprochenen Subtypus von „Ableitungskomposita": τετρά-δραχμος 'vier Drachmen wert' bzw., substantiviert, ἑκατόμ-βοιον 'Besitz, der hundert Rinder wert ist'.

99 Belege und Kommentar in PNRV 95; SCHMITT 2000a: 48.

100 Über *Viśvaka- Kārṣṇi-* „Sohn des Kr̥ṣṇa" (Anukramaṇī) vgl. GELDNER 1951–54: 2,410b und PNRV 2.1.149.150(Anm.).468.

101 MACDONELL – KEITH 1912: 42, cf. EWAia. s.vv.

– Mehr darüber in einer demnächst zu publizierenden Arbeit über Namen, die körper(teil)bezogene Ausdrücke (und mitunter „pferdespezifische“ Termini) als Komponenten enthalten, mit Diskussion von weiteren Arbeiten von W. O'FLAHERTY [Pferdekörperteil-Lexikon], H. FALK, N. OETTINGER und R. PLATH. Über spätere Sanskritnamen, die Farbbezeichnungen beinhalten, vgl. wiederum VAN VELZE 1938: 90a.

4.5. Sowohl Pferde als auch (Streit-)Wagen werden im Ritual mit einer stark markierten religiösen Funktion versehen und als Grundkomponenten einer Reihe zentraler feierlicher Zeremonien wie Aśvamedha, Vājapeya, Agnyādheya usw. eingesetzt; sie finden aber zugleich in einem anderen Aspekt Verwendung, der eine gewisse ökonomische Relevanz besitzt – als Opferlohn (*dákṣiṇā-*) für die Priester nach dem Vollzug von Opfertätigkeiten. Was den ersten Aspekt anbelangt, so nimmt eine nicht geringe Untermenge der Personennamen im Veda auf das feierliche Ritual wie etwa das Pferdeopfer (*aśvamedhá-*)[102] explizit Bezug. In der RV-Saṃhitā, in deren erstem Maṇḍala drei wichtige Hymnen diesem Königsritual gewidmet sind,[103] tritt *Áśvamedha-* als Name eines Königs im Hymnus RV 5,27,4.5.6 (PNRV 2.1.43) neben einem mask. Patronymikon *Ā́śvamedhá-* auf.[104]

Der Name des Rituals wird daraufhin im Epos[105] selber als Vorderglied im Königsnamen *Aśvamedheśvara-* übernommen – ein aus drei Stammelementen, morphologisch gesehen aber natürlich aus zwei *Kompositionsgliedern* (von denen eines wiederum zusammengesetzt ist: *aśvamedha-* + *īśvara-*) bestehendes Kompositum –; darüber hinaus auch ins Vorderglied von *Aśvamedhadatta-* (Mbh. 1,90,95B = 1,95,3838; SÖRENSEN 1904–25: 8a), wo wir wiederum eher mit der Bezeichnung des Rituals zu operieren haben: 'vom/dank dem Pferdeopfer gegeben' denn mit dem o.a. Personennamen *Áśvamedha-*.

---

102 Ein klassisches Compendium über dieses zentrale (yajur)vedische Ritual bleibt DUMONT 1927, dem sich in Bezug auf die Taittirīya-Brāhmaṇa-Version DUMONT 1948 zugesellt; für Rekonstruktionen seiner r̥gvedischen Form (*per disiecta membra*) s. die Lit. in OBERLIES 1998: 290–292, spez. 290 mit Fußn. 677 (inkl. Verweise auf einige, spezifische Momente des Rituals betreffende indo-keltische Parallelen); cf. auch EWAia. 2,377 (mit Literatur bis 1996).

103 Zu den RV-Hymnen an das Opferroß vgl. die wichtigen Anmerkungen in GELDNER 1951: 221–227.

104 RV 8,68,15.16; über die Darstellung der genealogischen Linie vom (Ur-)Großvater zum Enkel vermittels einer Sequenz von solchen (Pro-)Patronymika s. SCHMITT 2000a: 21, 78, 183. Cf. PNRV 2.1.43, Anm.: „Für die Anukr[amaṇī] gelten *aśvamedha- bhārata-* oder die anderen in RV 5,27 genannten Könige (*tryaruṇa-* [...], *trasadasyu-* [...]) bzw. *atri-* [...] als Di[chter] dieses Liedes [...]“.

105 Mbh. 2,26,8ᵃ (= 2,29,1066), cf. SÖRENSEN 1904–25: 8a.

4.6. Einzelne Elemente der Pferde- oder Wagenrüstung (wie die Zügel etc.) kommen ebenfalls als Teile von Eigennamen vor. RV. 1,122,13 enthält ein Kompositum *iṣṭáraśmi-*, das früher für eine Art Epitheton gehalten wurde (PW 1,831, GRASSMANN 1873: 928), später aber von GELDNER 1951: 1,170, 4,92b, EVP 5,7 und PNRV 2.1.76 als ein Name eines Opferers (*yájamāna-*) interpretiert wurde: das Vorderglied entspricht jenem in *iṣṭā́śva-* (RV. 1,122,13, PNRV 2.1.77) 'dessen Pferde erwünscht sind', ein weiterer Fall eines Opferer-Namens (oder Beinamens?) aus derselben semantischen Sphäre.

Im Bereich der Onomastik lassen sich ebenfalls Zeugnisse für den militärischen Gebrauch von Pferden feststellen wie der altpersische Name (in der elamischen Überieferung) *Aš-ba-ya-u-da* 'Pferde-Kämpfer'[106], der dem im Jungavest. als Apposition und Epitheton auftretenden *aspāiiaoδa-* 'Pferde-Kämpfer' entspricht.

5. Aber kehren wir nun noch einmal von *Krieg* zu *Frieden*, mit den verschiedenen Arten von Transportwagen oder -karren zurück.

5.1. In der Regel[107] war der Karren (*ánas-*) mit zwei Rädern und zwei Deichselarmen versehen, die in seinem vorderen Teil zusammentrafen. Gezogen wurde er von einem normalerweise aus zwei Ochsen bestehenden Gespann. Hinsichtlich der äußeren Form konnte es je nach dem Zweck variieren: Die Wagen bestanden aus einem fellbezogenen Korbarbeit-Korpus. Dieser Wagenkorpus ruhte auf einer „Base"; hierfür existieren auf Sanskrit eine Reihe von Termini metaphorischen Ursprungs, von denen *nīḍa-* 'Nest' der gebräuchlichste war. Rigveda, Buch 10, Hymnus 85, 7, nennt den Wagenkorpus *kośa-* 'Schatz(kammer)'. Der Hauptkörper des Karrens hatte wahrscheinlich einen etwas höheren Vorderteil (vedisch *ratha-śīrṣa-*) und zwei Seitenwände, auf denen manchmal Metallplatten oder Kugeln zu dekorativen Zwecken hingen. Einige Wagen, besonders jene, die zur Personenbeförderung bestimmt waren, konnten mit Planen aus geflochtenem Stroh bedeckt werden. Wenn abgekoppelt, pflegten die zweirädrigen Wagen in senkrechter Stellung vermittels unter den Schäften gesetzten Stützen gehalten zu werden.

5.2. Auch im Falle von *ánas-* enthalten die meisten Belege aus den ältesten Quellen Details vor allem in einem strikt rituellen oder religiös-poetischen Kon-

---

[106] Dossier in MAYRHOFER 1973: 130; vgl. IPNB 1,22, Nr. 32; MAYRHOFER 1977b: 23.

[107] Wir folgen in § 5 generell der Faktendarstellung seitens RAU 1983: 22–27, SPARREBOOM 1985: *passim* und MACDONELL – KEITH 1912: 201–203, s.v. Ratha, jeweils mit Lit.

text.[108] Unter den Gottheiten, die nicht nur mit einem Streitwagen (*rátha-*), sondern spezifisch mit einem Lastwagen (*ánas-*) verbunden wurden, ist die Morgenröte (*uṣás-*) hervorzuheben.[109] Eine der ältesten Beschreibungen ist das vom Wagen (*ánas-*) für die Braut in RV. 10,85,8–12, dem Hochzeitshymnus, der nicht nur den Wagen als Ganzes, sondern auch seine Teile wie die (Wagendach-)Überdeckung (*chadíṣ-*), Räder (*cakrá-*), Achse (*ákṣa-*), „Schaft" (*pratidhí-*) etc. (zu den Termini für Wagenteile RAU 1983: 22f. mit n. 5ff.; 25f. mit n. 45ff., SPARREBOOM 1985: 121–139, zum idg. Erbwortschatz SCHMITT 2000b: 390) als Ausgangspunkt für viele metaphorische Identifikationen benutzt, welche das Bild der Braut (genannt Sūryā „Sunny") auf eine hochsakrale Ebene erheben, die dem heiligen Charakter der Zeremonie angemessen erscheint:

> The praising songs were (her) shaft (*pratidhí-*) [...]. Mind was her wagon (*ánas-*), and Heaven was the wagon-shelter (*chadíṣ-*); the two Lights [perhaps = Sun and Moon] were the wagon-pullers (oxen) [...] (modifiziert nach WHITNEY – LANMAN 1905, ad loc.).

5.3. Die wirtschaftliche Primärfunktion des *ánas*-Wagens war, Nahrung zu transportieren; in unseren Texten finden wir detaillierte Berichte über die Güter, die auf diesen Kleinkarren geladen und geliefert wurden. So berichten die Sammlungen des Schwarzen Yajur-Veda wie die Maitrāyaṇī(ya)-Saṃhitā, das Kāṭhaka (die Kaṭha-Saṃhitā) und die Kapiṣṭhala-(Kaṭha-)Saṃhitā über die Beförderung von *Feldfrüchten*. Im Kaṭha-Brāhmaṇa lesen wir über *Getreide*-Wagen (Verweise bei RAU 1983: 26, Fn. 51). Insbesondere betrifft dies *Reis und Gerste*, die zwei heiligen Pflanzen des vedischen Opfers (s. darüber etwa GONDA 1987; SADOVSKI 2002a: 363ff., insbes. 365–367), und wir finden Daten über ihren Transport in einer Serie von rituellen Sūtras wie dem Āpastamba-, Satyāṣadha- und Vaikhānasa-Śrauta-Sūtra.

Traditionell[110] wird der Ṛṣi-Name *Arcanānas-*, m. (RV 5,64,7, AV +)[111] als ein Kompositum mit dem Wort für 'Wagen' im Hinterglied und mit ei-

---

[108] Zur Etymologie und einigen phonologischen Problemen mit (anscheinend) irregulären Formen s. EWAia. 1,71.

[109] Es ist signifikant, daß, von 12 RV-Belegen des Wortes *ánas-*, fünf oder sechs sich direkt auf Uṣas' Wagen beziehen. Vgl. z.B. den verbreiteten mythischen Topos über die Morgenröte, welche, verfolgt von Indra, sogar gezwungen wurde, ihren Karren (*ánas-*) zu verlassen, nachdem dieser von ihm mit dem *vajra-* zerschmettert wurde: RV. 4,30,9–11; 2,15,6c, 10,138,5d; Basis für einen literarischen Vergleich in 10,73,6b.

[110] So etwa AiGr II 1,92, HILKA 1910: 139 (in der Kategorie "Wagen (Streitwagen)"); VAN VELZE 1938: 91b (unter der Rubrik "chariots"!); GELDNER 1951–57: 2,73b, ad RV 5,64,7c; 4,37a.

[111] Die Anukramaṇī führt einen *Arcanānas- Ātreya-* als Autor von RV, 5,63.64 und vielleicht auch von 8,42 an (GELDNER 1951–57: 2,356a, PNRV, *l. cit.*).

nem Vorderglied interpretiert, das zur Wurzel *arc-* 'preisen; glänzen' gehören soll. Eine Alternativinterpretation, die sich für ein suffixales **-(H)nas-* entscheidet, ist von F. B. J. KUIPER (1991: 46) gegeben worden und unlängst von MAYRHOFER (EWAia. 2,254; PNRV 2.1.29.) wieder aufgenommen worden, mit dem Schluß: „Wohl kein Kompositum mit aia. *ánas-* „Lastwagen, Troßwagen"'.

Was zugunsten einer Interpretation sprechen könnte, die mit *ánas* als Hinterglied operiert, ist die statistisch herausragende Verknüpfung zwischen dem *ánas*-Wagen und der Göttin der Morgenröte (*uṣás-*) einerseits (s. oben) und andererseits die seit dem RV[112] bezeugte enge Verbindung des Verbs *arc-* mit der Morgenröte (in ihrer Darstellung sowohl als Gottheit als auch als Naturphänomen).

5.4. Eine Sonderart von Transportkarren, das *havirdhā́na-*, dient zu den Zwecken des großen Soma-Opfers.[113] Die RV-Anukramaṇī zählt *Havirdhāna-* (*Āṅgī-*) als den Namen des 'Autors' der Hymnen RV. 10,11–12 und 13 mit auf (Alternativen s. in PNRV 2.2.539). Hier kann man sich des Eindrucks nicht erwehren, daß die Anukramaṇī, wie in vielen anderen Fällen, lediglich das Bezugsobjekt des Hymnus extrapoliert und personalisiert, welches im Falle des RV. 10,13 „die beiden Havirdhānas" sind, „d.h. die Wagen, auf denen die Somapflanzen zum Opferplatz gefahren wurden" (GELDNER 1951–57: 3,140). Jedoch verhindert dies die Möglichkeit nicht, einen derartigen Namen in das nachvedische Onomastikon einzubeziehen – in der Tat bezeugen mehrere Purāṇas wie VP 106, BhP 4,24,5.8 usw. *Havirdhāna-* als Namen eines Sohns des Königs *Antardhāna-*. Es handelt sich hierbei um die Namen eines Vater-Sohn-Paares, die in guter alter indogermanischer Tradition, im Einklang mit dem „Hildebrand-Syndrom" (siehe die Verweise in Anm. 93) gestaltet sind; vollständigkeitshalber muß man dazu sagen, daß wir im epischen Sanskrit das Paar finden, welches jeweils die Namen *Antardhāman-* (der Vater) bzw.

---

112 Cf. etwa das Kausativum in RV. 3,44,2: *haryánn uṣásam arcayaḥ sū́ryaṃ haryánn arocayaḥ*; in dem der Uṣas gewidmeten Hymnus 1,48 lobpreist Strophe 13 die *arcáyas*, ihre Strahlen (über sie vgl. auch den Hymnus an Uṣas als Himmelstochter, 5,79, besonders Strophe 8), welche ebenfalls die (aus der gleichen Wurzel stammenden, mehrfach bezeugten) Benennungen *arká-* und *arcíṣ-* (RV 1,92,5, 1,157,1) tragen.

113 Sieh z.B. MYLIUS 1995: 141: "1) Bezeichnung zweier hölzerner, mit Matten bedeckter Wagen, auf denen nach dem [...] *agnipraṇayana* die Somastengel zum Pressen auf die Opferstätte gefahren werden; dies erfolgt am Vortag des eigentlichen Preßtages. [...] 2) die auf acht oder zwölf Stützen errichtete Überdachung oder Überdeckung dieser Wagen."

Havirdhāman-[114] (der Sohn)[115] trägt. – Umgekehrt soll die identische phonologische Gestalt der Bezeichnung eines weiteren vedischen Karrentyps, *pravā́hana-* (über dessen Form und Funktion die vedischen Quellen keine ausreichende Auskunft geben), und eines vom ŚB an bezeugten Personennamens diesbezüglich nicht unbedingt aussagekräftig sein, da beide Wörter einen offensichtlich gemeinsamen semantischen Kern 'Wegtragen' aufweisen, welcher in jedem der Substantiva unabhängig von der technischen Bedeutung des Appellativs als 'eine bestimmte Art von Karren' vorhanden sein könnte.

In der ältesten indischen Dichtung und Prosa begegnen wir etwa dreizehn Namen für 'Karren'/'Last-Wagen', die in Anm. 1 (p. XCIV) von RAU 1977 aufgezählt werden. Der eigentliche Groß- (bzw. Wagenburg-)Karren, genannt *indrāṇasa-*, hat vier leistungsfähige Räder und „die Höhe eines Opferpfostens".[116] – Koch- und Küchenutensilien (und sogar -personal!) wurden für gewöhnlich auf dem sogenannten *mahānasa-* transportiert. Letzteres Wort ist in AVP 5,1,2d (s. nun die Edition von LUBOTSKY 2002: 15, ad loc.) belegt und existiert auch im späteren Sanskrit als Denotat für die 'Hausküche'!

Die ursprüngliche Bedeutung muß 'große(r) Ladung(s-Wagen)/Last(-Zug)/Fracht(karren)' gewesen sein, wobei sie teilweise das urindogerm. Etymon des Wortes *ánas-* aufweist. Es ist mit dem lateinischen *onus*, *-eris* verwandt, das bekanntermaßen 'Last, Ladung, Fracht, Gepäck' und 'Bürde' bedeutet. Das vedische Wort beschränkte dann seinen Bedeutungskern auf die für die Küche bestimmten, auf dem Wagen gefahrenen Lasten/Ladungen. – Im System der Eigennamen können wir eine Serie von persönlichen Namen finden, die aus Bezeichnungen für Küchenutensilien[117] abgeleitet sind, aller-

---

[114] Mbh. 12,99,23.36 (= Mbh.13,147,6829, SÖRENSEN 1904–25: 320, s.v. Havirdhāman: „*Prajāpatiḥ*, son of Antardhāman and father of Pracīnabarhis").

[115] Hier mit einer Hinterglieds-Variante, die anscheinend auf eine andere deverbative Bildung von *antar-dhā-* und ein zugrundeliegendes Syntagma *dhā* + *haviṣ-* hindeutet. In diesem Fall sollte die Frage nach der Priorität der einen Formationsgruppe gegenüber der anderen allerdings offen bleiben, da das purāṇische Paar theoretisch auch eine unabhängige Entstehung gegenüber dem von der Anukramaṇī tradierten R̥ṣi-Namen *Havirdhāna-* aufweisen könnte – auch wenn VAN VELZE (1938: 51b) den Purāṇa-Beleg des letzteren Namens unter die Rubrik „[Names based on t]he material for the sacrifice" klassifiziert.

[116] RAU 1983: 27, mit Evidenz aus dem Baudhāyana- und dem Vādhula-Śrauta-Sūtra (*ibid.*, Fußn. 58–59); paradoxerweise fehlt das Lemma bei MYLIUS 1995: 41, genauso wie die anderen Kompositionsformen von *ánas-* und das Simplex selbst.

[117] Cf. die Listen bei VAN VELZE 1938: 51 („The material for the Sacrifice") und 94f. („All sorts of domestic utensils"); HILKA 1910: 143 („Einzelne Concreta als Personennamen"); zu ihnen kann man vorsichtigerweise den vedischen Namen *Ambarī́ṣa-* (mit dem Patrony-

dings keinen, der spezifisch auf das Wort *mahānasa-* zurückgeht; BhP weist nur einen Bergnamen *Mahānasa-* auf.

Aber dieser Karren hatte nicht nur 'kulinarische' Funktionen:[118] er diente auch zum Transport von *Feuerholz*, wie aus RV. 10,86,18 ersichtlich; von *Steinen*, wie von Pañcaviṃśa-Brāhmaṇa 14,3,13 nachgewiesen, und sogar von *Leichen*, wie anhand einzelner Śrauta-Sūtras der Art von Śāṅkhāyana, Lāṭyāyana, Baudhāyana, Āpastamba, Satyāṣadha und Kātyāyana festzustellen ist. Die Indo-Iranier benutzten spezielle Fahrzeuge, um Waffen und Streitwagen des noblen Kriegers zum Schlachtfeld zu transportieren – und dies ist die dritte (Alltags-)Funktion des Karrens gewesen.

6. Noch einmal: Ist so etwas wie 'linguistische Archäologie' oder 'linguistische Paläontologie' überhaupt möglich? Sogar die verzweifeltsten Optimisten haben anzuerkennen, wie sehr einige Versuche, die 'indogermanische Urheimat' zu rekonstruieren, es geschafft haben, teilweise die ganze Disziplin in Verruf zu bringen. Vergleichende Landkarten der verschiedenen „Urheimats-Ansätze" weisen bisweilen riesige Diskrepanzen auf und vermochten bislang wohl nur das erheiternde 'Gesetz' zu bestätigen, welches der Harvarder Dozent THEETOR gegenüber Calvert WATKINS einmal (halbernst) formuliert hat – daß 'die Grenzen der indoeuropäischen Urheimat dort liegen, wo die Grenzen der sprachlichen Kompetenz des Indoeuropäisten sind, der versucht, sie zu rekonstruieren'!

Wir haben gewiß unsere heuristischen Bemühungen auf die Daten zu konzentrieren, die uns die Texte selbst gewähren, indem wir die Tatsache nicht ignorieren, daß wir zumindest im indo-iranischen Kontext mit hochstilisierter ritueller Dichtung zu tun haben, die nicht als Handbuch über 'Wörter und Sachen' konzipiert ist, sondern uns Angaben über Realitäten nur aus einer Metaperspektive gibt, von der die *realia* dann sorgfältig herauszusieben und herauszulesen sind – insbesondere im Fall des indo-iranischen (Streit-)Wagens und (Transport-)Karrens. Wir sollten in unseren Erwartungen bescheiden sein –

---

mikon *Vārṣāgirá-*) – bezeugt in RV 1,100,17 und später im Epos (PNRV 2.1.24) – hinzufügen, dem ein Appellativum TS. *ambarīṣa-*, m./n. 'Bratpfanne' entspricht. Die Bedeutung wird von PNRV, p. 10f., in Frage gestellt; jedoch braucht man auf die Liste von Namen des semantischen Spektrums 'Topf', 'Pfanne', 'Sieb' oder 'Löffel' nur einen Blick zu werfen (vgl. die Lit. am Anfang der vorliegenden Fußnote, insbes. VAN VELZE 1938: 94, „Earthenware, pans, water-jugs etc."), um festzustellen, daß derartige Benennungen, zum Unterschied von den „clowns' names" in Shakespeares *Midsummer-Night's Dream* (wie *Flute*, *Bottom* und *Snug*), keine einfachen Spitznamen sind, sondern seit den frühesten Texten einen konstanten Bestandteil des indischen Onomastikons ausmachten.

[118] Vgl. RAU 1983: 26 mit Fußn. 52.

aber konsequent in der detaillierten Erforschung der Texte, denn im Falle des alten Indiens und Irans können wir uns trotz aller spezifischen Einschränkungen, die so weit beschrieben wurden, auf unsere Quellen verlassen. Die die von Wilhelm RAU und Max SPARREBOOM neu eröffnete und von Harry FALK, Rüdiger SCHMITT und Peter RAULWING fortgeführte Debatte über Pferde und Wagen, hat gezeigt, wie möglicherweise eine positive Antwort auf diese Frage aussehen kann – und wie es einer philologiebasierten Archäologie immer wieder gelingt, den realen Objekten, die den uns in den Texten überlieferten Begriffen entsprechen, Schritt für Schritt näherzukommen.

TEIL 2

ANTONIO PANAINO

MORTALITY AND IMMORTALITY

YAMA'S/YIMA'S CHOICE AND THE PRIMORDIAL INCEST

(Mythologica Indo-Iranica, I)

In memory of Claudio Damilano

[…] *wenn der Tod ein Traum ist,* [ist] *auch das Leben bloß ein Traum* […]. *Zwischen den Träumen aber führen Brücken hin und wider, und wer könnte wirklich sagen, was Tod und was Leben sei oder wo der Raum und die Zeit zwischen beiden beginnen und wo sie enden!*

Alexander Lernet-Holenia, *Der Baron Bagge*, Frankfurt am Main 1978, 96-97.

Was auf ein natürliches Leben beschränkt ist, vermag durch sich selbst nicht über sein unmittelbares Dasein hinauszugehen; aber es wird durch ein anderes darüber hinausgetrieben, und dies Hinausgerissenwerden ist sein Tod.

Georg Wilhelm Friedrich Hegel, *Phänomenologie des Geistes*, hrsg. von Georg Lasson, Leipzig 1907 (Philosophische Bibliothek 114), 55.

Ainsi la mort joue à cache-cache avec la conscience : où je suis, la mort n'est pas ; et quand la mort est là, c'est moi qui n'y suis plus. Tant que je suis, la mort est à venir ; et quand la mort advient, ici et maintenant, il n'y a plus personne. De deux choses l'une : Conscience, ou présence mortelle ! Mort et conscience, elles se chassent et s'excluent réciproquement, comme par l'effet d' un commutateur ... Impossible de cumuler ces contradictoires !

Vladimir Jankélévitch, *La mort*, Paris 1966, ^{2}1977, 34.

0. INTRODUCTION

The origin of death, and in particular the reasons behind the primordial human choice in front of it, represent a deep and unresolved problem in the framework of the Indo-Iranian religious culture. Both Vedic Yama and Avestan Yima must take some radical and definitive decisions that determine their own destiny and that of future humanity as well. Thus, the one chose *mr̥tyú-* "death" (according to *R̥gveda* 10, 13, 4), the latter refused the meeting with the *daēnā-* (according to *Widēwdād* 2, 1-4). These different and apparently unrelated events will result to be independent and later developments based on a common material, which was originally connected with the earlier mythological *tópos* that concerns primordial incest. The primordial man is accompanied by a female-double (Yamī), who is apparently absent in Avesta but again present in the Pahlavi framework. This presence cannot be a later addition but goes back to a common background. The appearance of these pairs of twins does not simply justify the mythic beginning of human reproduction but this motif is strictly related to the fundamental meaning of death and afterlife in human history. The following chapters will try to open a new path in the investigation of these items. Here, I have collected most of the material I have discussed during two semesters held at the University of Bologna in the Academic Years 2008 and 2009, and in the framework of three seminars, one with Jean KELLENS and Andrea PIRAS (at Ravenna), the other two with Velizar SADOVSKI (at Vienna [ÖAW] and Bologna).

This book is dedicated to a friend of mine who played for many years a desperate chessgame with Yama, facing a devastating disease, before to discontinue unacceptable treatments, thus choosing not for *mr̥tyúm*, but for a better quality of his limited life-time, waiting, with incredible force, for the due moment in which he should abandon his dimension of "grum" in order to transform himself – as he said – "into a butterfly". I and my class had the privilege to share in many occasions his unresting and stimulating presence, although nobody (with few exceptions) might imagine that the subject of the course and of our discussions was not for him a simple scholarly investigation.

1. YAMA IN *ṚGVEDA* 10, 13, 4

Ṛgveda 10, 13 (= 839) is a hymn dedicated to the *havirdhānaḥ* "oblations-bearers", *i.e.*, two[1] small charts used during the sacrifice to carry the Soma plant, occurring in a series of *Yama-Lieder* (*ṚV.* 10, 10–19).[2] This brief text (5 *jagatī* stanzas) presents us with a passage (stanza 4) shortly referring to the myth of Yama. It deserves to be carefully investigated, first in its very complex structure and meaning, then, in the light of the comparative framework of the Indo-Iranian religious history.[3] Here Yama actually seems — but we still need to understand the text properly — to have "chosen" (*avṛṇīta* 3rd person singular middle of the indicative imperfect from the root *vṛ-* [IX cl.]) for "death" (*mṛtyúm*) for himself and to have "renounced" (*nā́vṛṇīta*) immortality (*amṛ́tam*) for (in what sense exactly it is still to be decided) his own descendants.

Then, after the mention of what apparently could be interpreted as a sacrifice/worship of Bṛhaspati by gods (who are not explicitly named), the last verse-line declares that Yama had left/abandoned/perpetuated/jutted out his (own) dear body, although the actual meaning of the verb *prá* + *ric-* (*prā́rirecīt*, pluperfect)[4] is debated, and we must analyse it carefully.

Ṛgveda 10, 13, 4:[5]

a) *devébhiyaḥ kám avṛṇīta mṛtyúm*
b) *prajā́yai kám amṛ́taṃ nā́vṛṇīta* /
c) *bṛ́haspátiṃ yajñám akṛṇvata ṛ́ṣim*
d) *priyā́ṃ yamás tanuvàm prā́rirecīt* //

---

1 These two chariots are considered to be twins, and it is also for this reason that Yama is mentioned here, as demonstrated by MALAMOUD (2002: 18-19).

2 Cf. CALAND – HENRI 1906, I: 80-92. See also GRASSMANN 1877: 465 and OLDENBERG 1912–1913: 126.

3 Ms. Annalisa BARBAGLIA (State University of Milan) has attracted my attention on this stanza. She presented an interesting dissertation entitled *"La radice indo-iranica* var-*: un'analisi semantico-testuale"* (April 2005) under the supervision of Prof. G. BOCCALI and me.

4 GRASSMANN 1996: 1165.

5 Cf. ed. AUFRECHT 1877, II: 300.

We may just start with a provisory translation considering some variants, mostly deriving from the alternative solutions of three main problems:

(1) the function to be attributed to the two datives (*devébhiyaḥ kám* / *prajā́yai kám*) appearing in *pāda* a and b, respectively;

(2) the definition of the proper meaning of *prá* + *ric-* in *pāda* d;

(3) the meaning of the worship/sacrifice of Bṛhaspati in *pāda* c.

Possible translations:

a. "For (the sake of [?]) the gods (Yama?) verily chose for death (and)"

b. (1) "for (his) descendants, indeed he did not choose for immortality" [or (2) "in order to (have) a descendance, he did not choose for immortality;" or (3) "(in favour of) his descendants, he did not choose for immortality"].

c. "([The] gods) made the wise Bṛhaspati (himself) into (their own) worship/sacrifice,"

d. (1) "Yama had prolonged/spread/perpetuated his (own) dear[6] body." [or (2) "Yama had passed on/left/abandoned/surrendered his (own) dear body (i.e., "he died"). or (3) "Yama had left (i.e. died) his (own) dear body (in order to perpetuate it). or (4) "Yama had jutted out his (own) dear body (in order to perpetuate it [but, perhaps with a covered sexual nuance])".

The stanza is attested also in *Atharvaveda*, 18, 3, 41, as follows:[7]

devébhiyaḥ kám avṛṇīta mṛtyúm
prajā́yai kím amṛ́taṃ nā́vṛṇīta
bṛ́haspátir yajñám atanuta ṛ́ṣiḥ
priyā́ṃ yamás tanuvàm ā́rireca // [41].

---

6 With regard to the affective or emotional implications connected with Ved. *priyá-*, "dear", but also "own", see the specific discussion offered by SCHELLER 1959: 4 and *passim*.

7 See WHITNEY (– LANMAN) 1905: 860: "For the Gods he chose death; for his progeny did he not choose immortality (*amṛ́ta*)? Brihaspati [as] seer extended the sacrifice; Yama left (*ā-ric*) his dear self (?)", but in note WHITNEY adds: "or 'the dear body (*tanū́*)'." Cf. also OLDENBERG 1912–1913: 137-138.

"For the (sake of the) gods he chose for death,
why[8] for his progeny did he not choose for immortality?
Bṛhaspati as seer extended the sacrifice,
Yama has left/abandoned (his) (own) dear body".

Although the *Atharvaveda* version is surely later and contains some corruptions, it has been taken into consideration particularly by LUDWIG[9] and SCHERMAN.[10] We will see that the manifest changes introduced there doubtless open a different perspective in the analysis of the passage, although it is difficult to accept all the results about their origin suggested by these scholars. For instance, LUDWIG[11] thought that the first verse-line concerned Agni, who actually gave immortality to the gods, and not Yama. Furthermore, LUDWIG raised a number of questions about the other verse-lines: firstly, he wondered whose was the "body" mentioned there, then translating: "Yama hat [uns] das liebe selbst gerettet",[12] but without excluding the following interpretation: 'Yama hat seinen leib preisgegeben, und hat uns den weg ins jenseits gefunden, (also) er hätte nicht nötig gehabt zu sterben; aber um uns unsertwillen ist er über die hohen abhänge geschritten, und hat für vile den pfad erspäht'. Then, LUDWIG considered the Ṛgvedic *pāda* to be incomprehensible: *bṛ́haspátiṃ yajñám akṛṇvata ṛ́ṣim* in the light of *bṛ́haspátir yajñám atanuta ṛ́ṣiḥ* of the *Atharvaveda* version. Thus, he suggested that *akṛṇvata* could be an explanation of *atanuta*, but derived via **akṛṇuta*. In its turn, also the reference to Bṛhaspati would be the fruit of a wrong correction (due to the presence of *ṛ́ṣiḥ*) instead of *vaivasvatam* (or, perhaps of *vāivasvato*). Then, the original Ṛgvedic text would have been: *vaivasvatam yajñám atanuta ṛ́ṣiḥ* "the seer extended the

---

8 See INSLER 1993: 589.

9 1889: 46-47: "Es ist richtig, dasz die postpos. kam mit der zeit in abname komt, anderseits aber ist zu bedenken, dasz kim ein plus an schriftzügen darstellt, aus dessen vernach–läszigung kam entstehn konnte. Lesen wir nun der weisung des AV. folgend: devebhyaḥ kim avṛṇîta mṛtyum, prajâyâi kim amṛtam nâvṛṇîta | so ist der sinn unzweifelhaft berichtigt: 'hat er etwa für die götter den tod gewält? warum hat er für die geschöpfe nicht die un–sterblichkeit gewält?'." Please, note that in all such citations from earlier German works, the original orthography has been respected.

10 1892: 146. SCHERMAN substantially followed the interpretation of the passage proposed by LUDWIG.

11 1889: 47.

12 *Ibidem*. See also LUDWIG 1876, II: 415, where he translated "Yama hat den lieben leib [uns] ge–rettet".

sacrifice as an offering belonging to [Yama] Vaivasvata [i.e. "for the dead"]. Although these remarks can appear very provocative and, maybe, enlightening, I doubt, as already OLDENBERG did[13] rejecting other similar emendations suggested by WEBER[14] and FOY,[15] that we can actually follow LUDWIG's bold solutions.[16] Presently we must rely on the traditional text of *R̥gveda* 10, 13, 4, without, however, excluding these critical remarks from the panorama of our considerations. The parallel passage of the *Atharvaveda* deserves attention, because its modifications are significant: for instance, the sentence *bŕ̥haspátir yajñám atanuta ŕ̥ṣiḥ* cannot be taken aside not only from the verse-line *bŕ̥haspátiṃ yajñám akr̥ṇvata ŕ̥ṣim*, but also from *R̥V.* 10, 90, 6a *yát púruṣena havíṣā devā́ yajñám átanvata* "when the gods stretched the sacrifice with Puruṣa as oblatory substance". In this case, the syntagm *yajñáṃ kr̥-* finds a fitting correspondence in *yajñáṃ tan-*, where not only the sacrifice is extended as a sort of embroidery, as RENOU[17] explained, but Puruṣa is considered as the oblatory matter of the sacrifice itself. Also the choice of a perfect (*ā́rireca*) without any preverb, instead of a pluperfect (*prā́rirecīt*), is in itself significant. It seems to be a simplistic attempt of

---

13 1912–1913: 137-138.

14 WEBER (1896: 268) suggested that *kám* should be interpreted as having the meaning of *kím*.

15 FOY (1897: 32) proposed to read *kím* instead of *kám* in *pāda* b; this was his translation of the whole passage followed by a short interpretation of it: "Hat er etwa für die Götter den Tod gewählt? Warum (*kim* mit AV. zu lesen!) hat er für die Menschheit die Unsterblichkeit nicht gewählt? Den Br̥haspati (d. i. Agni als Opferfeuer) setzen sie (die Götter) sich als Opfer ein, den R̥ṣi; seinen lieben Leib gab Yama hin" (gleichlautend bis auf Pāda c AV XVIII 3, 41). Der Sinn scheint mir, mit einem Vorwurfe für Yama, der zu sein: Während die Götter sich durch Einsetzung des Opfers Unsterblichkeit sichern, giebt Yama seinen Leib hin und bestimmt so für die Menschen allein den Tod (vgl. auch TS. II 6, 6, 4, 5).

16 See also SCHERMAN 1892: 146-149.

17 RENOU 1956b: 98, 248, n. 5. We must also consider that, according to the *Śatapatha Brāhmaṇa* (Mādhyandina), 10, 6, 5, 1-8 (= *Br̥hadāraṇyaka Upaniṣad* 1, 2), Mr̥tyu "Death" assumes some characters, which can be compared with those proper of Puruṣa. Mr̥tyu, as a primordial being, desired to have an *atman-* to be sacrificed. Thus, by means of an act of inflation (*aśvat*) of his body, he generated another himself in the shape of a horse (*aśva-*), which, after one year, he offered in sacrifice (*medhya-*) to himself. Thus, the *aśvamedha-* was founded. The text openly states that it is for this reason that the victim is offered to Prajāpati, although it belongs to all the gods. See EGGELING 1885: 402-404); DUMONT 1927: 5-7: KOPPERS 1936: 320-340; GROTTANELLI 1980: 222-223; SWENNEN 2004: 198-218.

clarification, but it possibly shows that in later times the use of the pluperfect was not understood and that the proper meaning of *prá* + *ric-* presented some difficulties, as we will see again in the framework of the present analysis.

In any case, also in his translation of the *Rigveda* as well as in the following *Commentar* (both very rarely quoted in modern literature), LUDWIG assumed a very original point of view. His translation runs as follows:[18]

> «für die götter wies er [wiest ihr?] den tod zurück, für das geborene wies er [wiest ihr?] unsterblichkeit zurück, | Bṛhaspati machten beim opfer sie sich zum ṛši; Yama hat den lieben leib [uns] gerettet».

In his *Commentar*,[19] LUDWIG gave two different explanations of this stanza: according to the first solution, he assumed that it was Bṛhaspati to be interpreted as the subject also of the first *pāda* and not Yama, while the omission of the negation before the second *zurück* is based on the aprioristic assumption that *avṛṇīta* corresponded to *avārayat* ("Dieselbe geht von der vorauszsetzung ausz, dasz avṛṇīta = avârayat"). Then, after having stated that the gods are the subject of the verb *akṛṇvata*, LUDWIG suggested:[20]

> «Der sinn ist zufriedenstellend 'die götter sind absolut frei vom tote, die menschen haben zwar auch hoffnung auf unsterblichkeit, aber nur auf dem wege des todes. Bṛhaspati jedoch hat die sache für die menschen unentschieden gelaszen; erst Yama hat dem menschen den weg ins jenseits gefunden (I. 83, 5: Yamasya jâtam amṛtam yajâmahe)».

Then, while Bṛhaspati, the *purohita* of the gods, left unclear human destiny, it would have been Yima to open the way of immortality to his progeny. The second (alternative) solution, contrariwise, is a logical inference from the (more prudent) interpretation of *avṛṇīta* with the meaning of *avṛṇot*. In this case, LUDWIG explains the text as follows:

> «[...] für die götter hat er (sogar) den tod gewählt [bestimmt; auch dise hat er schlüszlich dem loosze der vergänglichkeit anheimfallen laszen]; warum hat er dann für die lebenden geschöpfe nicht unsterblichkeit bestimmt? (disz wäre ja die natürliche logik gewesen, die wir im Ṛgveda direct auszgesprochen finden: wäre ich der gott, dann wärest du der sterbliche). Die antwort darauf ist: Bṛhaspati hat das opfer auszgesponnen; in disem ligt die unsterblichkeit der götter; uns hat Yama das selbst gerettet».

---

18 LUDWIG 1876, II: 415, hymn n. 788.

19 1883: 335.

20 *Ibidem*.

Surely, some of these remarks will be considered in the framework of the interpretation of such a passage, although they appear somehow extreme. In any case, LUDWIG's approach to this stanza[21] was explicitly in opposition to GRASSMANN's one[22] whose translation deserves to be quoted:

> «Um der Göttern willen wählte Jama den Tod [d. h. um bei den Göttern zu sein], um seiner Nachkommenschaft [d. h. der Menschen] willen wählte er nicht die Unsterblichkeit [d. h. wohl: er wollte nicht auf der Erde unsterblich sein, um im Himmel für seine Nachkommen zu sorgen], den Seher Brihaspati machte er zum Gegenstande seiner Verehrung (?); sein eigenes Leben gab Jama dahin».

It is clear that most of the problems we focused on appeared already in the earliest works of Vedic philology, and the strong differences between LUDWIG and GRASSMANN are only one remarkable example.[23] In the case of GRASSMANN, his translation of *pāda* c is very peculiar, because we do not have any compelling reason for taking *akr̥ṇvata* as a 3rd singular,[24] governed by Yama as understood subject of the sentence, instead of a regular 3rd plural. On the other hand, this possible interpretation was evaluated also by MACDONELL,[25] who apropos wrote: "In X. 13⁴ *akr̥ṇvata* has the appearance of being used for the 3. Sing (= *akr̥ṇuta*)".

On the contrary, WEBER[26] tried to emend the passage of the *Atharvaveda* using that of the *R̥gveda*, in particular in his interpretation of the *pāda*s c and b:

> «"Erwähltet ihr für die Götter den Tod? Warum erwähltet ihr nicht das Unsterbliche für die (menschlichen) Geschlechter?" | Den ṛishi Bṛihaspati nahmen sie sich als Opfer, sein liebes Leben gab Yama dahin ‖».

WEBER took *avr̥ṇīta* as 2nd pers. pl. and, as we have already noted, wrongly assumed that *kám* had the same interrogative meaning of *kím*. He considered meaningless (*sinnlos*) the third *pāda* of the version preserved in

---

21 1883: 335: "Gr.'s auffaszung wäre ser bestechend, aber seine erklärung von pâda c ist evident unmöglich und absurd".

22 1877: 466.

23 Very peculiar is the translation offered by LANGLOIS (1870: 518): "Comme la mort avait été établie pour la race (humaine), elle le fut aussi pour les *Dévas*. Le sage Vrihaspati a été choisi pour être le chef du sacrifice. (Un moment arrive) que son corps est livré à Yama".

24 In his R̥gvedic dictionary, GRASSMANN (1996: 340) registered this verbal form as "Unklar".

25 1910: 348, n. 4. Against this explanation see already LUDWIG 1883: 35 (quoted *in extenso* in note 20 above).

26 1896: 268.

the *Atharvaveda*, and restored the R̥gvedic passage, also considering *ā́rirecit* older than *ā́rireca* in the last *pāda*. He thought that the stanza contained a kind of blame against the gods, who did not give immortality to human beings but offered Br̥haspati in sacrifice for themselves, while Yama had to die in order to become the king of dead.

In his turn, also OLDENBERG dedicated his attention on both parallel passages, the R̥gvedic and the Atharvavedic one as well: he rejected any emendation based on the later version of the *Atharvaveda*,[27] so following WHITNEY but assumed that the subject of verse-lines a and b was an unnamed god *(ein ungenante Weltordner*) or perhaps, but less probably Vivasvant or also *prajā́-*,[28] who assigned death to the gods and humanity. While the gods would have escaped their destiny by offering Br̥haspati in sacrifice ("Br̥h. machten sie zum Opfer, den Rši"),[29] humans, represented by Yama, must die. Thus, c would correspond to a, and d to b. Furthermore, he assumed,[30] so trying to resolve a problem left open by WEBER,[31] that the insertion of this stanza in the framework of the hymn dedicated to the two chariots named *Harvidhāna-* should be connected to the role played by one of them, more precisely the southern chariot, in the context of a series of cults concerning the dead.

We must also consider that GELDNER too had a certain prudence concerning the interpretation of this stanza, which he translated as follows:[32]

> «Den Göttern zuliebe zog (Yama) den Tod vor; der Nachkommenschaft zuliebe zog er nicht die Unsterblichkeit vor. (Die Götter) machten den R̥ṣi Br̥haspati zu ihrem Opfer. Yama hat seinen lieben Leib fortgepflanzt».

It is worth to quote *in extenso* GELDNER's note:[33]

---

27 See already OLDENBERG 1912: 210-211.

28 OLDENBERG 1912–1913: 138-139.

29 1912–1913: 138, with reference to the fact that in the Later Vedic period Prajāpati and other beings can be equated to the sacrifice; OLDENBERG noted that also Manu in *R̥V*. 10, 100, 5c was identified with *yajñá-*. See also MACDONALD 1953.

30 1912–1913: 139-140.

31 1896: 268.

32 GELDNER 1951: III: 141-142: Cf. also GRIFFITH 1973: "He, for God's sake, chose death to be his portion. He chose not, for men's good, a life eternal. They sacrificed Br̥haspati the R̥ṣi. Yama delivered up his own dear body." DANDEKAR's translation (1945: 201): "For gods' sake, verily (he) chose death; (he) chose not indeed, in the interest of progeny, a life immortal. The (gods) made Br̥haspati, the R̥ṣi (himself), sacrificial offering. Yama surrendered his (own) dear body". Cf. also SKJÆRVØ (2008: 511).

33 GELDNER 1951, III: 141-142, in the footnotes.

«Die Str. muß in irgend einer Weise in den Zusammenhang des Lieds sich fügen. Oldenberg möchte darin eine Hindeutung auf ein im späteren Verlauf des Somaopfers an den Havirdhāna's vollzogenes beiläufiges Manenopfer sehen. Das liegt doch zu weit ab und würde die Einheit des Lieds zerreißen. Auch scheint mir O[ldenberg][34] den Gedanken der Str. nicht richtig erfaßt zu haben. Nach ihm habe der Weltordner für Götter und Menschen den Tod bestimmt. Die Götter haben sich davon befreit, indem sie einen der Ihren in das Opfer verwandelten, während an den Menschen sich die Bestimmung erfüllt. Eher scheint der altvedische Gedanke ausgesprochen zu sein, daß Nachkommenschaft und Tod ebenso unzertrennliche Dinge sind wie Götterschaft und Unsterblichkeit. Entweder Nachwuchs und Tod wie bei Menschen (vgl. 10, 72, 9) oder Unsterblichkeit und Kinderlosigkeit wie bei den Göttern. Von den Göttern ist aber nur mittelbar die Rede. Zu *avr̥ṇīta* ist aus *d* beide Male Yama als Subjekt zu denken. Yama hat den Tod vorgezogen und auf die Unsterblichkeit verzichtet und zwar einmal den Göttern zuliebe (a), um nämlich diesen als Mensch opfern zu können, und sodann um der Nachkommenschaft willen (b). Die Götter aber haben durch Br̥haspati das Opfer eingerichtet und damit zugleich dem Yama die Möglichkeit gegeben, nach dem Tode ein ewiges Leben zu erlangen (c), aber er zog doch die Fortpflanzung der Unsterblichkeit vor (d). *c* korrespondiert also mit *a*. Man könnte aber auch daran denken, ob nicht die Dative *devébhyaḥ kám* und *prajā́yai kám* durch die nicht unhäufige Kasusvertauschung im Sinne des Abl. stehen: Den Göttern zog er den Tod vor, der Nachkommenschaft zog er die Unsterblichkeit nicht vor, d. h. er wollte lieber ein Sterblicher als einer der Götter sein, eben um der Nachkommenschaft willen».

An important revision of the passage and its main interpretations has been offered by H.-P. SCHMIDT,[35] who translated it as follows:

«Für die Götter wählte er den Tod, für die Nachkommenschaft wählte er nicht die Unsterblichkeit. Sie machten sich Br̥haspati, den Seher, zum Opfer. Yama ließ seinen lieben Leib zurück».

This is his brief comment to the passage:[36]

«Nach Oldenberg hat die Str. folgenden Sinn: Ein ungenannter Weltordner hat den Göttern und Menschen den Tod zugewiesen, von dem sich die Götter befreiten, indem sie Br̥haspati zum Opfer machten, während der Mensch – repräsentiert durch den sterblichen Yama – sterben muß. Deutung des Pāda c, für die er sich auf die in den Brāhmaṇas häufige Identifizierung Prajāpatis oder eines anderen Gottes mit dem Opfer beruft, ist sicher der Alternative Geldners, nach *yajáthāya* in 10, 12, 1c *yáṣṭum* zu ergänzen, vorzuziehen. Für a b aber ist Geldners Deutung erheblich einleuchtender als Oldenbergs, ist es doch wenig wahrscheinlich, daß Vivasvant als Subjekt zu denken ist, der für seine

---

[34] See OLDENBERG 1912–1913: 137-140.
[35] 1968: 124.
[36] 1968: 124-125.

prajā́ (= Yama) nicht die Unsterblichkeit wählt, oder daß ein ungenannter Dritter Subjekt ist; Yama, den er auch erwägt, wäre bei seiner Deutung ganz fehl am Platz. – Geldner beruft sich auf 10, 72, 9 c d *prajā́yai mṛtyáve tvat púnar mārtāṇḍám ā́bharat* "Zur Nachkommenschaft, aber auch zum Tod holte sie den Mārtāṇḍa wieder herbei". Danach wird Yama als Subjekt verständlich : Um Nachkommenschaft zu erhalten, nimmt Yama den Tod in Kauf. Der Sinn von a ist nach Geldner, daß Yama den Göttern zuliebe, um ihnen zu opfern, den Tod gewählt hat».

2. THE INTERPRETATIONS OF THE INDIVIDUAL VERSE-LINES OF *ṚGVEDA* 10, 13, 4

First, we must evaluate the real meaning of the 4 *pāda*s of this difficult passage. According to the translation offered by GELDNER, it is Yama, mentioned only in d, who should be considered the subject also of *pādas* a and b, while LUDWIG's attributions to Bṛhaspati or to Agni of the role of subject also in the first *pāda* results very improbable, because these gods are never presented as fathers of humanity. Also OLDENBERG's idea that here we should introduce the presence of an unnamed or unknown god, Vivasvant, or perhaps *prajā́-*, appears very speculative and highly improbable, as already H.-P. SCHMIDT[37] remarked. Then: "For (the sake of [*zuliebe*]) the gods (Yama) verily chose for death and for (the sake of his [*zuliebe*]) descendance (i.e. in order to [have] a descendance), indeed, he did not choose for immortality"; but, as we have read in his long note, GELDNER explained his solution (accepted by MALAMOUD),[38] showing that the text could be understood in the sense that "Yama preferred death to the gods and did not prefer immortality to humanity", i.e. that he refused to remain in a state of immortality in order to obtain a progeny. Theoretically, we may include another possibility, which, as I will soon show, results to be impossible, i.e. that the passage meant: "Yama preferred death for the gods (i.e. against their own advantage?) and did not prefer immortality for humanity". Such a solution could be supported if we assume that the gods should have been compelled to sacrifice one of them, Bṛhaspati (*pāda* c). On the other hand, no attested source supports such a bold solution, countering what we know of Vedic mythology. Thus, it is difficult to imagine that Yama might take the decision to make gods mortal. On the other hand, it is clear that, also according to the *Atharvaveda* version, Yama, if he is the subject of the sentence, did not chose for immortality for his progeny (*prajā́yai kím*

[37] 1968: 124-125.

[38] MALAMOUD 2002: 21-22: "Aux dieux il a préféré la mort. / A la progéniture il n'a pas préféré l'immortalité. / Les dieux ont fait du voyant Bṛhaspati leur sacrifice. / Yama a laissé son corps bien-aimé [se perpétuer]", or as possible alternative: "Pour le bien des dieux il a choisi [pour lui] la mort. / Pour le bien de la progéniture il n'a pas choisi [pour lui] l'immortalité [...].

amṛ́taṃ nā́vṛṇīta). In the Vedic and Hindu frameworks[39] (apparently as well as in the *Widēwdād* version of the myth,[40] notwithstanding some ideological differences discussed in detail by KELLENS),[41] the process of reproduction was considered one of the main factors connected with the presence of death in the world. For this reason, the existence of offspring seems to imply that human life cannot be immortal during this earthly existence.[42] On the other hand, we find a remarkable difference between Vedic and Avestan mythology;[43] while Yama resolves the problem of the overpopulation opening the path of death, Yima enlarges the earth, although he cannot interfere with the arrival of the winters, and he is compelled to build the *vara-*.[44] The origin of this diverging version probably shows, as we will see, an older background.

The solution discussed by GELDNER in his commentary (but already contained in his translation, although not explicitly) deserves to be better evaluated. It has been, for instance, clearly emphasized by MALAMOUD.[45] GELDNER (at the end of his note, *loc. cit.*) assumed that, in force of a (not rare) *Kasusvertauschung*, both datives *devébhịyaḥ kám* and *prajā́yai kám* could have been used with the value of an ablative. If we follow this explanation, the text would mean that Yima preferred death to a divine position (i.e. instead of maintaining an immortal state), and that he did not prefer the possess of an immortal condition to the birth of a descendance. Then, as GELDNER suggested, he desired to be a mortal more than a god, in order to obtain a progeny. But, also his basic translation ("der Nach-

---

39 See O'FLAHERTY 2002: 337-338, 359-351 and *passim*.

40 See MALANDRA 1983: 176.

41 KELLENS 1999-2000: 731; 1984a: 279-20.

42 In addition, if Yama had eventually chosen "death" for the gods, any evaluation of this stanza grammatically excludes the possibility that it could be interpreted as if he was giving on the contrary immortality to his offspring; no doubt, this (impossible) solution would change the myth in itself. But Yama died and his offspring is mortal as well; then, either his choice was ineffective or, more probably, it was completely different, as we may suppose after his mythical cycle. We can also consider that a different interpretation would be very strange in terms of logical opposition: if Yama had preferred death for the gods, then he would have preferred immortality for his offspring, while, contrariwise, we do not understand why he refused (lit. "did not choose") immortality for his descendants, a decision that would turn out to be absolutely contradictory.

43 See already SÖDERBLOM 1901: 176.

44 There is no need of a root-noun like *var-*, m., as suggested by BARTHOLOMAE (1904: 1363-1364, sub. [5]*var-*); see HAUSCHILD 1959: 25, n. 40; KELLENS 1974: 360.

45 See here, footnote 38.

kommenschaft zuliebe" = "aus Liebe für eine Nachkommenschaft") does not counter such a conclusion; the desire of obtaining a descendance (expressed through a *dativus finalis*) compelled Yama to refuse immortality. Thus, we may simply accept the syntactical presence of two datives (both followed by *kám*, usually postponed after such a grammatical case),[46] but we must decide which kind of datives they actually are. In fact, if in the case of the gods, i.e. in *pāda* a, there is no doubt that we have to do with a *dativus commodi* (*devébhiyaḥ kám*), with regard to *prajā́yai kám* we must consider, at least in theory, three possibilities:

1) a *dativus commodi*: "for [i.e. in favour of / the advantage of][47] (his) descendance";
2) a *dativus incommodi* "for [i.e. against the interests of] (his) descendance";
3) a *dativus finalis*:[48] "for [i.e. in order to have][49] a descendance".

The three solutions would be perfectly fitting the syntax, but the context of the passage makes the presence of a *dativus incommodi* very improbable, if not impossible, at least in the framework of early Vedic mythology. We have no reason to suppose that Yama was deliberately acting against humanity. The intricate mythological material related to Yama shows that he was an immortal being (*R̥V*. 1, 85, 5),[50] who became the first to die (*AV*. 18, 3), so assuming the function of the king of the dead (*R̥V*. 9, 113, 8; 10, 14, and *passim*), but, although he could be also considered as a particular kind[51] of god (in any case he is never called *deva-* in the *R̥gveda-saṃhitā*),[52] he was neither a demon, nor an *asura-* or a *rākṣasa-*. On the other hand, as already

---

46 Cf. GRASSMANN 1996: 313-314; see also OLDENBERG (1912–1913: 137), who rejects the *Atharvaveda* reading (18, 3, 41, b) *kím*.

47 This is the solution of LUDWIG 1876, II, 415; 1883, V: 334-335.

48 See MACDONELL 1916: 225, 314, who explains the use of *kám* as follows: after datives it has the basic meaning of "well", but attenuated. It can be used "either of persons = *for the benefit of* (*dat. commodi*) or of abstract nouns (final dative)".

49 This is the solution of GELDNER in his commentary (quoted above).

50 See already MUIR 1870: 300-305. Cf. CHRISTENSEN 1935: 39, who also refers to some parallel data in the Zoroastrian sources. We may note that only Max MÜLLER (1868: 514-516) denied that Yama has been the first human on the earth; his character would have been that of the "setting sun". See, on the contrary, already ROTH 1850: 426, *passim*; 1853: 335-336).

51 As X. TREMBLAY recalls to me, Yama never receives sacrifices, but only a service for the dead. This way he does not take part to the libations of the *R̥V*.

52 See MACDONELL 1897: 171; but Yama is actually called *deva-* in some later rituals (see WAYMAN 1959: 50).

MACDONELL noted,[53] "Yama must to a certain extent have been an object of fear in RV", while in later texts he doubtless became not only the king of dead but also the god of death. In Epic and Hindu sources this role of a dark representative of death was developed in close connection with hell and darkness,[54] while his name assumed demonic implications, being attested in the case of the names of some Rākṣasas.[55] Thus, it is more reasonable to imagine that in this stanza, Yima's choice was basically assumed in order to favourite humanity and its interests,[56] and was not taken as an hostile decision explicitly assumed against his descendents. This does not avoid the possibility that its original meaning might have been later re-interpreted in different (i.e. negative) ways. For these reasons, we may suppose that only the first and the third possibilities can be sound, while the second one would correspond to a re-interpretation of the passage (which would be much more probable *only* in the Iranian context). Thus, among them, in agreement also with some remarks I owe to Xavier TREMBLAY, the last one, i.e. the *dativus finalis*, is preferable, because it appears to have had a prevalent utilization in Vedic.[57] On the other hand, we must consider that the parallel passage of *AV.* 18, 3, 41a, "For the gods he chose death, why for his progeny did he not choose immortality?" (*devébhi̯yaḥ kám avr̥ṇīta mr̥tyúm prajā́yai kím amŕ̥taṃ nā́vr̥ṇīta*), through its interrogative structure (with *kím* instead of *kám*) doubtless shows a couple of *dativi finales*; although this was a simplistic and later solution, its relative antiquity indicates the potential and intrinsic meaning of the passage.

In any case, the sense and impact of the consequences derived from this decision taken by Yama do not change from the point of view of human (mythological) history. Yama accepts to die and his mortal progeny will follow him. But, as kindly noted by TREMBLAY, we must wonder which one is the actual *potestas* assumed by Yama; a genetic posterity or a

---

53 1897: 172.

54 See BODEWITZ 2002: 221-222.

55 HOPKINS 1915: 115.

56 GÜNTERT (1923: 386) so interpreted the passage: "Hat er denn etwa für die Götter den Tod erwählt? Hat er nicht vielmehr im Interesse seiner Nachkommenschaft die Unsterblichkeit nicht gewählt? Den Opferherrn selbst machten sie (die Götter) zum Opfer: seinen lieben Leib gab *Yama* dahin".

57 See ETTER 1986.

mystical/magical one?[58] Yama's decision does not imply the annihilation of another life after earthly life; the first blessed dead might become "fathers" (*pitáraḥ*), and their descendents will follow their path (*pitr̥yā́ṇa*). In this framework, we must consider *R̥V*. 1, 83, 5: *yamásya jātám amŕ̥taṃ yajāmahe* "we worship the immortal race/family (i.e. "humanity"?) of Yama".[59] The German translation of this passage given by GELDNER[60] ("Wir verehren das unsterbliche Geschlecht des Yama") has been interpreted by MALAMOUD[61] as "ce qui, de Yama, est né immortel". The French scholar, however, underlines the fact that GELDNER was making a reference to the gods; this, anyway, was the solution taken by BERGAIGNE ("la race immortel de Yama"),[62] but also by a few other Vedists.[63] Contrariwise, MALAMOUD would prefer RENOU's solution: "Nous adorons la naissance immortel de Yama".[64] Unfortunately, both solutions are possible (*jātá*-, m./n., in fact, has various meanings, as noted by GRASSMANN:[65] 1] Sohn; 2] lebendes Wesen (Götter und Menschen); 3] n. Lebendes Wesen; 4] Geschlecht, Stamm; 5] Geburt, Ursprung). If TREMBLAY is right (but his solution is not compelling, although reasonable), then, the passage means that also the dead, i.e. the descendance of Yama, can be immortal, and so it is not absolutely true what GELDNER stated considering the divine immortality as *completely* incompatible with a descendance; actually Vedic mythology describes the Ādityas like a family, while Tvaṣṭar may generate Vr̥tra, Saraṇyū and

58 TREMBLAY thinks that the second possibility is the correct one, with reference to I, 83, 5: *yamásya jātám amŕ̥taṃ yajāmahe* "we worship the immortal race of Yama".

59 GELDNER 1951, I: 106; GELDNER in a note remarks that the construction of this verse-line can be compared with the Avestan one in *yazamaide*.

60 1951, I: 106.

61 2002: 153, n. 21; MALAMOUD adds: "comme se le génitif valait ablatif et comme si la naissance des dieux était rapportée à Yama". I do not understand MALAMOUD's commentary against GELDNER.

62 1878, I: 88: "comme Vivasvat et Manu, Yama est le père de la race divine elle-même".

63 See SCHERMAN 1892: 145 and in particular n. 1. SCHERMAN (*ibidem*) translated this verse-line just following LUDWIG (1876, II: 26; 1883, V: 25-26; 335): "die von Yama entsprungene Unsterblichkeit lasst uns eropfern" (oder "verehren").

64 RENOU 1969: 31.

65 1996: 482-483. But see also GELDNER 1907: 66, s.v. *jâtá*: "(p. pr. von *jan*) I. a) geboren; m. Sohn 8,70,5; 10,95,12; 45, 10; zur Welt geworden 10,121,1; entstanden 10,97,1 ; abstammend von (abl.) 10,80,6; bestimmt als 5,32,11. b) neugeboren 9,9,3. c) vorhanden, dargeboten 3,31,11. 2 subst. n. a) das Geborene, Erschaffene, Schöpfung, Geschöpf, Wesen, Kreatur 1,89,10; 2,23,3; 8,1,18; 96,6; 100,4; 10,121,10. b) Geburt 163.1. c) Ursprung, Abstammung, Art 3,31,3. d) das Vorhandene, Masse 3,31,10."

Viśvarūpa, and furthermore, in his turn, Varuṇa is the father of Bhr̥gu (*JB*. I, 44 = *ŚB*. XI 6, 1).[66] Thus, a definitive solution is not at hand in this case and many evidences result contradictory; actually we may simply remark that the basic idea considering immortality on earth and human generation in evident contradiction results to be sound, given the fact that a divine descendance, when it occurs, does not produce a continuous series of following generations of immortals. We can recall the beautiful and fitting translation offered by GÜNTERT[67] for this passage: "des Yama angeborene Unsterblichkeit laßt uns opfern", assuming that the immortality, properly belonging to Yama in his quality of god, was there attested and worshipped.

In addition, we must consider that verse-line c of 10, 13, 4, *bŕ̥haspátiṃ yajñám akr̥ṇvata ŕ̥ṣim* "(The gods) offered (lit. "made") the wise Br̥haspati (himself) as (their own) sacrifice/worship" raises an interesting number of questions. In particular, it is the meaning of such a reference to the sacrifice that results unclear. Does it concern an immolation of a divine being like Br̥haspati? Is it a simple identification of Br̥haspati with the sacrifice itself or with the worship, as a kind of strictly symbolic incarnation?

In the first case, we might raise other tantalizing questions: if Yama did not choose immortality in order to have his progeny, and if he had prolonged (in which sense?) his own body, why should Br̥haspati be sacrificed? Is the continuity of Yama's descendance to be connected with the sacrificial immolation not simply of another god, but with that of the chaplain of the gods? If Yama must die because of his choice, why did the *deva*s sacrifice another one? It is possible that the prolongation of Yama's body, i.e. his future progeny represents the chain of the sacrificers, and then, the chain of the humans who will follow the path of the fathers. But, we may also imagine that this eternal, uninterrupted sacrificial chain was in itself considered immortal because of its uninterrupted continuity. Apropos TREMBLAY thinks that:

> «[...] entre (*c*) et (*d*) (Bŕ̥haspáti est sacrifié, Yama se perpétue), (*d*) se comprend grâce à *R̥V*. 1, 83, 5: le corps de Yama, i.e. le sacrifice et la chaîne des sacrifiants, est immortel, et c'est pourquoi *R̥V*. 10, 13, 4 n'est pas seulement inséré dans l'évocation des chars jumeaux à la faveurs d'un calembour *yamé* – *Yamá*, mais parce que le char de l'offrande est le véhicule vers l'immortalité (cf. 10, 13, 3)».

---

[66] I must thank TREMBLAY for these remarks. Cf. also EGGELING 1900: 108: "Now, Bh*ri*gu, the son of *Varuna*, deemed himself superior to his father Vanita in knowledge [...]".

[67] 1923: 388.

In addition, it would be clear that the choice of death, involves a different form of immortality on another level, not like that of the gods, but just like that of the "fathers", which, in any case, in not a prize for everybody.

We can, however, note that the subject of the sentence mentioning Bṛhaspati is not openly mentioned. Generally a reference to the gods has been here reasonably presumed, and this solution may be probable. But, if Yama has chosen dead for the sake of the gods and has refused immortality in order to obtain a long descendance (possibly corresponding to the prolongation of his body, or in other words to his power of procreation, but in any case throughout his own death), why the sacrificers offering Bṛhaspati are the gods? Did they celebrate and give a sanctification to Yama's decision, offering Bṛhaspati as an *alter ego* of Soma? This was, for instance, the solution already suggested by BERGAIGNE.[68] According to such an explanation, the hymn is celebrating the sacrificial chain, starting with Yama and Bṛhaspati, in the framework of a procession of the Soma chariots. This way, Yama sacrificed himself (self-immolation?)[69] through his double choice (death and progeny) only after he had left his own body, while the gods offered Bṛhaspati-(Soma). On the other hand, the (apparently) more prudent alternative considering the reference to the chaplain of the gods as a simple identification of such a divinity with the sacrifice and the ritual results clearly supported from the parallel passage of the *Atharvaveda*, where Bṛhaspati is doubtless the subject: "Bṛhaspati as seer extended the sacrifice,

---

68 1878, I: 300; cf. also I: 90.

69 See GÜNTERT (1923: 385-386); in particular (p. 386) he wrote: "Die Stelle scheint mir unsere Ansicht aufs beste zu unterstützen: zunächst ist hier deutlich gesagt, daß *Yama* sich opfern ließ, und daß er diesen freiwilligen Opfertod deshalb wählte, um Nachkommen zu erhalten, d. h. um die Menschheit zu begründen. *Yama* hätte unsterblich bleiben können, aber wie es im *puruṣa*-Lied geschildert wird, wollte er durch seinen Tod den Kosmos schaffen. Somit wird er ein echter Wohltäter der Menschheit, ein Heiland, der nicht um der Götter, sondern gerade um der Menschen willen seine eigene Göttlichkeit preisgab. Alles, was wir aus Spuren und durch die Aussage des Eigennamens erschlossen haben, ist hier tatsächlich belegt; man verstand aber die Stelle nicht richtig, weil man in *Yama* meist nur einen ersten Sterblichen sehen wollte, wie es *Manuṣ* ist. Und daß diese Ansicht vom freiwilligen Opfertod eines Gottes nicht vereinzelt vorkommt, lehrt die Stelle RV X, 81, 5ff., wo vom Opfern und Selbstopfern des Weltschöpfers geschprochen wird". Güntert took into consideration also the self-sacrifice made by Óðinn, and discussed the ritual creativity of the sacrifice performed by Zurwān. Cf. also VON WESENDONK 1924: 180-182.

(after) Yama had (already) left/abandoned his (own) dear body" (*bṛ́haspátir yajñám atanuta ṛ́ṣiḥ priyā́ṃ yamás tan$_{ú}$vàm ā́rireca*). The simplistic solution of the *Atharvaveda* in any case shows that (at least according to a particular Vedic school) the divine chaplain was not sacrificed, and perhaps this verse-line might mean also that Bṛhaspati prolonged the *yajña-* as Yama had earlier prolonged his body (through the chain for his direct progeny of sacrificers) abandoning it. A kind of esoteric word-game should be, in any case, devised between *atanuta* and *tan$_{ú}$vàm*, although the solution presented in this parallel passage is surely later and cannot be considered compelling with regard to the interpretation of the Ṛgvedic stanza.

At this point of the discussion, I would like to recall that the presence of a pluperfect (*prā́rirecīt*) in verse-line d has not been seriously considered before the present investigation, as if it were a simple alternative for a normal imperfect.[70] Such an interpretation remains possible, but we must wonder if it is really sound. Contrariwise, we may theoretically suspect that, in this passage, a kind of *consecutio temporum* is meant, and then that the action of d was assumed to be earlier than the one expressed in c. Although the interpretation of the whole passage can be debated, KÜMMEL[71] clearly suspects that the pluperfect in *pāda* d, might refer to a far past action, to a past-resultative or to a static meaning: "Für die Götter wählte er sich den Tod, für seine Nachkommenschaft wählte er sich nicht die Unsterblichkeit. Bṛhaspati machten sie sich zum Opfer, den Ṛṣi; den eigenen Körper **gab** Yama **auf/hatte** Yama **aufgegeben**". In addition, KÜMMEL[72] rejects the interpretation offered by GELDNER, according to whom *prā́rirecīt* would mean "ließ weiterreichen" (as factitive) against the medium with *prá* "weiterreichen", because it would be groundless. Thus, the action of the gods and the (potential) sacrifice of Bṛhaspati should follow the death of Yama, which, in any case, gave a possibility of life to a human progeny, and opened the heavenly path of the afterlife to his mortal descendents. In this sense, the choice of Yama seems to correspond to a kind of self-sacrifice, an act to which also Bṛhaspati could have been (symbolically?) submitted.

---

70 This opinion was already stated by DELBRÜCK (see DELBRÜCK – WINDISCH 1876: 113-114), who rejected the anteriority of the so-called pluperfect. On the contrary, we must underline that already THIEME (1929: 42) expressly wrote: "*(pra +)arirecīt* könnte also *praet.* sein zu einem (προ)λελοιπε entsprechenden *(pra +)rireca*: «er war einer, der (übrig) gelassen hat»".

71 2000: 424.

72 2000: 424, n. 776.

Unfortunately the difficulties of this verse-line are many, and the basic interpretation of *prá* + *ric-* presents a number of problems, which were the object of deep discussions already started by Ludwig,[73] but which have been developed, for instance, also by SCHMIDT.[74] The alternative solutions that we can consider are the following ones:

1) "Yama had prolonged/spread/perpetuated his (own) dear body."
2) "Yama had passed on/left/abandoned/surrendered his (own) dear body [i.e. "he died"]."
3) "Yama had saved his (own) dear body/his own self [for us]".
4) "Yama had left his (own) body (in order to perpetuate it)].
5) "Yama had jutted out his (own) dear body (in order to perpetuate it)" [with a covered erotic meaning].

The basic meaning of Indo-Iranian verb **raič-* should be that of "to leave, let, abandon",[75] and the I.E. verbal root **lei̯k*$^{u̯}$-, probably already meant "verlassen",[76] "zurücklassen" (middle: "sich entfernen von").[77] For instance, LUDWIG[78] translated *prá* + *ric-* in this passage as "retten"; BERGAIGNE[79] and MACDONELL[80] proposed "to abandon", while GRASSMANN[81] offered in general five possibilities for *prá* + *ric-*: 1) "hinausreichen", "hervorragen über" (Ab., Ab. mit *pári*), 2) "hervorragen", 3) "emporragen bis" (*ácha*), 4) "übrig lassen" ["[A.], 5) "lassen, zurücklassen", although in his interpretation of this very passage he chose "dahingeben". HILLEBRANDT preferred "hingeben",[82] THIEME "dahingeben",[83] while GELDNER opted for "fortpflanzen", adding a long note about *tan*$_{ü}$*vàṃ prā́rirecīt*, which is worthwhile to be quoted again *in extenso*:

«*pra-ric* bedeutet 'weiterreichen als (Abl.)', im Trans. 'weiterreichen lassen, auf Vorrat legen' (6, 20, 4), *prareká* (3, 30, 19), *prarécana* (1, 17, 6) 'Vorrat'. 6, 20, 4d ist zu übersetzen: 'Er legte von der Speise (Trank) gar nichts auf Vorrat', d. h. er zehrte alles

73 1889: 47.
74 1968: 124-125.
75 MAYRHOFER 1996: 457-458; WERBA 1997: 227; CHEUNG 2007: 307-308.
76 RIX 2001: 406-407, and n. 1.
77 RIX 2001: 406-407 and n. 2.
78 1876, II: 415; 1883, V: 335.
79 1878, I: 90.
80 1897: 72.
81 GRASSMANN 1996: 1164.
82 1891: 491: "seinen lieben Leib gab Yama hin"; (English tr. "to surrender"; 1980 II: 223).
83 1929: 42.

auf. *tanvàm pra-ric* Kaus. der obigen Stelle ist dagegen mit 9, 46, 15a *réknas tanvè* zu verbinden: den Leib weiterreichen machen ist s. v. als ihn fortpflanzen. Möglich wäre auch: Yama hat seinen lieben Leib (auf Erden) zurückgelassen, d. h. sterben mußte er doch».[84]

But, as we have seen, such an explanation seems to be questionable after KÜMMEL's examination of the textual data.

Then, GELDNER suggested two solutions: according to the first one, given in the translation ("Yama hat seinen lieben Leib fortgepflanzt"), Yama has been able to propagate, prolong, then, reproduce his body, but in the note quoted the German scholar remarks that *prá-ric-* does not simply mean "to leave", but "to leave aside", or "in supply" (MALAMOUD translates "laisser en réserve").[85] MALAMOUD, in his turn, prefers the second option,[86] assuming that we can this way understand what Yama's death was: "il s'est séparé, le temps de passer par la mort, de son « corps bien-aimé », de son corps d'immortel. Il s'est fait mortel afin d'instituer les conditions de vie et de survie des générations de mortels". Furthermore, MALAMOUD (*ibid.*) supposes that the first possibility seems weak because we do not know how Yama might generate his own descendance. But we will see that this statement itself can be reversed. Recently, HETTRICH translated 10, 13, 4c:[87] "Yama ließ seinen lieben Leib [darüber] hinausreichen [über den Tod hinaus; d.h. er pflanzte sich fort]", considering that the semantic meaning of *ric-* with *prá* in this place and in 6, 20, 4 should be taken aside from the other active attestations.[88]

But leaving aside other additional speculations, I must remark that the mention of the sacrifice and of Br̥haspati (whichever its interpretation might be: immolation of the god or simple identification of the god with the worship/sacrifice) should be not separated from the circumstance that Vīuuaŋᵛhaṇt obtained Yima as his son, because he was the first to press *haoma-* (while Vivasvant gave the sacrificial fire to human beings).[89]

---

84 See in any case the long note in GELDNER's commentary.

85 2002: 22. MALAMOUD underlines the fact that the special meaning of *prá + ric* "laisser en réserve" is more frequent than that of "laisser".

86 *Ibidem.*

87 2007: 161. Cf. MEISER 1993: 307.

88 They might be explained as "transitivierende Opposizionsbildungen zu den semantisch bereits weiterentwickelten Mediopassiv", according to HETTRICH (*ibidem*).

89 See SKJÆRVØ 2008: 511.

Then, the role of Haoma/Soma is strictly linked with the original notion of a cyclical mortality and with the image of a mortal god. In any case, the destiny of *soma-* and of Yama seems to be similar – as well as the destiny of their father –, if we consider that Vivasvant and Mārtāṇḍa (as well as Vivasvaṇt = Gaiia Marətan) have been strongly assimilated in Vedic mythology.[90] Like Soma, when Yama abandons/leaves his own body, and eventually dies, he becomes immortal under the pressure, thus assuming a new form. Thus, he is the matter of the sacrifice, but as father of the mortal beings he is a kind of priest and of sacrificer, like Bṛhaspati himself among the gods, and also like the future mortals, who would offer a sacrifice from this point on.

In any case, all these facts should be carefully considered in the general discussion of the whole passage, particularly with reference to a larger Indo-Iranian framework. No doubt that Yama was strongly connected with the sacrifice, as already DANDEKAR remarked[91] comparing the sacrifice of the Puruṣa with the self-sacrifice of Yama. But it is noteworthy, too, that he established a special alliance with Agni. It is Yama who finds Agni (escaping from the gods, hidden in the waters and among the plants) and promises him long life, and a part of the sacrifice (*ṚV.* 10, 51, 3).[92] Here Yama, as GÜNTERT underlined,[93] does not appear as a man but behaves as a god. In addition, he embodies all the ritual meters (*ṚV.* 10, 14, 16: *triṣṭúb gāyatrī́ chándaṃsi sárvā tā́ yamá ā́hita* "*triṣṭubh*, *gāyatrī*, all these meters are contained in Yama").[94] In Iran, it is again Yima who plays the role of one of the primordial sacrificers. However, I wonder whether the prolongation of life should be

---

90 See below.

91 DANDEKAR 1945: 204, *pace* OBERLIES 1998: 389-390 and n. 253. Cf. HOANG-SON HOAN-ŠY-QUY 1969. About the comparative ritual aspects of this myth in connection with the Semitic tradition see GROTTANELLI 1981 and 1982. Cf. also BROWN 1931; MUS 1962. KIRFEL (1951) assumed that the *Puruṣamedha-* was older than the *Aśvamedha-*; against this interpretation see JAMISON 1996: 274, n. 114.

92 See DONIGER 2002: 213-214; cf. GELDNER 1951, III: 212. This stanza should be compared with *ṚV.* I, 72, 4c (GELDNER 1951, I: 95). See also the important article by KRAMRISCH 1961: 109, n. 17.

93 1923: 387. CH. POUSSE in a recent work (2005-08: 220) has developed the subject of the "gémellité temporelle", with fitting reference to Agni (*ṚV.* 1, 69, 2), Yama (*ṚV.* 1, 66, 8a), but also to the *Ahunauuaitī Gāθā* (*Y.* 31, 8), where we find an interesting paradox: although Ahura Mazdā is called *yazūm* ("the young(er) one"), he is with respect to Aṇgra Mainiiu, "the first" (*paouruuīm*).

94 GÜNTERT 1923: 387.

brought into connection with the primordial incest,[95] and furthermore, if *prá-ric-* with the meaning of "to jut out" might contain also a sexual implication. This possibility is actually supported from the fact that in *Yt.* 17, 10 ˣ*friiaiia paiti tanuui* is referred to the "dear body" of the master of the house desired by his wives:[96] *kaδa nō auui ājasāt̰ nmānō.paitiš kaδa šā́iti* ⁺*paitišāma*[97] ˣ*friiaiia paiti tanuui* [...][98] "When will the master of the house come down to us? When shall we rejoice with joy on (his) dear body?".

---

95 See also HUMBACH 1974: 196-197: "Deutlicher ausgesprochenen ist das in 10, 13, 4 *devébhyaḥ kám avr̥ṇīta mr̥tyúm prajā́yai kám amŕ̥taṃ nā́vr̥ṇīta . . . priyā́m yamás tanvàm prā́rirecīt*, den Göttern zuliebe wählte er den Tod, der Nachkommenschaft zuliebe wählte er nicht die Unsterblichkeit . . . seinen lieben Leib gab Yama hin'. Hier ist mit dem absichtlich mehrbezügigen *tanvàm prā́rirecīt* nicht nur auf den Verlust der Unsterblichkeit des Leibes angespielt, sondern zugleich auch auf die leibliche Vereinigung mit Yamī. Das erhellt aus deren Wunsch 10, 10, 7 *jāyéva pátye tanvàṃ riricyām* ‚wie das Weib dem Gatten möchte ich meinen Leib hingeben'. Fortpflanzung und Tod erscheinen ja auch in dem Mārtāṇḍa bezüglichen 10, 72, 9 *prajā́yai mr̥tyáve*, damit er sich fortpflanze und sterbe „in gegenseitiger Bedingtheit". It is interesting to note that in *Y.* 32, 7, in a difficult passage that probably has to be directly connected with the following one (KELLENS – PIRART 1991: 86), where Yima is considered guilty of some sins (*aēnah-*), we find the following verse-line (c) *yaēšąm tū ahurā irixtəm mazdā vaēdištō ahī*, which can be tentatively interpreted as "(sins because) of (or among) which, you, o Ahura Mazdā, are the best who found the one who was left/abandoned (i.e. Yima)". In any case the presence of *ric-* in this pertinent context has to be underlined.

96 I must thank J. KELLENS for this kind remark. See also KELLENS 1995: 35 about the sexual connotation of this passage. Cf. SCHLERATH 1968, I, 180; II: 163. SCHELLER (1959: 3-6, and *passim*), in the framework of a wider discussion about Ved. *priyá-* (Greek φίλος and Av. *friia-*), noted that in *R̥V.* 10, 13, 4d, "*priyā́-* könnte hier höchstens eine affektische Beziehung Yamas zu seinem eigenem Leib audrücken: «er ließ den (ihm) lieben Leib fahren». SCHELLER (1959: 20) also remarked that "die Junktur *priyā́- tanū́-*, die im Rigveda einen der klarsten Belege für die ursprüngliche Verwendung von idg. **pri̯i̯o-* liefert, auch im Awestischen ihre Entsprechung besitzt".

97 GELDNER 1889: 233: *paitiṣ̌ām*; ⁺*paitišāma*, according to BARTHOLOMAE 1904: 30, 1707, but from the verbal root ¹*aēš-*. For the analysis of this passage see in particular BENVENISTE 1935: 28-25, who considered *šā́iti* ⁺*paitišā́ma* a figura etymologica with ⁺*paitišā́ma*, 1st pers. pl. inj. of the verbal root *š́(ii)ā-*, *šā́-*, and the instrumental *šā́iti* (earlier interpreted as an infinitive stem). SCHELLER (1959: 5-6, n. 1) quotes a different interpretation of the whole passage proposed by HUMBACH: "Wann wird unser Hausherr kommen, wann um mit Lust auf meinen Leib loszugehen?". Clearly, HUMBACH rejected the reading ⁺*paitišāma* (J10) and maintained *paitišām*, now considered as an infinitival accusative (from the root *aēš-*) of the type *gərəbąm*, depending from the verb *ājasāt̰*.

98 See HOFFMANN – NARTEN (1989: 65, n. 92), who accepted BENVENISTE's interpretation of the verbal form as deriving from the root *š́(ii)ā-* "sich freuen", but rightly considered it as

Although the other two R̥gvedic passages where the sequence *priyā́-tanū́-* occurs have no patent sexual character (*R̥V.* 1, 114, 7: *priyā́s tanvò*; 10, 132, 4: *tanū́ṣv* [...] *priyā́su*), we must investigate if in this case, the two final *pāda*s of 10, 13, 4 could have a double meaning, one basic, simply referring to the "prolongation" of Yama's body, and another one characterized by a *covered* sexual implication. Thus, Br̥haspati was sacrificed, or assimilated to a sacrifice, only after Yama had reproduced himself, i.e. after he had sex, probably with his sister, who was the only woman at disposal for him. In other words, if the sexual hues contained in *prá-ric-* are only a *mirage*, we can simply understand the passage as referred to the prolongation of the body as a metaphor of the continuity of the human gender after Yama's death, but if such an expression was properly erotic, i.e. if it contained a covered reference, for instance, to a penis' erection or simply to a copulation, we will have a direct reference to the process of reproduction, started by Yama himself, who finally "paid" for this choice with his own death. Thus, we will have to do with a sort of hierogamy, followed by the death of the first man. That all these considerations are not the fruit of a farfetched speculation is shown by some textual data. One particular occurrence of the root *ric-* with *tanū́-* confirms the existence of this potential erotic nuance. It occurs in the most pertinent dialogue between Yama and Yamī, *R̥V.* 10, 10, 7: *yamásya mā yam*$_{i}$*yàm kā́ma ā́gan samāné yónau sahaśéy*$_{i}$*yāya / jāyéva pátye* ***tan***$_{\bar{u}}$***vàṃ riricyāṃ*** *ví cid vr̥heva ráthyeva cakrā́* "Desire has come to me, Yamī, of Yama, of lying together (with him) in a common bed. As a wife for (his) husband, may I (Yamī) give (my) body (to him); we will move to and fro like the wheels of a chariot".[99] The sexual proposal made by Yamī to her twin Yama is clear, and, here, *tanū́-* refers to her body offered or left (*ric-*), to him.[100] Erotic hues are explicitly involved also by the following

---

a subjunctive aorist. They also suggested the emendation of *friia* (attested in the manuscript tradition) in ^{x}*friiaiia*, here accepted, and, then, translated the sentence as follows: "wann werden wir mit Freude Freude finden an seinem lieben Körper?". See also INSLER 1970: 191-192; KELLENS 1976: 89, n. 6; 1984: 89, n. 6.

99 See GELDNER 1951, III: 414. RENOU 1956b: 56; SCHNEIDER 1967-68: 4; 8, who underlines that *yóni* in 7b does not mean only "bed", but also "womb". SCHNEIDER, against GELDNER, does not believe in the sexual interpretation of the image of the wheels, but I am sceptic about his explanation of the text. Supportive remarks on the sexual interpretation of the passage are now given by BRERETON 2002: 227, n. 15. Cf. again HUMBACH 1974: 197.

100 KÜMMEL (2000: 425) rightly translates *pāda* c: "Wie eine Gattin dem Gatten **möge ich [ihm]** meinen Körper **überlassen (haben)**!".

reference to the image of the corporeal movement, there compared to that of the wheels of a chariot. The last *pāda* of *R̥V.* 10, 13, 4 cannot be taken aside from this parallel passage, although in that case the situation was presented with reference to Yama. Also *R̥V.* 10, 10, 11cd and 12ab, insist on the sexual implications of *tanū́-*: *kā́mamūtā bahv ètád rapāmi* ***tanᵤvà̄*** *me* ***tanᵤvàm̥*** *sám pipr̥gdhi* ‖ *ná vā́ u te* ***tanᵤvà̄ tanᵤvàm̥*** *sám̥ papr̥cyām pāpám āhur yáḥ svásāram̥ nigácchāt* "[Yamī]: mad of lust I repeatedly whisper this: «Mix your body with my body!». [Yama] «I will never mix (my) body with your body!» Bad is said, if one goes with (his) sister".[101] See also *R̥V.* 10, 10, 3d *jányuḥ pátis* ***tanᵤvàm̥*** *ā́ viviśyāḥ* "as a husband may you (Yama) penetrate the body of the wife (Yamī)". Thus, the sacrifice of Br̥haspati would have confirmed the conclusion of this radical event, derived from Yama's choice. Thus, Yama chose for death and not for immortality. He did so because he accepted to be a mortal divine being, who obtained a long descendance. This decision was taken for the sake of the gods, because he procured for the gods a chain of (mortal) future sacrificers, of whom he assumed, in the afterlife, the eschatological role of king. After his death, which should be connected with the presence of a new mortal descendance, and necessarily with an act of procreation (more or less explicitly mentioned, according to the interpretation of the last *pāda* we prefer, if erotic or not), the gods offered one of themselves in sacrifice or as a representation of the sacrifice, in order to sanction or ratify Yama's choice and its definitive results. Yama and his descendance must die, but they have also the duty to reproduce themselves (thus, sex is necessary, total abstinence, ignored also by gods, being excluded). The gods, in their turn, remain immortal, and the possible immolation of one of them, Br̥haspati, is necessarily symbolic, because he, a *deva-*, cannot really die, but like Soma, maintains his immortal status.

Then, after this preliminary discussion, we can propose a working translation:

a) "For (the sake of) the gods (Yama) verily chose for death"
b) "and in order to [have] a descendance, he did not choose for immortality."
c) "(The gods) made the wise Br̥haspati ([corresponding to?] their own) sacrifice,"

---

[101] GELDNER 1951, III: 136; RENOU 1956b: 57; SCHNEIDER 1967-68: 4; 9-10; cf. KÜMMEL 2000: 306.

d) "(when/after) Yama had (already) jutted out his own body" (in order to perpetuate it, or: he died after he had sex with somebody, probably his sister, or simply: he died after he had reproduced himself).

3. THE IMPORTANCE OF YAMA'S CHOICE IN THE INDO-IRANIAN FRAMEWORK AND THE AVESTAN PERSPECTIVE

The fact that the verb *vr̥* is here (*R̥V.* 10, 13, 4) connected with death and the refusal of (earthly) immortality, as a deliberate decision taken by Yama in agreement with the Devas and for their own advantage (but also for that of humanity), suggested to me a more careful comparative reflection upon the value to be attributed to this very act of choice in the Indo-Iranian context. The Vedic case is enormously interesting: Yama takes a choice that, being assumed by the first mythical mortal (who in India has been also demonized in later sources, where he became the king of hell)[102] can be considered as free,[103] although deliberated under certain circumstances. If he was not free, his choice of renouncing to his immortal status in order to die would be a nonsense. This very decision, patently taken for the sake of the Devas, should be analyzed by means of a contrastive comparison between the Indian and the Iranian concepts of life and death.

We must consider that any option in favour of death, or, worst, the decision to die in itself, would have been *per se* considered demoniac in the Mazdean *milieu*, and that Yama's decision, if it was that one, would appear in that framework as a crazy or foolish solution without any excuse. No good being created by Ahura Mazdā could prefer such a choice, if not inspired and confused by the Daēuuas; but I will return again on this problem below. Thus, from a Mazdean point of view this Vedic stanza would have clashed with the idea, attested in *Y.* 30, 1, that "life" (*gaiia-*) is directly opposed to the "impossibility of life" (*ajiiāiti-*), a contrast being directly determined by the confrontation between the two Mainiius.[104]

We should consider, in its turn, also that, in his primordial world, Yima, after having "refused" the *daēnā-* (whose role I explain in a different way

---

[102] See in particular ARBMAN 1926 and 1928; cf. also O'FLAHERTY 2002: 311, 349, 364 and *passim*. Interestingly, Yama is sometimes given magical power, and some negative hues are attributed to him (see WAYMAN 1959: 52-53, 131).

[103] As, for instance, KELLENS too (2002: 36) assumes, when he writes: "Il aurait délibérément choisi la condition mortelle « pour l'amour des dieux et de la descendance » (RS 10.13.4), c'est-à-dire afin de pouvoir sacrifier et de se reproduire". The same expression already in KELLENS 2000: 244.

[104] See PANAINO 2005: 118-120.

with respect to past studies, as we will see below), accepted Ahura Mazdā's proposal to augment and make prosper his divine creation (attested, e.g., already in *Vd.* 2, 5). This way, Yima declared that during his *xšaθra-* "there will be neither cold wind nor hot wind, neither sickness nor death". This means that such a (temporary) period of physical perfection was established by Yima himself under the protection of Ahura Mazdā. It was Ahura Mazdā who gave Yima a golden "goad" (*suβrā-*)[105] and a whip (*aštrā-*)[106] adorned with gold through which he was able to enlarge the earth three times; also when the winters were coming upon creation, it was Ahura Mazdā who instructed Yima about the construction of the *vara-*.[107] In this case, the arrival of winters is neither due to Ahura Mazdā, who helps Yima, nor to a sin committed by the latter,[108] but it should be connected to the invasion of demoniac forces, which appear on the scenario without any clear (at least for us) aetiological reason; simply they become manifest. So, it is evident that the perfect status of Yima's world was not at all eternal and immortal. This version of the myth probably also means that the later well-developed doctrine of the *gumēzišn* ("mixture") was still in formation, and that the story contained in the second chapter of the *Widēwdād* represents another (probably older) tradition, according to which Yima was living in a splendid and ageless period of perfection, during which he enlarged the world, and then,

---

105 A "golden horn" according to DUCHESNE-GUILLEMIN 1980; but against this interpretation cf. SIMS-WILLIAMS 2001.

106 SKJÆRVØ (2008: 503) seems to propose a different identification of the two tools given by Ahura Mazdā to Yima, writing that they are "a cattle goad (*aštrā*) and a *suβrā*, either some kind of pick (cf. Pers. *sumb-* "pierce") or a shepherd's flute (cf. *nāḷī* in *RV.* 10.1235.7) or horn" (again with reference to DUCHESNE-GUILLEMIN 1980; KELLENS 1994-95: 702; and SIMS-WILLIAMS 2001). Earlier interpretations have been critically presented by KELLENS (1974: 358, n. 1).

107 It was a kind of "fortress" or "cave", as its denomination shows. Av. *vara-*, Pahl. *war*, Ved. *valá-*, could be also connected with Lat. *vallum* (and then also with the Engl. loanword *wall*, as remarked also by SKJÆRVØ 2008: 506), but DE VAAN (2008: 652) does not register such a possibility. SIMS-WILLIAMS (2001: 333) suggests also "castle" with reference to Hungarian *vár*. Cf. GELDNER (1926: 30, n. 178) who described the *vara-* as a kind of microcosm, preserving the golden period of the earliest Iranian world; KELLENS 1999-2000: 732. SKJÆRVØ (*ibidem*) remarks that the Middle-Persian interpretation of the *war* as a "lake" is based on a mistaken association, *war* being also a different word from Av. *vairi-* "lake". The shape of the *vara-* should be round or circular, as shown by STEBLIN-KAMENSKIJ 1995.

108 LINDNER (1893: 213-215) tried to demonstrate that the arrival of the winters was due to human sins, and that it was "ein Strafgericht über sündige Menschheit", but his arguments are not convincing.

after the disastrous arrival of winter, he was allowed to take a safe place in the *vara-*. It is possible that the second part of this cycle, the one concerning the winters and the construction of the *vara-*, belongs to an earlier tradition, in which, as already SÖDERBLOM suggested,[109] its meaning was different.[110] The original myth probably concerned the end of the world, as in the Old Norse tradition, and its repopulation by means of that part of humanity saved by Yima into the *vara-*.[111] Thus, the incoming winters would be those which will arrive in a far future, after which the world, will be again inhabited by all the survived living beings, saved by Yima. Although it is unnecessary to re-discuss in this framework the question concerning the pattern of the cosmic flood, we must note, just remaining in the limits of the Indo-European context, that *Fr.W.* 8, 2, mentions Mahrkūša,[112] a demon (or a

---

109 1901: 177-190, *passim*. SÖDERBLOM was not the first to suggest this comparison between Iranian and Old Scandinavian mythology; see HULTGÅRD 2007: 116-118. LINDNER (1893: 215-216) assumed that the myth of Yima was essentially Iranian, and tried to exclude any external influence from Semitic traditions. The same statement was expressed by HERTEL (1924: 35-40) in particular against KOHUT (1871). See also GELDNER (1881: 181), who suggested a number of potential Mesopotamian points of comparison with the cycle of Yima, while the relation in particular with the Biblical tradition was again underlined by MOULTON 1913: 308. Cf. LOMMEL 1927: 196-203.

110 See also GELDNER 1881: 180-181, with reference to WINDISCHMANN 1853: 4-10. Cf. also HULTGÅRD 2007: 109-114.

111 HULTGÅRD (2007: 115) assumes that "The Pahlavi versions on the Malkūsān winter are based on an independent tradition of a great eschatological winter in which both the building and the opening of Yima's *vara-* were told as part of future events. The Vīdēvdāt version of the winters and the *vara-* would then represent another myth variant on the theme of climatic calamities and survival of humankind, which in all probability belonged to pasted mythical events". Although HULTGÅRD has rightly focussed on the differences between the two narrations, the Avestan and the Pahlavi one, I cannot accept the idea that the two stories were originally unrelated. On the contrary, these discrepancies should have been derived from the fact that an earlier myth concerning the coming of the winters was re-moved from its eschatological role, and then placed in the framework of the past history of humanity. We have already seen that the cycle of Yima suffered a number of changes and adaptations, and that also the history of the *vara-* presents some contradictions with respect to the development of Yima's story. In any case, HULTGÅRD's article is very important in the presentation and evaluation of the Pahlavi sources.

112 BARTHOLOMAE 1904: 1147. The fragment is very corrupted; see DARMESTETER 1893: 8-9; HERTEL 1936: 9-11, 19-29. HERTEL suggested that "*mahrkuša-*" would be an *Awestisierung* of the Pahlavi name *malkōš* (and its derivative *malkōšān*), in its turn a loanword derived from Hebr-Aram. *malqōš* "the rains of March and April" (1936: 23-24), adapted in Avestan after a popular etymology which linked it with the family of Ved. *marká-*, Skt. *maraka-*, and Av. *mahrka-* "death". But the etymological meaning of

witch-doctor; *ǰādūg Markūs* [also spelt *Malkūs*] or *Markūš*) who, according to the seventh book of the *Dēnkard*, 1, 24[113] and 9, 3-5,[114] after 300 years of the millennium belonging to Ošēdar (Uxšiiat̰.ərəta-),[115] will devastate the earth for seven years, bringing three years plus one of winter (with snow and cold), the *markūsān zamestān*, killing the most of humanity. Only after the death of this demon, J̌am (Yima) will get out of the *ǰam-kard-war* (i.e. the "*vara-* made by Yima") with his people, repopulating the earth; a similar tradition is reported by the *Dādestān ī Mēnōg ī Xrad*, 27, where it is narrated that J̌am will open the *war* after the coming of the rains brought by Markūs.[116] If this story, as we may suppose, is old (and for this reason it patently clashes with the version, in which Yima has been killed by Spitiiura), SÖDERBLOM's comparison[117] between the winter of Mahrkūša and the Fimbulvetr "the mighty winter" of the *Edda* (*Gylfaginning* 51),[118] announcing the *ragnarøkr* "the twilight of powers",[119] or that between the three Markūsān winters and the three uninterrupted winters of the Old Norse mythology,[120] appearing again in *Gylfaginning* 51,[121] result very attractive.

"Vernichter", underlined also by MAYRHOFER (1977a: I/60, n° 216), is sure. See HULTGÅRD (2007: 110), who registers also the possible spellings *Malkūs* and *Malkōs*.

113 MOLÉ 1967: 8-9.

114 MOLÉ 1967: 93-94; 217-218.

115 According to *Vd.* 2, 42-43, it is Uruuat̰.nara who propagates the religion of Zoroaster in the *vara-*. The relation between the *saosiiaṇt*s and the *vara-* should have been framed in a later development and adaptation of this myth.

116 BAUSANI 1963: 125.

117 1901: 178-182, 189-190. See also BAUSANI 1963: 129-130. A direct connection among the Iranian cycle of Yima with particular regard for the construction of the *vara-*, the Vedic one about *valá-*, and the Old Norse myth of the final Winter, has been proposed also by HAUDRY 1987: 207-219. Cf. also Moisson 1993: 77-82, and *passim*.

118 FAULKES 2005: 49, line 21, 94; FAULKES (1995: 52) translates "mighty or mysterious winter". Cf. GERING 1896: 47; ZOËGA 2004: 136; HULTGÅRD 2004.

119 FAULKES 2005: 131. On the other hand, LARRINGTON (2008: xviii) affirms that *Ragnarok* means "the Doom of the gods" – adding – "though the word *rok* 'doom' is sometimes confused with *røkkr* 'twilight', most notably by Snorri, hence the alternative term 'Twilight of the gods' or 'Götterdämmerung'.

120 FAULKES 2005: 170; "perhaps the name of a giant, or just a kenning for 'generous man'. Cf. SÖDERBLOM 1901; 204-222.

121 FAULKES 2005: 49, line 23: *þeir vetr fara þrír saman ok ekki sumar milli*. Cf. FAULKES' translation (1995: 53) "There will be three of these winters together and no summer between".

We must also note that, according to *Gylfaginning* 52,[122] after the end of the "mighty winter" and of the fire of (the giant and demon) Surtr (*Surtalogi*),[123] two human beings, Líf and Leifþrasir,[124] who were hidden in the grove of Hoddmímir,[125] will repopulate the earth.

In any case, this version was not strictly in agreement with the freshly introduced Zoroastrian chiliadic doctrine of the 12,000 years (which appears to be evoked already in *Yt.* 9, 10), although one Avestan fragment, appended to the Pahlavi commentary of the *Widēwdād*, 2, 19,[126] tries to offer a mediation or a link between two different stories and mythical chronologies. In this (without doubt, contradictory) context, the *vara-* appears as a kind of (temporary) earthly *refugium*, where the seed of the Aryans can be preserved. Its basic origin is in any case due to the incoming winters; thus, it is not properly a true paradise, but a means of resistance and defence against these new dangers. We may remark that also the favours, which Yima asked Druuāspā in *Yt.* 9, 9-10 (in order to introduce big and little animals and indestructibility in the creation of Ahura Mazdā, expelling thirst and hunger, old age and death, hot and cold winds), underline the positive functions of Yima. On the contrary, Aŋra Mainiiu is called *pouru.mahrka-* (*Yt.* 10, 97, etc.),[127] while he defines himself as *mahrkanąm mahrkō.təməm* "the most mortiferous among the mortiferous ones" (*Yt.* 3, 13), an epithet that cannot be separated from the image of the winters brought by Mahrkūša. The Avestan imaginary insists on a number of demons personifying death and decomposition: e.g., Aoša "destruction", Astō.viδātu "the binder of the bones", Nasu "corpse", Vīzarəša "who drags away the deceased", Maršuuan "decrepitude". Pahlavi sources actually consider Ahreman as ontologically "inexistent" with respect to the *gētīg* dimension,[128] because he possesses

---

122 FAULKES 2005: 54, lines 10-13 (*En þar sem heitir Hoddmímis holt leynask menn tveir í Surtaloga er svá heita: Líf ok Leifþrasir; ok hafa morgindǫggvar fyrir mat. En af þessum mǫnnum kemr svá mikil kynslóð at byggvisk heimr allr*). Cf. FAULKES' translation (1995: 57): "And in a place called Hoddmimir's holt two people will lie hid during Surt's fire called Life and Leifthrasir, and their food will be the dews of morning. And from these people there will be descended such a great progeny that all the world will be inhabited".

123 FAULKES 2005: 176.

124 FAULKES 2005: 171.

125 SÖDERBLOM 1901: 211-222. For a brief presentation of the Old Norse sources see HULTGÅRD 2007: 117.

126 See PANAINO 2004b.

127 BARTHOLOMAE 1904: 901. Cf. GRAY 1926: 113, and *passim*.

128 See SCHMIDT 1996.

only a contrastive and destructive function, while the origin of death is actually attributed to the "mixture". In reality, man has been created (in the pure state), according to the *Dēnkard*,[129] as "a material immortal being", but in the limited time, after the "mixture" produced by Ahreman's aggression, he is only "a material mortal being" and for this reason he must die. Thus, we can say that the mortal nature of human beings is connected with their actual role in the creation (according to the Pahlavi treaties),[130] but their death comes only because of the aggression and the mixture, while the immortality of their souls and the promise of the final resurrection in the *Frašgird* counter the effects of earthly death. In this context, Ohrmazd cannot grant any "physical" immortality, because it would stop the progression of time, but he does not provoke death. If we recall the famous episode of Zardošt asking Ohrmazd for immortality in the *Zand ī Wahman Yasn*, 3, 1-3,[131] we learn that Ohrmazd refused it in order to avoid that also other humans, eventually seduced by Ahreman, could become immortal. Thus, if KELLENS[132] rightly focuses on the fact that apparently the origins of human mortality are not clearly explained in the Iranian sources, it is, however, patent that death is a necessity due to the *gaēθiia-* dimension and that it was produced by the evil forces, because the primordial opposition was between *gaiia-* and *ajiiāiti-*. The death of the body, then, is connected only to "the time of the mixture", but it does not involve the eternal dimension, i.e. the time without limits. So, we can suspect that the end of Yima's fabulous period of (temporary) "immortality" and the following construction of the *vara-* were not necessarily connected, at least according to an earlier version of the Iranian myth, to an "original" sin of Yima, introducing death into the world (apparently as a *deus ex machina*).[133] Thus, we cannot assume that, in the framework of the Zoroastrian version of the myth, death was simply considered as an inevitable need due to the internal contradiction between immortality and reproduction, although this reason

---

129 MOLÉ 1963: 466-468.

130 See again MOLÉ 1963: 202, 386, 406, 443; cf. also DE MENASCE 1973: chapters 316-318, pp. 301-302.

131 CERETI 1995: 81-82, 134, 150-150. Cf. JACKSON 1899: 120; see also WEST 1880: 194-196. As TREMBLAY reminds me, this passage might depend on early Iranian (i.e. Avestan) sources, as noted by SUNDERMANN 1978: 498.

132 KELLENS 1999-2000: 726.

133 See SHAKED 1987a: 242-244.

actually seems to reflect an Indo-European pattern.[134] We must also consider that, in a later Avestan source (*Aog.* 28), Aŋra Mainiiu's dwelling is eventually located into a(nother?) *vara-*.[135] This peculiar reference puts the representation of any place called *vara-* in a very ambiguous position, also when we reflect on the fact that, in the *R̥gveda*,[136] the functions attributed to the *valá-* are patently negative,[137] although it is risky to add further speculations about this subject.[138] The necessity of death belongs to the "mixture" period (for instance, to the winters, from which part of humanity does not escape) and it is due to Aŋra Mainiiu and the evil forces irrupted after the aggression, but it is also explained thanks to the limited time (i.e. the millenaristic doctrine). In this theological framework, neither human beings can choose death, nor a primordial (positive) divine being makes such a choice; they simply die because of the Antagonist, but they all have their own *frauuaṣ̌i-*, pre-existing and enduring after death. The re-composition of the animical complex (*uruuan-* plus *daēnā-*) in the *post mortem* will grant a provisional state of beatitude or punishment until the *frašō.kərəti-* and the complete re-establishment of a life without death. Thus, while Yima's choice to die was not a "sin" in the Indian framework, where this decision solved (although with a number of ambiguities)[139] the contradiction between immortality and generation, we have not yet found its corresponding act in the Mazdean Iran, where the Daēuuas were false gods, and where any act done for their sake would be considered as negative. The only responsibility, which can be attributed to Yima after the arrival of winters is the one concerning the fact that he was compelled to choose the best part of the

---

134 In particular, about the over-population of the earth see DE JONG 1985. Cf. also BALDRY 1952: 85.

135 Cf. LINCOLN 1982: 3. Rightly LINCOLN mentions also "the cave of Lie" (*gərəδa-*) on Mount Arəzūra (*Vd.* 3, 7), a subterranean enclosure contaminated with death and putrefaction, "whence all demons issue". See already SÖDERBLOM 1901: 177.

136 GRASSMANN 1996: 1225-1226. See, in particular, *R̥V.* 3, 30, 10; 1, 52, 5; 10, 67, 6.

137 See MALANDRA 1983: 178; cf. JACKSON 2006: 71, 75.

138 Very improbable is HERTEL's (1924: 17-20, *passim*) location of the Avestan *vara-*, Vedic *valá-*, in the heaven. In his earlier approach to this myth, also DARMESTETER (1877: 232-234) assumed that the *vara-* was a celestial place, corresponding to the fourth heaven. The whole framework of the myth concerns the earth, although that place had an inner cosmological dimension, like a microcosm. Against HERTEL's hypothesis that the *vara-/valá-* can be referred to the vault of the heaven see also KEITH 1925: 621-623.

139 See SHAKED 1987a, *passim*. Pahlavi sources clearly locate the *war* underground, although in different places; see SKJÆRVØ (2008: 505-506).

living word to be saved; the rest was left to the catastrophe. But this obligation was compulsory and was not decided by Yima.[140] We should also consider the possibility that the story contained in *Vd.* 2, 1-5, and generally interpreted as the witness of the refusal of the Ahurian and Zaraθuštrian *daēnā-* by the primitive and brave Yima had another (until now hidden) meaning.[141] If the *daēnā-* refused by Yima was not the "Mazdean Religion", but a female double, i.e. the symbolic representation of the final prize after death and, as Yima's female double,[142] that of his spiritual twin-sister, the act of Yima would be different with respect to that attributed to Yama. In brief, if the vision of the *daēnā-* can symbolically be taken as a premise for a following incest,[143] the refusal of her means that only the "imaginal" dimension of such a union was avoided, and not its corresponding earthly version. What can one find more similar to his *daēnā-* if not his own (female) twin? But, while the immediate meeting of Yima with the *daēnā-* would have produced a stop in the Ahuric process of creation, Yima's refusal becomes the basic condition in order to increase the living world. For this reason, we may note that, while the Indian twin chose death, the Iranian one refused it. Remarkably enough, the consanguineous union was considered in Mazdean Iran a perfect form of marriage; thus, if we accept the explanation of this myth as suggested here, the incest reinstalls a kind of primordial unity, and corresponds to the final process of reintegration of the different parts of the human soul; it is a kind of salvation from physical death, which cannot be eliminated because of the presence of the demons in the world history. The Iranian version of the myth thus offers an interesting esoteric explanation for the incest, which, in any case, Yama probably committed too, although the Indian sources result to be seriously in trouble with any admission of its occurrence.[144] We may note that also in the case of Yima, Avestan texts do not mention neither his incest nor his twin, a fact that is very peculiar, but which can be explained supposing that the mention

---

140 See below the more detailed discussion of this problem in chapter 6.

141 See more in detail PANAINO (in press).

142 I must remark that also Kellens (2000: 246-247) expressed some doubts about the identification of such a *daēnā-*, suggesting the presence of the female soul and not of the "religion", although his general interpretation of the data is partly different from that I present here.

143 We must recall that, in Pahlavi literature, J̌amšed "is said to have established incest marriage (*xwēdōdah*)", as noted by SHAKED (1987a: 241).

144 See also JAINI 1977: 323.

of the *daēnā-* made the reference to such (additional) female twin not necessary. In any case, we know that, according to *Vd.* 2, 41, in the *vara-*, "every forty years, by every couple, two human beings (lit. "men") are born, a pair, a woman and a male, thus (it is) for (all) these sorts of cattle"[145] (*caθβarəsatəm aiβi.gāmanąm duuaēibiia haca nərəbiia duua nara us.zaiieiṇte miθβana strica nairiiasca aθa aētaēšąm yōi gə̄uš sarəδanąm*). This statement presupposes, although it is not openly expressed, a pattern based on the principle that twins generate other following twins (one male, one female), thus reproducing the perfect origin of humanity starting with Yima and his twin-sister or double.

Coming back to the basic interpretation of the beginning of *Vd.* 2, we must insist on the fact that the *daēnā-* was actually "shown" to Yima (*Vd.* 2, 1: *kahmāi fradaēsaiiō daēnąm yąm āhūirīm zaraθuštrīm*: *Vd.* 2, 2: *ahmāi fradaēsaēm daēnąm yąm āhūirīm zaraθuštrīm*); this means that he was able to see her when he was not yet dead, and not that Ahura Mazdā tried to "teach" her, as generally these passages have been interpreted. Then, the vision of his double without passing through death gave Yima (like Zaraθuštra) a supernatural conscience, which compelled him to refuse the immediate mystic union with his beautiful (she-)double, because he felt to have been created for a different mission, that of increasing the living world. For this reason, we can understand why Ahura Mazdā, notwithstanding Yima's eventual obstinacy against his divine proposal, was not offended and did not react with fury.[146] If my interpretation is sound, we may presume that Ahura Mazdā expected such a "refusal". Furthermore, if we reflect just for a moment on the traditional interpretation of these passages, we cannot explain the inner rationale of a refusal committed by a human being who, in front of a god like Ahura Mazdā, dares to deny his "religion" (i.e. his existence and power), but accepts to increase his kingdom. What happened was surely different and the *daēnā-* probably was something more substantial than a simple "Religion" taken as an ideal *corpus* of concepts and oral texts. This was only a later re-interpretation, but its original function and meaning should have been very different. A compelling support to this radical reinterpretation of the facts comes from the reading of the so-called "J̌am's Confession of Sins", which covers the whole chapter 31 of the Pahlavi

---

[145] See REICHELT 1911: 141.
[146] See PANAINO 2009c.

Rewāyat to the Dādestān ī Dēnīg.[147] This text will be discussed again in our essay, but at the moment we may just start with an important remark. The scenario in which this confession takes place is very similar to that of the afterlife judgment. We may resume it in brief: Zoroaster speaks with Ohrmazd and asks him to show "the soul of him who was the most active in the human body in the world". Ohrmazd, then, summons the soul (*ruwān*) of J̌am, which comes from the direction of hell. Zoroaster asks Ohrmazd about the identity of this sinful image and what wrong he did, and god declares that this person is J̌am, son of Wīwanghān, who stood on the path of Ahreman and the demons, when Ohrmazd showed him the *dēn*. Then, J̌am confesses his sins and makes a long act of contrition, after which he is forgiven and can be released from the hell; so, he goes to the "limbo" (*hamēstagān*), where he becomes its lord. This description evokes in many aspects the meeting of the *uruuan-* with the *daēnā-*, with the difference that now it is J̌am to come from the same path of the sinful *daēnā-*; after this new judgment, an event very unusual in the Mazdean tradition, J̌am can take the direction to the limbo. If we accept the basic idea that we are playing with a pattern based on the twinning and a series of mirrored images, some peculiar aspects become more clear. On the earth, as a twin, Yima saw the female aspect of himself (or of his *uruuan-*); in the afterlife, he walks as a *ruwān* on the same path of the *dēn*, and stays in front of Ohrmazd, who forgives him. Furthermore, two passages of the text state that Ohrmazd "showed" the *dēn* (31a9: *im dēn ō J̌am nimūd*; 31c4: *ō man nimūd*), as the Pahlavi commentator of *Vd.* 2, 1-2, translated *fra-daēs-* with *fraz-nimūdan*. They confirm what I noted before with respect to the Avestan background of this story. No "religion" was taught; the body that appeared was not that of the religious *corpus* or of the theology, but that of a beautiful lady, through (*fra-daēs-*) whom Yima was shown an unexpected beauty in form of his own double. For this reason, I wonder if we have here a kind of transparency, which is alluded in the Avestan source, and not a simple mirrored image.

There are also other peculiar facts that cannot be taken without a critical discussion. For instance, the *Widēwdād* does not tell about Yima's exit[148] from the *vara-*, but its occurrence should be deduced from another Avestan

---

147 WILLIAMS 1990, I: 134-138; II: 57-59.

148 This is an inevitable supposition, if there is a connection between the two versions of his mythological cycle, one mentioning his construction of the *vara-* and another referring to his death.

passage stating that Yima was killed by Spitiiura.[149] The demons were not present in the *vara-* and such an exit should be probably related with another sin/mistake that leads also to his final death (but also his final meeting with his own *daēnā-*). In any case, Yima's behaviour in *Vd.* 2 had nothing offensive and sinful,[150] although, as we have seen and will see again, later traditions demonized it.

If a mythological pattern concerning a primordial option for death (and, of course, procreation) was basically known to Indo-Iranian peoples at a certain moment of their culture (and many shared elements support this solution),[151] we could also assume that this original event, so significant for the destiny of the human race, was strongly transformed and re-interpreted in the Iranian framework, particularly if it was connected, as I suspect, with the primordial incest and with the need of future generations (but this problem will be discussed below, in chapter 10). In any case, the Gāθic and generally Avestan orientation towards death, as something belonging to Aṇgra/Aŋra Mainiiu and not to Ahura Mazdā, would have been completely in contrast with the Vedic one, which, in this very aspect, appears to have been probably earlier.

In other words, if we would read the same R̥gvedic passage from a Zoroastrian perspective, we should interpret it as follows: "for the sake of the "Demons", Yama/Yima chose death and refused immortality for his descendants [...]".[152]

It is clear that we see here a strong opposition between two traditions, an opposition showing — I suggest — the radical innovation represented by the Zaraθuštrian assumption that death had nothing to do with Ahura Mazdā and *aṣ̌a-*, but also that reproduction is not in contrast with the main target of the supreme god, who, thanks to the "living" dimension (the *astuuaṇt- ahu-*, later the *gaēiθiia-* and the *gētīg* ones)[153] is able to directly counter and

---

149 This should have happened obviously out of the *vara-*, where his life was perfectly secure against any danger.

150 See also SHAKED 1987a: 242.

151 See MACDONELL 1897: 8, 173.

152 Such a negative interpretation of the antagonism between gods and humans finds some parallels in the Babylonian tradition, in particular in the myth of Atraḫasîs; see, e.g. BOTTÉRO – KRAMER 1989: 529-567.

153 GNOLI 1963; SHAKED 1971. On the other hand, in the *Widēwdād*'s cycle of Yima (2, 22), the *ahu- astuuaṇt-* can be also "wicked" (*aγa-*). The origin of such a situation is unclear, as explained below in chapter 6.

contrast the evil "presence" of the Daēuuas and Aṇgra Mainiiu during the mixture; human beings die not for the sake of the Devas, but because of the presence and the will of the Daēuuas. Thus, they became mortal because, in the "mixture", time dimension is limited, but they are still eternal with respect to the unlimited time that will be restored. This way, their physical death is transformed through the continuous action played by the *frauuaṣ̌i*s (also by those of the dead ones) and by the new-born progeny, while the target of the Daēuuas is, contrariwise, that to stop any kind of progeny as clearly explained in the (only apparently later) myth of Mašya and Mašyāne, or in the dynamics of the aetiological myth of J̌eh[154] and of the dramatic occurrence of her first menials. So, the antagonism between death and reproduction had lesser (or, anyway, different!) importance in the Zoroastrian perspective, because the complete annihilation of life, the *ajiiāiti-*, represents the constant demoniac aim. We can also wonder if some aspects of this divarication between India and Iran are partly pre-Zaraθuštrian, because the negative reinterpretation of the passage concerning Yima's refusal of the *daēnā-* resulted to be a later accommodation with respect to his damnation we find in the *Gāθā*s.

[154] PANAINO 2011b.

4. YIMA'S "CHOICE" AND "FAULT"

Now we can raise again the question whether in particular this original and mythological "choice" made by the Vedic Yama is one of the mythical events to be considered on the background of the Gāθic damnation of Yima (*Y.* 32, 8),[155] apparently due to his actually most significant sin or crime

---

155 *Y.* 32, 8: (a) *aēšąm aēnaŋhąm / vīuuaŋhušō srāuuī yimascīṯ* (b) *yə̄ maṣ̌iiəṇg cixšnušō / ahmākə̄ṇg gāuš bagā xᵛārəmnō* (c) *aēšąmciṯ ā ahmī / θβahmī mazdā vicīθōi aipī.* It can be useful to offer some translations in order to show the difficulties emerging from the interpretation of this extremely difficult passage: HUMBACH 1957: 367 ("Um einer dieser Frevel willen wurde vor allem Yima, der Sohn des Vivahvan zur Aussage gebracht, der die Menschen mit Glücksanteil erfreuen wollte – die Unseren er, der Stier –, indem er einen [Mein-] Eid ablegte, gerade um eines dieser Frevel willen – in dieser deiner [richterlichen] Entscheidung, o Mazda"); HUMBACH 1959, I: 97 ("Wegen eines solchen Frevels wurde sogar Yima, der Sohn des Vivahvan, zur Aussage gebracht, der sich der Menschen mit Glücksgabe hatte annehmen wollen, der Unseren, er, der Stier, indem er einen Eid ablegte, gerade wegen eines solchen Frevels – in dieser deiner richterlichen Entscheidung, o Kundiger"). LENTZ 1962: 132: ("(it is by one) of these transgressions (that) even Yima, the son of Vivahvan, became known, who tried to compel our [fellow-country]men to do obeisance by protesting himself to be god, the bull. Even with the [remainder] of these transgressions [it happens] to [us] according to thine decision, O Wise one"). INSLER 1975: 46-47 ("Even Yama, the son of Vivahvant, was tried for these sins, he who wanted to satisfy our men [by] swearing: 'The cow is goddess'. If I, too, am guilty of these sins, Wise One, lies in Thy judgment"), 204. HUMBACH 1974: 199: (only verse-line *b*: "der im Bestreben, die Menschen zufriedenzustellen [= ihnen gefällig zu sein], die Unseren, sich versündigte, indem er mit Gott rechnete"). GERSHEVITCH 1987: 492 ("From among these sinners none-less-than Yima was heard [pleading continuously], throughout Thy court-hearing, «O God, the desirer to satisfy our men [is] the [top-?] food-constituting ox(, no blames attaches to me). With these [here,] of-all-people, I have nothing in common (*lit.* from these-*čīṯ* I am apart.»"). KELLENS – PIRART 1988, I: 120 ("[Pour certaines] des ces torts est renommé Yima Vīuuaŋhuuša, qui voulant choyer nos [mauvais] hommes, ... Et pourtant, ô Mazdā, est-ce que je participe à ta capacité de discerner ces [torts]?"); 1990; 1991, III: 86-87; HUMBACH 1991, I: 133 ("Even Yima, the son of Vivahvan, became notorious for [one instance of) such crimes, the ox, who tried to satisfy the mortals, our [people], in swearing by God [and] with regard to any such [crimes] I submit to Thy decision, O Wise One."), II: 82. HUMBACH 2002: 76, offers a completely new interpretation ("Even [or: particularly] Yima, the son of Vivahvan became notorious for such crimes, [Yima], who tried to content men, our [people]|or: men [and] our [animals]|, [decreeing:] meat [should/may be] part of a [complete] meal".

(*aēnah-*).[156] Thus, is is possible that the choise for "death" found a certain resonance also in Iran, where it would be reversed and considered as due to the inspiration of the (false) gods (i.e., the *deva*s/*daēuua*s)? Their role, in facts, results, in the Zoroastrian framework, in any case negative for the human beings. This observation offers also the possibility to remark, as a working hypothesis, that an original pattern containing a positive choice made by Yama for the sake of the (former) fods and in order to obtain progeny would have been subjected to a completely negative evaluation in the Gāθic, and more generally, in the Zoroastrian framework. Unfortunately, this solution, as I already noted, is improvable, although the theme of the choice is well attested, as the one of the incest, which is the same notwithstanding the evidence of two opposed moral evaluations. In addition, the Gāθic passage concerning Yima's damnation is grammatically tantalizing, being its interpretation still very doubtful because of the presence of a number of *hapax legomena* and grammatical

---

See LOMMEL 1971: 61 ("Dieser Frevler einer ist, wie bekannt, auch Yima, der Sohn des Vivahvan, der unsere Leute erfreuen [ihnen gefallen] wollte, indem er Stücke von Rindfleisch aß. Bei deren [der Frevler] Bestrafung bin ich künftig, o Weiser, durch dich abgesondert."), 64. Cf. also the earlier interpretations by DARMESTETER 1892: 238-239 ("Ces pécheurs avaient pourtant entendu Yima, fils de Vivañhat, qui enseigna aux hommes de nous donner une part de la viande qu'ils mangent. Ceux d'entre eux qui sont ainsi à moi, ô Mazda, seront plus tard tes élus"). BARTHOLOMAE 1906: 29 ("Zu diesen Frevlern gehört, wie bekannt, auch Yima, der Sohn des Vivahvant, der, um die Menschen zufrieden zu stellen, den Unsrigen die Fleischstücke zu essen gab. Von ihnen werde ich, o Mazdāh, künftig von Dir geschieden werden"); ANDREAS – WACKERNAGEL 1913: 380-381 ("Als einer dieser Frevler wurde zumal bekannt Yomo der Sohn des Vivohvont, der den zu uns gehörigen Menschen zu gefallen suchte, indem er Stücke vom Rinde aß. Bei deren Bestrafung bin ich alsdann, o Weiser, unter deinen Auserwählten"); SMITH 1929: 84 ("[As guilty] of these sins the son of Vīvahvant was known, even Yima, who [was] desirous-of-satisfying men, causing our [people] to eat pieces of ox[-flesh]. Apart from such-as-these am I at thy dividing wisdom hereafter"); DUCHESNE-GULLEMIN 1948: 255 ("Parmi ces pécheurs se trouve notoirement Yama, fils de Vivahvant, Qui pour flatter notre peuple lui a fait manger des morceaux du bœuf. Dans ta décision, ô Sage, je serai à l'ecart de ceux-là"). For additional bibliography see SCHLERATH 1968, I: 46-47. Cf. also SKJÆRVØ 2008: 512).

156 I do not follow DARMESTETER (1892: 238), BARTHOLOMAE (1904: 21-22), ANDREAS – WACKERNAGEL 1913: 380-381, LOMMEL (1971: 61) and GERSHEVITCH (1987: 488), who take, here, *aēnah-* as "sinner", supposing the existence of two stems, one a neutral substantive, the latter an adjective, on the base of the Pahlavi tradition. See KELLENS – PIRART 1990: 197.

cruces that can be analyzed in various and contrasting ways.[157] The earlier interpretations assuming that this very passage was referred to an alimentary sin committed by Yima are possible only[158] if the standard (but until now peculiar)[159] reading *x*^{v}*ārəmnō* could be emended in $^+$*x*^{v}*arəmnō* ("eating" or "being eaten?"), which, however, is supported only by few manuscripts,[160] and still present problems.[161] The recent treatment of the passage by HUMBACH, who now explains *x*^{v}*ārəmnō* as the gen. sg. m. of a *-man*-stem (i.e. *x*^{v}*ārəman-*), derived from Proto-Ir. **x*^{v}*āra-* "meal",[162] opens supportive perspectives to the supposed reference to an alimentary crime. In its turn, the Pahlavi commentary to *Y.* 32, 8,[163] suggests that this passage

157 KELLENS – PIRART (1991: 84) remark that *gāuš* cannot be taken as gen. sg. of the name of the cow, but perhaps ("éventuellement") as nom. sg. of that for "bull"; furthermore, *gāuš* cannot be explained, as HUMBACH tried to do (1974: 199) as a sigmatic aorist, because the 3rd sg. inj./ind. involves an original **ē*-vocalism, which is incompatible with the presence of a velar stop at the beginning of that stem. Both scholars also assume that the form *x*^{v}*arəmnō* has nothing to do with the verb *x*^{v}*ar-* "to eat", particularly as present causative. They rightly remark that the interpretation of this stanza cannot be taken aside from that of *Y.* 32, 7. On this connection see also GERSHEVITCH 1987: 492. We remind that the other possible solution, assumed by HUMBACH, INSLER and others (see KELLENS 1984a: 113), explains *x*^{v}*ārəmnō* by means of the comparison with Germ. *Schwur*, OHG. *swuor* "oath" (cf. HUMBACH 1957: 367 on the base of a suggestion proposed by K. HOFFMANN; HUMBACH 1974: 198).

158 On the other hand, we may consider another solution kindly suggested by TREMBLAY. If the PIE present was **su̯ēlh*$_3$*-ti*/ *su̯élh*$_3$*-n̥ti* (≥ ἑλεῖν; as suggested by TREMBLAY), we can expect as possible outcomes Av. *x*^{v}*āra-* besides *x*^{v}*ara-*. For similar pairs, TREMBLAY mentions *van-* "to win" ~ *vāng-/văna-*; *θuuas-* "to run" (Parth. *nydf's*) ~ *θuuāsa-/θuuăsa-*. We must recall that GERSHEVITCH (1987: 491) noted that "Ossetic *xor*, Dig. *xwar* owes its meaning 'wheat, grain, bread', to a semantic transition of its Old Iranian ancestor from 'food' to 'food par excellence'. The form of that ancestor can only have been **x*^{v}*āra-*". But against this solution see the arguments raised by KELLENS – PIRART 1991: 87.

159 See the careful analysis proposed by KELLENS 1984a: 113. Cf. also GERSHEVITCH 1987: 491-492.

160 See GELDNER 1886: 117, n. 7: *x*^{v}*arəmnō* C1; *x*^{v}*arəmanō* S1.2 P11, J6.7 H1 K11 B1 L1.

161 See GERSHEVITCH 1987: 491.

162 HUMBACH (2002: 75), suggests three possible meanings for the stem *x*^{v}*ārəman-*: "complete meal", "company at meal" or "participant to a meal".

163 *Y.* 32, 8: *awēšān* [*dēwān*] *kēnīg* [*wināhgār*] *ān ī Wīwaghānān J̌am srūd kē-š ō mardōmān čāšīd kū amāgān gōšt pad bazišn xwarēd* [...]. "Among these [demons] the malicious [sinner] J̌am, son of Wīwaghān, was celebrated, he who taught humanity: «eat in portions the meat of the ours [...]»". See DHABHAR 1949: 150. Cf. SKJÆRVØ (2008: 512), who notes that: «Early scholars simply followed the Pahlavi interpretation: *kē-š ō mardōmān čāšīd kū amāgān gōšt pad bazišn xwarēd* "who taught people: eat the meat and

really mentioned an alimentary sin committed by Yima,[164] who would give meat to humans: the Pahlavi text literally says that J̌am (Yima) told men to "eat in portions the meat of the ours". Some modern commentators usually assume that this meat "of ours" or "of our race" (*amāgān*) should be that of the animals, i.e. of the members of the same animal kingdom, but, very precautiously, we could suspect that the passage could be also read literally. If this were true, Yima would have introduced a kind of human sacrifice, but this explanation is not directly confirmed by the Avestan original, which, as we said before, remains problematic, notwithstanding HUMBACH's recent solution ([...] *yə̄ maṣ̌iiə̄ṇg cixšnušō gāuš bagā xᵛārəmnō* [or ⁺*xᵛarəmnō*?]).[165] Anyway, if the sin of Yima should be connected with a primordial act of (ritual) violence (*aēnah-*), most probably a lie, that probably produced the act of killing (which in the Pahlavi literature was also repeated by Mašya and Mašyāne, when they decided to eat their first couple of babies), then we could imagine that its origin was connected to the end of the primeval condition of happiness the first humans were living in. Thus, also the decision to kill animals[166] (if not human beings) could be brought into relation with the mortal dimension of humanity; in addition, the first human couple, subsuming the pattern of the Vedic myth of Yama and Yamī, killed and ate their first two babies.

According to *Y.* 32, 8, Yima, as KELLENS[167] remarked in the framework of a systematic criticism of the trifunctional explanation of Yima's role and sins (in particular with regard to his threefold loss of the *xᵛarənah-*, which, in another work, I have connected to the three parallel enlargements of the

---

distribute(?) it to ours(?)!" In the *Warštmānsr nask* commentary on this strophe in the *Dēnkard*, Av. *cixšnušō* is understood (correctly) as being related to the verb "satisfy (with gifts), make favorable" and the passage as being about how J̌am satisfied people by giving them meat to eat (*Dk.* 9.32.12; cf. Pahl. *Y.* 9.1). The Pahlavi rendering is based on several pseudo-etymological interpretations: *gāuš* = *gōšt* "meat," *bagā* = *bazišn* "sharing," and *xᵛārəmnō* = *xwarēd* "eat!"».

164 See CHRISTENSEN 1934: 11, 42-43. Cf. HUMBACH 1974: 197-198. A detailed and insightful discussion of the problem has been also offered by SKJÆRVØ (2008: 512). Very fittingly SKJÆRVØ (2008: 503) focuses on the fact that according to the Pahlavi translation of *Y.* 9, 1, humans became immortal by eating the meat offered by J̌am, which is a peculiar statement, when we consider that the eating of meat is put in connection with the first sin made by Mašya and Mašyāne.

165 See KELLENS 1984b: 277.

166 Cf. WAYMAN 1959: 50.

167 See KELLENS 1984b: 268, n. 4.

earth,[168] and that could be also related to the three levels of the *vara-*) was attributed a plurality of mistakes and manifestations of violence: *aēšąm aēnaŋhąm vīuuaŋhušō srāuuī yimascit̰* "for (lit. of) these *aēnah-* Yima, Vīuuaŋᵛhaṇt's son, was known". In addition, KELLENS noted that, in *Yt.* 19, 33-34, the mistake attributed to Yima was actually a lie (*draoγa-*),[169] to

168 PANAINO 1997b: 70; cf. also KELLENS 1997-1998: 746; 1999–2000: 731. SKJÆRVØ (2008: 507) excludes my suggestion stating that it "has no basis in the texts and explains nothing" and quotes both references by KELLENS as the first negative, the second "less negative". I do not know why my colleague desires to change facts, because both quotations are, in my opinion, supportive, with the only caution that in the Iranian framework the correspondence between triadic patterns is not very pertinent. But the basis of my argument is not simply in the observation of the clear respect of the triadic pattern. Contrariwise, in this case, we find a direct correspondence between the progressive formation of the three following parts of the earth made by Yima, and the power on it (*xᵛarənah-*), which, analogically abandons him in three steps (or in three portions, as assumed by BARTHOLOMAE 1904: 964). The myth of Yima, in fact, proposes three progressive and proportional amplifications of the earth, the first of 1/3, the second of 2/3, and the third of 3/3 than before (i.e. the original dimension of the earth = 1 = 3/3, so that the earth itself now became 9/3 larger than it was at the beginning of the world = 3/3 or 1). Practically, it is not true that the earth became "twice its original size", as SKJÆRVØ (2008: 503) assumes (without any reference to PANAINO 1997, where the problem was analyzed in details). The pattern adopted for the loss of the *xᵛarənah-* means that Yima has also lost all the power he was originally given by Ahura Mazdā with the right to perform the threefold amplification of the earth. It is not a compelling argument to write that my proposal is not in the sources, because most of our efforts of reconstruction are based on an interpretation of the data and not in a simple repetition of their content. For this reason, I still underline the fact that this analogy is pertinent, and that it finds additional correspondences also in the structure of the *Baršnūm-Gāh* and, for instance, in the way in which the *vara-* itself was proportionally divided with 3, 6 and 9 holes or *maγa*s (PANAINO forthcoming). Furthermore, a very good argument in support of my proposal is given by SKJÆRVØ himself (2008: 503), when he writes that: "Although it is not said explicitly, it may have been Yima's *xᵛarənah* that enabled him to maintain the world in this state [...]". This logically implies that the "fortune" should be also connected with the actual power of enlarging and controlling the earth, so that, when Yima sinned, the power abandoned him symbolically three times or in three portions, in order to show that the whole earth enlarged by him was no more his realm. Maybe this is only a speculation, but the statement that it explains nothing is a matter of discussion.

169 GERSHEVITCH (1987: 496-499) offered an interpretation of *Yt.* 19, 33 worth to be quoted *in extenso*, assuming that, there, *anādruxti-* should be analyzed as **ana-a-druxti-* "abrogation-of-the-exclusion-of-lying", so translating the passage: "(Everything was Golden-Age-like in Yima's reign) previous to the abrogation-of-the-exclusion-of-lying, previous to the time when he restored (= *paiti.barata*) it, (namely) the lie, the untrue

which a later explanatory gloss (*vācim aŋhaiθim* "a false word") was added; but he also assumed that an Avestan quotation contained in the *Pahlavi Widēwdād* (2, 6):

> «confirme qu'il s'agit d'un péché de parole et enseigne qu'il eut pour conséquence, outre la déchéance de Yima, la suspension de l'immortalité: *mošu paiti.akərənaot̰ aošaŋ^{v}hat̰ huua hizuua* "bientôt, il refit cela périssable par sa propre langue"».[170]

This attractive conclusion allows us to suspect that the plural of *aēnah-* in *Y.* 32, 7-8,[171] could include a number of sins of mental, of verbal and, of course, of ritual and practical nature, finally introducing death into the creation. Thus, from a Gāθic point of view (which in any case was not that of the *Widēwdād* anymore), if the myth of the choice made by Yama was known, its occurrence could be one of the mythical reasons behind the series

---

word, to *činman-*", where *činman-* is explained as *čin(t)-man-* "ability to invent". Thus, according to GERSHEVITCH, "The tale of *Yašt* 19, 33, would emerge as follows from the translation so amended: There *was* lying before Yima's reign began, but this achievement on taking over had been to remove it from availability. Centuries passed, in golden lie-less Age, until it occurred to Yima to abrogate the exclusion, and hand back (= *paiti*) the lied to *činman-*". If this interpretation is correct, in any case this version of the cycle cannot be of Proto-Iranian origin, because it clearly implies Aŋra Mainiiu's invasion of the earth, and then it already considers Yima as one of the heroic protagonists of the world history inside the "mixture".

170 See again KELLENS 1984b: 268, n. 4.

171 I try to offer a working translation of both stanzas, although they present a high number of problems: "I affirm (desiring to go) at the completion (of my path), that I do not know at all which ones of these sins (*aēnah-*) are defined as to be won (*jōiiā*), (sins) on account of which, by means of the brighting metal, he (Yima) was known (guilty) and among which (sins), you, o Ahura Mazdā, are the best who found the one who was left/abandoned (i.e. Yima, because guilty)". "For (lit. of) these sins (*aēnah-*) even Yima Vīuuaŋhuša, was known (guilty), who (was one who) desired to satisfy our men, (like) a bull part of the meal, and am I here also of these (sins), o Mazdā, in Your judgment?". Notwithstanding the metrical problems raised by KELLENS – PIRART (1990: 86), about *jōiiā*, I still maintain the earlier solution independently suggested by G. KLINGENSCHMITT and J. SCHINDLER to J. KELLENS (1974: 240), considering *jōiiā* as non.-acc. pl. nt. of a gerundive (*jōiia-* < **jāi-i̯a-*) of the verbal root *jī-* "to win". NYBERG (1938: 448) connected *jōiiā* with *jaiia-* (Y. 50, 7) "Gewinn, Sieg", while HUMBACH (1957: 365, n. 3) with Ved. *jyā́-* "Gewalt". SKJÆRVØ himself (2008: 512) suggests a comparison between the "shining metal" and the sky, which actually was made of the same substance (*Yt.* 13, 2, etc.). He suggests that "There is no evidence that the term refers to the ordeal by fire, as assumed from Bartholomae to Insler and Humbach. Kellens and Pirart, however, suggested the etymology **hu-waina-* "good to look at," which would fit, for instance, mirrors made of shiny bronze".

of *aēnah*-s attributed to Yima. The problem is now to verify if such an interpretation could fit in the framework of the complex background of the Indo-Iranian mythology of the Primordial man and king (a fact that has been correctly questioned by Kellens[172] with respect to the Iranian situation) and, to some extent, in that of the Indo-European myth of the Primordial man and of the first human couple.

---

172 KELLENS 1984b, *passim*.

5. INDO-EUROPEAN BACKGROUND

We have to reconsider the Indo-European and Indo-Iranian backgrounds of this myth, after the reassessment proposed by B. LINCOLN,[173] who analyzes (as already did GÜNTERT)[174] also the Ymir's cycle in Scandinavia (*Ymir* < Proto-Germanic **yumiyáz* < Indo-European **(H)i̯m̥-i̯ó-s* "twin")[175] and that of Remus in Rome. The myth of the first man is, strictly connected with the idea of a primordial sacrifice of a man and/or a bull (or an ox).[176] Very fittingly DANDEKAR[177] had earlier suggested that the death freely chosen by Yama in *R̥V.* 10, 14, 4 should be equated with the sacrifice of the Puruṣa (*R̥V.* 10, 90); he also made reference to *R̥V.* 10, 81, 5ff, "where the creator Viśvakarman is asked to offer himself in the primeval sacrifice".[178] Actually, we have to consider that also Manu,[179] the (first)[180] Vedic sacrificer (*R̥V.* 10, 63, 10) shows a number of relations with Yama, who is his (half-)brother,

---

173 See LINCOLN 1975; 1977; 1980; 1986a: 1-40, *passim*; 1991: 32-48; 1997: 684-685. Cf. also MALANDRA 1983: 175. Some of the comparisons proposed by LINCOLN were, at least in part, focused on, much earlier, by EHNI (1890: 196-214, *passim*; 1896; see HOPKINS 1894: 162-163). We must also take into consideration the monograph written by LUGINBÜHL 1992, which offers important facts and interpretations. Cf. also EBENBAUER 1974.

174 1923: 365-367; see in particular the conclusive paragraphs (1923: 392-394).

175 PUHVEL 1975: 153; BURKERT 1962: 365-368 (with reference also to BRELICH 19: 24-25); LINCOLN 1986a: 42-46; 1986b. Cf. MAYRHOFER 1996: 400, 401. See also KELLENS (2002: 39-40). Interesting remarks about the root **(H)i̯em/(H)i̯m̥*, and the Lat. stem *imago* "identical copy", but also "phantasm", have been suggested by DEVOTO (1967: 26-27), with particular reference for its secondary semantic relations with *gemma* and, through the latter, with *geminus*. In this framework; cf. also MEILLET 1931, and PUHVEL 1975. But cf. also SKJÆRVØ (2008: 514), who does not accept the comparison with Ymir.

176 LINCOLN 1975: 144. Cf. VON WESENDONK 1924: 178-179.

177 See DANDEKAR 1945: 202; cf. LINCOLN 1975: 132-133, who is very supportive particularly "in the light of the comparison to Ymir and Yima".

178 DANDEKAR 1945: 202, n. 12. Cf. also FRENKIAN 1943.

179 The Indo-European background of this figure was clear also to CHRISTENSEN 1916: 63. He actually compared Manu with the Germanic *Urmensch* Mannus, the son of the god Tuisco (see Tacitus, *Germania*, 2). See also LINCOLN 1975.

180 But also Yama presents himself as a primordial sacrificer, as DANDEKAR (1945: 204) remarked, in particular when "he is the first to stretch the web of the sacrifice (VII, 33. 9-10), which was further extended by the Vāsiṣṭhas. He was also the first to serve as the sacrificial offering".

both being sons of Vivasvant (*R̥V.* 9, 11, 8; 10, 58, 1; 8, 52, 1),[181] but — a fact less considered — of different mothers.[182] Thus, if we assume, like LINCOLN,[183] that "in Iran, the figure of *Manu is well hidden, but discernible nonetheless"[184] and if, as the same scholar suggests,[185] Spitiiura, Yima's brother[186] who dismembered him (*Yt.* 13, 46), "is but a reflex of Manu",[187] the situation becomes more clear, because it shows how an original myth was readapted in an "heroic" story. Practically, we can find here the pattern of the two brothers, one as ancestor of the priestly line[188] (Manuščihr, from whose genealogy Zaraθuštra himself derives [*Ir.Bd.* 35, 52-53], although he was partly rejected and demonized because of the role played by Spitiiura), and the other one, who was originally the first "lord"[189] of the mortals (Yima/Yama). In his turn, also the giant Ymir was killed, according to *Gylfaginning* 7–8,[190] by Borr's sons (one of them was Óðinn),[191] and the world was made with the dismembered parts of his body as in the case of the Puruṣa. Other sources belonging to the so-called *Poetic Edda* give additional

---

181 LINCOLN 1975: 134-135. Cf. ZELLER 1990: 30-35.

182 Cf. already GÜNTERT 1923: 363-365.

183 LINCOLN 1975: 135.

184 As CHRISTENSEN noted (1916: 66), Manuščihr (< Av. *manuš.ciθra-*) is a reflex of Manu himself. This article by CHRISTENSEN is very important with regard to the later Iranian sources about the legend of Manu; cf. also LINCOLN 1975: 136. See also VON WESENDONK 1924: 155-156, in particular, for what concerns the existence of a sister of Manu, named Manušag. See already GEIGER 1916: 54-55. Manušag is actually mentioned in the *Selections* of Zādspram, ch. 9, 1 (GIGNOUX – TAFAZZOLI 1993: 64-65), where she is the woman of the demon Ēšm (Av. Aēšma) and the mother of Koxred. We can wonder if this direct association with Ēšm is a reflex of the demonization of Manu. SKJÆRVØ (2008: 516) considers the potential connection between Manu- and Manuščihr, proposed by CHRISTENSEN, "slim".

185 LINCOLN 1975: 135.

186 According to the *Ind.Bd.* 31, 3, and the *Ir.Bd.* 35, 1, Spītūr is one of the brothers of J̌am (CHRISTENSEN 1934: 79; cf. PAKZAD 2005: 389). These were Tahmōraf, Spītūr, and Narseh.

187 On the contrary, CHRISTENSEN (1934: 52) suggested that Spitiiura should have been inserted into the genealogy of Yima only later. Cf. LINCOLN 1986b: 471.

188 See GÜNTERT 1923: 371.

189 SKJÆRVØ (2008: 504, 510) offers a large *conspectus* of the pertinent sources regarding Yam in the Manichean framework, with particular attention for his role as *Rex Honoris*.

190 See FAULKES 2005: 11-12.

191 Cf. YOUNG 1954: 34-35; LINCOLN 1975: 128-129.

information about his cycle.[192] The death of Remus (whose name can be explained as a derivation from PIE. **i̯emo-*, with *y* → *r* under the influence of *Ruma*, *Rōma* and *Rōmulus*),[193] can be "seen as the sacrifice which establishes that creation",[194] i.e., thc founding of a city as an act of creation in a cosmological sense.[195] With regard to LINCOLN's description of the facts, I must remark, so following HILLEBRANDT,[196] GÜNTERT[197] and OBERLIES,[198] that Yama was a mortal god (and it is in this sense that his death has to be understood together with the fact that in *AV.* 18, 3, 13, he is presented as the first one who died among the mortals, because "mortal" not necessarily means "human"), and that, notwithstanding a long series of *loci*

---

192 These are: *Seeress's Prophecy* (or *Vǫluspá*) 3, 1: "Young were the years when Ymir made his settlements, [...]" (*Ár var alda, þat er Ymir bygði*). *Vafþrúðnismál* (or *The prophecy of the prophetess*) 21: "From Ymir's flesh the earth was shaped, / and the mountains from his bones; / the sky from the skull of the frost-cold giant, / and the sea from his blood" (*Ór Ymis holdi var iorð um scǫpuð, / enn ór beinom biorg, / himinn ór hausi ins hrímkalda iotuns, / enn ór sveita siór*); 28, 3-4: "[Tell me ...] who was the eldest of the Æsir or of Ymir's descendants / in bygone days" (*[Segðu ...] hverr ása elztr eða Ymis niðia / yrði í árdaga*). *Grimnir's Sayings* (or *Grímnismál*) 40-43: (40) "From Ymir's flesh the earth was made, / and from his blood, the sea / mountains from his bones, trees from his hair, / and from his skull, the sky" (*Ór Ymis holdi var iorð um scǫpuð, / enn ór sveita sær, / biorg ór beinom, baðmr ór hári, /enn ór hausi himinn*). (41) "And from his eyelashes the cheerful gods/ made earth in the middle for men; / and from his brain were the hard-tempered clouds/ all made" (*Enn ór hans brám gerðo blíð regin / miðgarð manna sonom*; / *enn ór hans heila vóro þau in harðmóðgo / scý ǫll um scǫpuð*). (42) "May he have Ull's protection, and that of all the gods, / whoever first quenches the flames; / for the worlds lie open for the sons of the gods / when they lift off the kettles." (*Ullar hylli hefr oc allra goða, / hverr er tecr fyrstr á funa*; / *þvíat opnir heimar verða um ása sonom, / þá er hefia af hvera*). *The Song of Hyndla* (or *Hyndluljóð*) 33, 4: "all the giants come from Ymir" (*iotnar allir frá Ymi komnir*). For the translation of these passages I have quoted LARRINGTON 2008: 4; 43; 44; 57-58; 257). For the original sources I have followed the text prepared by D. STIFTER and S. H. PÁLSSON (Vienna 1994), corrected by F. DUCCI (in 2001) and edited by J. GIPPERT, within the electronic project *Thesaurus Indogermanischer Texte und Sprachmaterialien* (TITUS; www.titus.uni-frankfurt.de). It follows the 5th edition of the *Edda*, with the text established by G. NECKEL (1936) and revised by H. KUHN (1983).

193 See PUHVEL 1975: 156-157; cf. LINCOLN 1975: 138-139.

194 LINCOLN 1975: 138: 1986a: 41-64.

195 The seminal idea that Remus was the "Bauopfer", a kind of human sacrifice, was suggested already by KRETSCHMER 1909; cf. PUHVEL 1975: 149.

196 1891: 491-493; 1929: 356-360; 1980, II: 222-233.

197 1923: 388-389.

198 1998: 386-387. See also MALAMOUD 2002: 24 and *passim*.

communes, in the Indo-European framework many gods can die (Baldur,[199] Κάστωρ, the R̥bhus) as well as they do outside[200] of it (e.g. Adonis).[201] Thus, Yama, as divine and immortal being,[202] decided to die (10, 13, 4). Manu, human and mortal, was his half-brother,[203] because he descended from the same father, while his mother was not Saraṇyū, but, as we will see, her double, Savarṇā[204] or Sāvarṇī.[205]

A particular problem concerns Yamī, whose origin might be later, according to some scholars.[206] After HILLEBRANDT,[207] this particular set of myths had nothing to do with the son of Vivasvant. But the comparison with the Iranian myth of the primordial incest of the twins Mašya and Mašyāne, attested in the *Bundahišn*, as well as the scattered references to another couple[208] formed by J̌am and J̌amag (*Ind.Bd.* 23, 1;[209] *Ind.Bd.* 31, 4-5 =

---

[199] Cf. EBENBAUER 1974: 242-249.

[200] SCHNEIDER (1967-68: 16-18) interestingly wonders if the dialog between Yama and Yamī concerns an attempt of posthumous incest, because Yama, passing the sea (*R̥V.* 10, 10, 1; cf. *R̥V.* 10, 14, 1) would have been already dead. Furthermore (pp. 19-24), he tries to connect the motif of the incest in the Indo-Iranian context with an Egyptian influence, a solution that is not convincing, because the cycle of Yama and Yima has a profound background in Vedic and Avestan mythologies, and an earlier Mesopotamian mediation having such a radical impact on both traditions is, in my opinion, very problematic.

[201] About the Mesopotamian perspective, see CASSIN 1982.

[202] The opposite solution, i.e. the one stating that Yama was the first man, then mortal, was supported by ROTH and SCHERMAN.

[203] OBERLIES 1998: 387-390.

[204] MALAMOUD 2002: 17.

[205] See JACKSON 2006: 73, 114-115, with reference to *R̥V.* 10, 62, 11.

[206] OBERLIES 1998: 338. Also PISANI (1928 = 1969: 340) suggested that not only Yamī was a later creation (with reference also to LEUMANN 1893: 301), but that also the figure of Yama derived from the image of the Aśvins, called *yamáu* "the twins", a radical opinion that appears very difficult to be accepted in the Indo-Iranian framework. On Ved. *Yamī́-*, see REMMER 2006: 65.

[207] See, e.g., HILLEBRANDT 1891: 495, n. 3; 1927: 139; 1980, II: 224-230.

[208] For this comparison see also SKJÆRVØ 2008: 509-510, 511-512.

[209] In this paragraph the origin of monkeys, bears and other dangerous animals is attributed to the sexual union of J̌am with a demoness and of J̌amag with a demon (WEST 1880: 87; CHRISTENSEN 1934: 21); the same legend is the object of a longer presentation attested in the *Pahlavi Rewāyat to the Dādēstān ī Dēnīg*, ch. 8e; (see WILLIAMS 1990, I: 54-55; II: 13-14; cf. also CHRISTENSEN 1934: 28-29); this source strongly emphasizes the importance of the consanguineous marriage. As I have written in another work (PANAINO, forthcoming), it is to be noted that the intercourse of J̌am with the witch generates "a bear, a monkey, a *gandarw*, and a *gōšwar*," while that between J̌amag and the *dēw* generates "a turtle, a cat, a cheetah, a frog and a leech". Later, J̌am and the *dēw* were drunk; then, J̌am

Ir.Bd. 35, 4;[210] see also the *J̌amasp-nāmag*)[211] make, in my opinion,[212] such a solution very improbable, although in the Avestan literature we do not find any direct mention of a twin sister of Yima.[213] This difference is in any case

switched places and clothes with the witch and slept with his sister J̌amag. This *xwēdōdah* killed a lot of demons, and repelled the *dēw* and the witch to hell. Here, another primordial couple, different from that of Mašyā and Mašyāne, is involved. The idea behind the text is that between a demoniac being and a human being only monsters or *xrafstar*s can be generated, but no other human person; in other words, beings which are not really *gētīg* in proper sense. It is interesting to remark that this *Rewāyat* implicitly criticizes the heterogamous marriage, and justifies the merits of an unconscious incest. Cf. also VON WESENDONK 1924: 156-157.

210 In this paragraph it is stated that J̌am and J̌amag are twins, and that they generated another couple of twins, one male and one female. Then, it is also said (in the following paragraph) that J̌am was cut (in two pieces) [*kirrēnīdan*] by Spitūr (cf. WEST 1880; 131; CHRISTENSEN 1934: 22; PAKZAD 2005: 390). This passage reminds that of *Vd.* 2, 41, where the generation of twins in the *vara-* is mentioned. Cf. GÜNTERT 1923: 376-377.

211 In this source, J̌am and J̌amag behave as the first human couple, which lives for 717 years in normal conditions, and then takes a special refuge in the ocean; here, because of a sin committed by J̌am, the glory was lost and the demons with Spitūr killed him with a "saw with one hundred teeth" (CHRISTENSEN 1934; 29-30). See KELLENS 2007a: 27, and SKJÆRVØ 2008: 508-509).

212 But see already GELDNER 1951, III: 133 against HILLEBRANDT. Cf., for instance, also VON SCHROEDER 1908: 278-280.

213 According to later traditions Šahrnāz and Arnvāz were sisters of J̌amšid. Dahāg captured them, who were liberated by Ferēdun. Both women are known from Avestan sources (*Yt.* 5, 34; 9, 14; 15, 24; 17,34; see HOFFMANN 1954: 43-49 = 1976b: 373-377), one with the name of *Saŋhauuācī-* "she who speaks solemn announcements" and the latter with that of *Arənauuācī-* "she who speaks faults" (MAYRHOFER 1977a: nos. 24, 275;see now REMMER 2006: 214-225, *passim*). Θraētaona liberated them from Aži Dahāka (see SKJÆRVØ 2008: 507-508). We may wonder if these women were twins (just a guess presumable from the similarity of their names, which seem to show one original personality split in two opposites), and in particular if they were considered already in the original form of the myth as sisters of Yima. In that case, it would be legitimate to rise an additional question, i.e., if they corresponded to a duplication (or a splitting) of *Ya/imī. Otherwise, they could be just two twins and/or sisters of Yima, but born after him and his twin-sister *Ya/imī. On the other hand, we cannot exclude that their relation with the cycle of J̌amšid could be only a later phenomenon, based on the unification of similar cycles concerning twins and doubles. A different interpretation of the mythical origin of these two ladies has been proposed by REMMER (2006: 218-225). In fact, she has tried to establish a direct link between them and the R̥gvedic *Vala*-cycle, assuming that *Arənauuācī-* would have been in origin a feminine formation derived from a Proto-Iranian (and then, Avestan) form like **Arnau̯āc-* (epithet of Dahāka), in its turn corresponding to *Arnavá-*, "Fluten habend", name of a Vedic demon and surname of the same Vr̥tra-. This way, *Arənauuācī-* (< Ir. **Arnau̯ācī-*) represents an earlier denomination of Uṣáh (Indo-Ir. **Ušas-*). Only in the

remarkable, but explicable with the fact that Yima is no more an immortal god who accepted death and no more the first human to die too. Then, the place corresponding to the Vedic pair Yama/Yamī was transferred to Mašya/Mašyāne (then, from "*geminus*/*gemina*" to "he-mortal/she-mortal"). We can also wonder if the never-mentioned Avestan *Ya/imī was not hidden behind the image of Yima's (refused) *daēnā-*, and if the triplication of the earth was a kind of magical action performed by the male twin under the strict condition of a refusal of the spiritual hierogamy (incest) with the *daēnā-* (a choice that did not prevent its performance in the earthly dimension). The last question will be discussed later on in chapter 10.

It is also important to recall that another aspect of Yama's earliest cycle was identified by HERTEL[214] in the framework of a myth contained in *Mahābhārata* III, 142, 35 ff.[215] In the Golden Age (*kr̥tayuge*), the primordial god (*ādideva-*), assumed the function of Yima (*yamatva-*). In that period danger and death were absent (as in Yima's kingdom) because of the paradisiacal state of perfection, and humans and beasts did not die, so that they became too many and the Earth became overburdened, and sank down for a hundred *yojana*s. Then, the Earth asked the help of Nārāyaṇa (= Viṣṇu), who, in form of a boar, grasped and raised her up on one of his tusks, making her lighter. But although some points underlined by HERTEL can be compared with the myth attested in the *Widēwdād*, its evolution is completely different (in the conclusion of the Indian version people do not actually die),[216] and as LOMMEL[217] thought, it is difficult to reconstruct a common myth on the base

Zoroastrian framework, the semantical value of this name would have been re-adapted, and re-interpreted in a religious way (from **Arnau̯ā-* "Fluten habend" > **Arna-u̯āc-* "Schuld Sprechend"). In any case, Remmer assumes that the formation of the two sisters could be due to a *Persönlichkeitsspaltung* (REMMER 2006: 218). The hypothesis is suggestive, although too many passages are missing, and the idea of a moralistic Zoroastrianization of the female name uncertain. In addition, the problem of the potential links with the cycle of Yima is not taken into consideration. In any case, also this attempt concurs to show that, although the Avestan data about these two sisters is very poor, their origin has a very complex background.

214 1924: 26-34.

215 Cf. DONIGER 1976: 222-223, and CHRISTENSEN 1934, II: 6-8.

216 As NARAYAN 1898 (= 1987): 196-197 fittingly remarked. SKJÆRVØ (2008: 512) focusses on the fact that in the Greek poem *Cypria*, belonging to the Epic Cycle, Zeus would have devised the Trojan war in order to make the earth lighter after the death of many heroes and warriors.

217 LOMMEL 1927: 197-198.

of these two stories. On the contrary, LOMMEL[218] took into serious consideration the Iranian origin of a (strongly christianized) Bulgarian myth, referred to the creation of the earth from the water by god and Satan. Such a story belonging to the Bulgarian Bogomil folklore was already studied by DÄNHARDT,[219] who very fittingly postulated a direct link with the Iranian tradition. Furthermore, DÄNHARDT suggested also remarkable points of comparison with another legend concerning the origin of the earth and the world[220] taken from oral material coming from the South Siberian Altai,[221] which actually presents scattered parallels with the cycle of Yima[222] in the Avestan *Widēwdād*. Both stories reveal strong dualist trends, and directly involve the problem of the origin of death and the role of the earliest humanity or that of the first human being. A most recent and pertinent discussion of this material has been offered by STOYANOV.[223] His study allows me to avoid a complete analysis of such a complex literature, which, at the moment, is not essential for the main problems discussed in the present research, because these external cycles, although they can present Iranian "resonances", do not change the essential framework of the Indo-Iranian myth of Yama/Yima.

Certainly more fitting is the comparison with another story contained in the *Mahābhārata* II, 8,[224] where the house for Yama's meeting, built by Viśvakarman, patently looks like Yima's golden age and its perpetuation into the *vara-*. In fact, not only it was very large (one hundred *joyana*s wide and long), and had the brightness of the sun (in the *vara-* actually there were lights), but also the condition of life it offered result very similar to those attested during the kingdom of Yima ("there was no cold, no heat, no old age, no death, no envy created by the Daēuuas. Father and son each went forth fifteen (years) in shape [...]").[225] It was "neither too cold nor hot inside; neither grief, old age, hunger, thirst, nor unpleasantness is found there, nor

---

218 1927: 197.

219 1907: 2-3, 5-6, 7-13; STRAUSZ 1898: 2. Cf. also the later edition of the original material by IVANOV 1925: 329-337. An Italian translation of these stories has been offered by DETKOVA 2008: 105-116.

220 1907: 3-5, 6-13.

221 RADLOFF 1866: 175-176. Cf. STOYANOV 2001: 31, and n. 54.

222 See again DÄNHARDT 1907: 5-6, 7-13. CHADWICK – ZHIRMUNSKY (1969: 1969 = 2010: 178-179) insist on the Buddhist characters of this saga. See also PEISKER 1911: 344-345.

223 2001: *passim*.

224 Christensen 1934, II: 8-9. Cf. again SKJÆRVØ (*ibidem*).

225 See again CHRISTENSEN 1934: 9, 42, 45.

misery, fatigue, or obstruction [...]. All desires are satisfied there, human and divine, food and drink is plentiful and tasty. There are garlands of auspicious fragrance, the trees are always in bloom and fruit. There is both hot and cold water, tasty water". Royal seers, pure Brahmins, and heroes live in.[226] It is clear that the image of the house of Yama/Yima and that of a paradisiacal dimension leaded by them is an archaic common tradition.

---

[226] See the translation by VAN BUITENEN 1975, II: 47-48.

6. THE PARTICULAR POSITION OF YIMA IN THE MAZDEAN LITERATURE

In the Younger *Avesta*, Yima's position is doubtless peculiar. He is one of the first sacrificers (*Y.* 9, 4 to Haoma; *Yt.* 5, 25 to Anāhitā; *Yt.* 9, 8-11 to Druuāspā; *Yt.* 15, 15-17 to Vayu; *Yt.* 17, 28-31 to Aṣ̌i Vaŋᵛhī). During his age, according to a formula that is frequently repeated in *Avesta*, "there was no cold, no heat, no old age, no death, no envy created by the Daēuuas. Father and son each went forth fifteen (years) in shape [...]".[227] This means that in such a period reproduction was not interdicted, and that humanity lived in marvellous conditions. We shall note, after KELLENS,[228] that differently from the Vedic situation, Yima is no more the first human being, because he belongs to the third primordial generation (in *Yt.* 5, after Haošiiaŋha Paradāta, Taxmaurupi Azinauuaṇt[229] [and his father Vīuuaŋᵛhaṇt, who, in his turn, is considered to have been the "first «(mortal) man»" according to *Y.* 9, 3-4 (*paoiriiō maṣ̌iiō*)],[230] but in any case his *aēnah*-s are implicitly responsible for a series of general consequences of catastrophic character (while this is not the case of Ved. Yama), although the motif of his heavy responsibility is a later adaptation of his cycle to the Zoroastrian framework. As we have seen, following SÖDERBLOM, the suspect that the story of the *vara-* belongs to an earlier myth concerning the end of the world and its repopulation results to be substantiated by various arguments. On the other hand, Yima was born as a reward for the merits obtained by his father who at first pressed *haoma-*. Also in this case, a human being (or a mortal [**mart(i)i̯a-*] divinity?) apparently corresponds to a Vedic peculiar god (if he was a god), Vivasvant, in his turn founder of sacrifice (I, 139, 1; 1, 53, 1).[231] According to *Widēwdād*, 2, Yima refused to accept the *daēnā-* (*Vd.* 2, 3-5),

---

227 But it is partly paralleled in the *Mahābhārata*; cf. CHRISTENSEN 1934: 9, 42, 45.

228 KELLENS 1984b: 272-273. But cf. also SKJÆRVØ (2008: 513-514).

229 KELLENS 1984b: 278-279. Cf. VON WESENDONK 1924: 164-173. See also SKJÆRVØ 2008: 502-503.

230 BLOOMFIELD 1893: 176; but BLOOMFIELD is wrong when he states that according to *Y.* 9, 6-7, "the second mortal" (*bitiiō maṣ̌iiō*) was Yima; on the contrary, this man was Āθβiia, the father of Θraētaona (Ferīdūn).

231 See JACKSON 2006: 78.

but assumed the duty to multiply and protect the living world (*Vd.* 2, 4-8), enlarging it three times (*Vd.* 2, 9-19).[232] Then, Yima was informed by Ahura Mazdā that a number of tremendous diseases and dangers were coming upon the world, and that only one part of the living beings[233] might escape from

[232] See PANAINO 1997a.

[233] According to *Vd.* 2, 23, "one third" (?) of the animals will disappear (or will survive) after the arrival of the winters, while *Vd.* 2, 30 states that the seed of 1900 men and of 1900 women will be saved (1000 men and 1000 women to be located in the lowest stratum of the *vara-*, 600 + 600 in the middle one, while only 300 + 300 in the lowest one). From other passages like *Vd.* 2, 29, notwithstanding the paradisiacal dimension that should characterize Yima's age, we must deduce that some humans were not free from physical defects, and it is clear as well (*Vd.* 2, 27, 35, 37) that Yima had to save only the best ones among them. It is unclear how it was possible that these defects were present in that age. Perhaps, this contradiction can be resolved by assuming that with the announce of the arrival of the winters also human perfection started to decline. I must be carefully noted that a "true" interpretation of *Vd.* 2, 23, is much needed. Some scholars assume that the passage means that only "one third of the livestock will survive, or will come off (unhurt)" (MALANDRA 1983: 180; cf. also WOLFF 1910: 322: "Und [nur] ein Drittel des Getiers, o Yima, wird alsdann [mit dem Leben] davonkommen [von allen]"). Contrariwise, others, like KELLENS (1984: 263) give the opposite interpretation: "le tiers du bétail périra ici-bas". In his turn, LOMMEL (1927: 205) proposed a very ambiguous translation: "(Zu einem Drittel?) soll dort, o Yama, das Vieh zu Grund gehen (?; oder: weggehen?), [...]". Another pertinent problem concerns the analysis of *θrižaṯ*, which, as we will see below, could not necessarely mean "one third", but, for instance, "three parts". Thus, in that case, the meaning of the passage would be "three parts, here, of the livestock will go (i.e. they will escape [unhurt] or [second possibility] they will die)", depending on the semantic explanation of the verb *gam-* with *apa*°. It is worth noting that, according to this solution, the paragraph would, perhaps, symbolically imply that the livestock will "escape" (?) or "die" (?) from/in the three different areas of the world originally enlarged by Yima. Presently, I do not see any compelling morphological argument for interpreting *θrižaṯ* as a fraction. In my opinion, it simply could mean "three times". If we take into consideration the Pahlavi translation, we can observe that the text patently gives a completely different interpretation: *az sĕ-gyāgān ō ēdar J̌am gōspand bĕ-rasēd* [...] "and from three places here will the animals come, o J̌am; cf. Jamasp 1907, I: 37; ANKLESARIA 1949: 27. HAUG (1862 = 1878: 233) translated the Pahlavi version as: "From three places, O Yima!, the cows should go away [...]." BARTHOLOMAE (1904: 812) assumed the existence of a stem *θrižaṇt-*, n. "Drittel", a derivative from *θriš*, based only on the present occurrence of *θrižaṯ*, and connected with *θrižuuaṯ*, "dreimal". But the logical derivation of a fraction from a multiplicative adverb remains for me a mystery. In fact, as I have already remarked (PANAINO 1997: 98-100), "the multiplicative adverbs involve a completely different idea from that of the fractions, and a semantic shift from "dreimalig, dreimal vorhanden" to "das Drittel" is not at all simple; or rather, they are opposite concepts". See also EMMERICK (1992: 333), who rightly noted that the Pahlavi

them into the *vara-*[234] that he had to build up (*Y.* 2, 20-43); in this refuge, no sign of the presence of Aŋra Mainiiu would be present and effective (*Y.* 2, 37). According to *Yt.* 19, 30-38, Yima again exerted his power over the seven *karšuuar*s, over demons and men, over wizards and witches, over commanders, *kauui*s and *karapan*s, in a state of beatitude and richness, practically like in a golden age; so it was, perhaps, before he started to conceive a lie opposite to the truth (*draoγəm vācim aŋhaiθīm*).[235] Because of this sin the *x*ᵛ*arənah-* abandoned him three times, and he was compelled to wander about, surrounded by his enemies and, then, he hid himself on the earth. Finally, he was killed by Spitiiura, who divided him (in two parts).[236]

It is obvious that Avestan mythology, as attested in the extant sources, is very contradictory about Yima. In the *Gāθā*s his reputation is completely discredited, while in the *Yašt*s he behaves as a hero standing out for his magic and social role and as one of the primeval sacrificers, who lived in a golden age, until he committed a sin by pronouncing a lie against the truth. According to the second chapter of the *Widēwdād*, his role appears to be positive and incremental with respect to the enlargement of the earth and life, until the catastrophic arrival of the winters and other disasters

---

translators just "took *-at̰* to be the ablative termination of a consonant-stem". More simply *θrižaṇt-*, if it really exists, could mean "having three parts", if such a form is not a simple corruption of *θrižuuat̰* (cf. again PANAINO 1997: 100). Probably, this expression means a great quantity (of the livestock), although we cannot speculate too much about the actual figure behind it. For a tentative interpretation of the passage as "and then three times (?) here (some of the) cattle (*gə̄uš*) will get away (?)", see PANAINO (*ibidem*).

234 About the Vedic *valá-* and other Vedic correspondences, see MALANDRA 1983: 178. Cf. GÜNTERT 1923: 372-373. KELLENS (2002: 36) has emphasized the paradisiacal dimension of the age of Yima, but considers his construction of the *vara-* as a function (of Indo-Iranian derivation), which qualifies Yima as "le batisseur du royaume des morts", although there is no supporting source to state that the people that followed him there were dead.

235 See also SKJÆRVØ 2008: 506-507.

236 The epithet of Spitiiura is *yimō.kərəṇta-* "who cuts Yima (in two sides)" (*Yt.* 19, 46); see BARTHOLOMAE 1904: 1301; 1625. Cf. GÜNTERT 1923: 378. The fact that Gayōmart was considered as the originator of the *kustīg*, i.e. the Mazdean sacred belt, fittingly noted by SHAKED (1987a: 241; cf. LINCOLN 1986b: 472), can be framed in the complex net of symbolical associations covered by this important mythical figure. In fact, the belt divides the body in two parts, a superior and an inferior one, and it cannot have been by pure chance that he was taken as its primordial inventor. Thus, it is not peculiar the fact that also J̌amšēd was credited with the same teaching in Middle Persian and New Persian sources, as underlined by SKJÆRVØ 2008: 504-505.

compelled him, following a suggestion of Ahura Mazdā, to take refuge into the (threefold) *vara-*. In this story, the only apparent "negative" aspect of Yima is focused in his denial of the *daēnā-*, although, as we have noted, probably this act had nothing of bad in itself, if we consider that Yima, refusing the meeting with the *daēnā-*, in reality assumed the duty of increasing the living world. Thus, if Yima's role is presented as clearly negative in the *Gāθā*s, the later Avestan literature testifies the presence of diverging versions and opinions about him or also, perhaps, various events chronologically different, to be dated before and after his (apparently) unforgivable sin. The version contained in *Yt.* 19 is the most compatible with the Gāθic evaluation and it probably could represent a sort of enlightening clarification about a new assessment of this cycle: then, the *aēnah-* mentioned in the *Gāθā*s should be connected with such a lie, pronounced by Yima after this long and happy period, and probably with a consequent alimentary sin[237] (and/or, perhaps, with an act of cannibalism), which seems to be reflected also in the story of Mašya and Mašyāne. The loss of the *x^{v}arənah-* signified, anyway, the end of his power. Contrariwise, the other *Yašt*s do not mention such a lie, and simply recall Yima's golden age, while the *Widēwdād* describes in details the positive sides of his rule, before escaping into the *vara-*. One possibility, as noted before, is that of considering the *Widēwdād* story as referring to a period before that lie; then, it would not be in open contradiction with what happened later in Yima's cycle, although it seems to belong to a completely different and, in my opinion, earlier cycle.

In other words, we may propose a presumable sequence of the events concerning Yima's life, according to the "Zoroastrian" re-assessment: Ahura Mazdā appeared to Yima, and showed him the *daēnā-*; after the refusal of the *daēnā-* (i.e. the apparent refusal of a sudden "death" and of the union with his double as a kind of anticipated beatification), Yima enlarged the creation three times; then, with the support of Ahura Mazdā he organized the *vara-*, where, later, he took refuge against the winter and the demons with a selected part of humanity. According to the *Widēwdād*, the end of the paradisiacal age and the arrival of the winters have no apparent reason,[238] apart

[237] MORTON SMITH (1975) doubted that an alimentary taboo could be ascribed to the Indo-European period, but this objection does not exclude a later Iranian development.

[238] SKJÆRVØ (2008: 505) writes: "After the third enlargement of the earth, any further expansion being apparently impossible, Ahura Mazdā and Yima called a meeting of gods and men, respectively, in which it was decided that the population of the earth must be

from the peculiar declaration that they shall come "upon the evil living existence" (*Vd.* 2, 22: *auui ahūm astuuaṇtəm aγəm zəmō*).[239] What such a reference to an *ahūm astuuaṇtəm*, qualified as *aγəm*, can exactly mean, remains deeply questionable.[240] The use of *astuuaṇt-* instead of *gaēiθiia-* is an archaism in the Later Avesta, but the definition of the *ahu-* as *aγa-* "bad, evil, wicked" (Ved. *aghá-*), is unknown. Usually, it is the "mental" (*mainiiauua-*) dimension to be both "positive" or "negative", but the "living" or "physical one" was considered basically positive.[241] Did the *ahu-* become so? When? Why? Or, did another *ahu-* (that was *aγa-*) exist? Actually, we cannot establish which kind of aetiological explanation for such a sudden collapse of the beautiful primordial state of perfection was given by means of such an expression.[242] The end of "paradise" simply happens – and it is Ahura Mazdā to warn Yima with regard to the impending risks (see *Vd.* 2, 20-21 and in particular the following speech delivered [in 22-30] by Ahura Mazdā during the general assembly of human and divine beings, where all the instructions concerning the construction of the *vara-* are given). In other

---

reduced." But such a statement is not supported by the text, and attributes Ahura Mazdā and Yima with the deliberate decision to kill a large number of people. Contrariwise, it is Ahura Mazdā with Yima to invite gods and humans to an assembly in order to limit the damages of the incoming winter. If the arrival of bad times can probably reflect an old aetiological myth explaining the origin of death, it is neither Ahura Mazdā nor Yima who decided to introduce death into the "living world". More simply, the *vara-*, which remains a protective fortress, cannot contain the whole humanity and a selection results compelling. Thus, we see a very different scenario.

239 Cf. HERTEL 1924: 36; LOMMEL 1927: 198-199, 205; MALANDRA 1983: 180. The Pahlavi tradition (and also some modern scholars) have re-interpreted and "corrected" the text, assuming the *aγəm* was a mistake for **aγa*, then to be put in agreement with the following *zəmō* "the winters". This is a possibility, but it remains a solution *ad hoc*. See the critical discussion proposed by SKJÆRVØ (2008: 512, 515). SKJÆRVØ's reference (2008: 515) to *vōiγnā̊* as "floods" does not take into consideration Buddhist Sogdian *wγnh* and *wγnhyh* "famine" (BENVENISTE 1940, text II, 184, 195; XI, 22; pp. 12, 129, 275; HENNING 1946: 717 = 1975, II: 235) and Bactrian οιγνο [< **vaignā-*] "famine" (SIMS-WILLIAMS 2000: 212); cf. already PANAINO 1990: 79, 144.

240 HAUG seriously considered the grammatical and syntactical problems presented by this passage, and literally translated "the evil of winter" in both the Avesta and the Pahlavi versions (HAUG 1862: 204 "evils"; 1878: 233: "evil"). In fact, *zəmō*, can be gen. sg. of *ziiam-*, m. "winter", while its interpretation as nom. pl. (BARTHOLOMAE 1904:1699-1670) is based on the interpretation of the sentence.

241 SHAKED 1971; GNOLI 1963; 1991: 118-119.

242 It could be, perhaps, related to the "obscure" or "black" matter (*az stī/gētīg ī tārīgīh*), from which Ahreman extracted his own contra-creation, as stated in the *Ir.Bd.*, I, 46-47 (PAZKAD 2005: 20). See PANAINO 2009b: 202-203, n. 8).

words, no sin was committed by Yima at that time. Also the selection made by Yima among the best humans, animals and plants, whose seeds would be saved and stored in the *vara-*, is not a fault, but a need, because this place was limited in space and should remain hidden. Thus, the rest of the creation was abandoned to the violence of the winters. LOMMEL[243] rightly put in evidence that the criteria according to which primordial people on earth were admitted into the *vara-* or not, do not seem to fit at all with a Zoroastrian "ethical" perspective, being based on crude physical patterns. But, in that case, we cannot exclude that such a distinction reflected a ritual canon of adequacy or inadequacy to the sacrifice (just as it patently happens in the case of sacrificial animals). What is certainly unclear from the – so to say – "logic" point of view is the following question: if the world was "perfect" like a paradise, what was the origin of these physical defects that made a part of humanity unworthy of admission to the *vara-*? So did the action performed by Yima involve also an implicit choice for death? Also in this case a definitive answer is difficult, because we do not know anything of explicit about the destiny of these people. On the other hand, according to *Yt.* 19, 33, the period of happiness continued "since there was no deceit, until he (i.e. Yima) reproduced the false speech (suggesting him) to strive for untruth" (*parō anādruxtōit̰*[244] *para ahmāt̰ yat̰ hīm aēm draogəm vācim aŋhaiθīm cinmāne*[245] *paiti.barata*), a statement completely contradictory with respect to the story of the arriving winters. Furthermore, the Avestan fragment (fr. 4) embedded in the Pahlavi translation of *Vd.* 2, 5[246] does not clarify when and where this lie was pronounced: "with his tongue he immediately made this (world) mortal again" (*m<o>su tat̰ paiti akərənaot̰ aošaŋ^{v}hat̰ huua hizuua*). It is clear that Yima sinned and said something offensive against Ahura Mazdā, but this event had nothing to do with the *vara-* and the winters. Later sources state that Yima presumed to be the "creator"[247] and that for this reason he lost his glory and was killed. In the *Pahlavi Rewāyat to the*

---

243 1927: 199.

244 I follow the textual emendation introduced in HUMBACH – ICHAPORIA 1998: 37, 109.

245 Note that according to PIRART (1992: 46) *cinmāne* should be derived from the verb *can-* "to desire."

246 Cf. HUMBACH – ICHAPORIA 1998: 106-107.

247 See the sources collected by SKJÆRVØ (2008: 506-507), ṢEDIQIĀN (1976) and OMIDSALAR (2008). SKJÆRVØ, in the same work, rightly notes that "The motif of transferring worship from God as creator to another is also found in the story of Mašī and Mašyānī, who first worshiped Ohrmazd as the creator, then Ahriman, thereby committing the sin of uttering a lie (*drō-gōwišnīh*), which sent them to hell (*Bdh.* 14.11-16)."

Dādestān ī Dēnīg 31a10 and 31c5-6,[248] it is Yima himself who confessed this sin, while according to the *Dādestān ī Dēnīg* 39, 16-17,[249] he was seduced by a Druǰ, who convinced him to consider himself as the true creator. The same motif of the sin of megalomania or *hybris* is attested in Ferdowsī (4, 74, MOHL).[250] Probably we have to do with two different traditions – one which considers the arrival of winter to be due to external reasons (the myth of the end of the world), and another one which refers this phenomenon to a sin committed by Yima. The first one (*Widēwdād*) does not mention Yima's fault and his final death (because he must wait for the end of the winters in order to get out from his castle and repopulate the earth), the second one does not make any reference to the *vara-* (*Yašts* and *Yasna*). If, as it is presumable, the two cycles were (later) intermingled, we must try to frame them, if possible, into a coherent model, although the location of the sins and that of the losses of the *x*ᵛ*arənah-* in a chronological perspective present us with a number of problems and contradictions. Thus, we may figure out two scenarios, in the framework of a later phase of harmonisation of the various cycles:

1) Yima committed some mistakes (lie and/or alimentary sins) in the *vara-* itself, and it was still there that he lost three times the *x*ᵛ*arənah-*;
2) for unknown reasons he got out from this place of refuge and committed his sins, pretending to be the creator of the world.

In any case, it is difficult to imagine that Ahura Mazdā might have given him his own divine support against the arriving winter, if Yima had already lost this divine symbol of recognition and authority. Only after the threefold loss of the *x*ᵛ*arənah-*, in any case after getting out of the *vara-* and, thus, being in a place where he was no more protected, Yima should have been attacked by the fastest demons sent forth by Aŋra Mainiiu (*Yt.* 19, 46) in pursuit of the *x*ᵛ*arənah-*; they were Aka Manah, Aēšma *xruui.dru-* ("having a bloody club"), Aži Dahāka, and finally, Spitiiura *yimō.kərəṇta-*. According to the *Pahlavi Rewāyat to the Dādestān ī Dēnīg*, 47, 8, Yima offended Ohrmazd by showing contempt towards him, because he declared that Astwihād (death) would have never come upon him;[251] on the other hand, because of these words, the demons cut him apart. This "contempt of

---

248 WILLIAMS 1990, I: 134-138; II: 57-58; cf. also HUMBACH – ICHAPORIA 1998: 109-110.

249 Cf. also HUMBACH – ICHAPORIA 1998: 110.

250 See HUMBACH – ICHAPORIA 1998: 109. Cf. VON WESENDONK 1924: 161.

251 WILLIAMS 1990, I: 170-171; II: 78.

death" perhaps means that Yima went out of the *vara-* because he presumed to be still immortal also into the (external) world, although it was now contaminated because of the arrival of the winters and of the demons. The already mentioned Pahlavi passage from the *Dādestān ī Dēnīg* 39, 16-17, which states that J̌amšēd was deceived by the Druǰ, must be referred to an event that has taken place only out of the *vara-*, because that *refugium* was obviously free from any demoniac presence. We have, of course, only theoretically, another possible explanation, if we assume a perpetual existence of Yima in his *vara-* until the final resurrection, or at least after the appearance of the daēuuic Mahrkūša on the earth. As stated in *Vd.* 2, 41, every forty years a couple of a man and a woman was generated by another couple, and the same happened to the (couples of) animals. We may presume that they were twins and that this basic form of marriage was incestuous. According to this paragraph the people and the animals lived a beautiful life. No information is given about any interference by the demons; only the final paragraphs (*Vd.* 2, 42-43) simply add that the Mazdean Religion was propagated into the "compartments", *varəfšuua*[252] (of the *vara-*), by the bird named Karšiptar,[253] and that Uruuat̰.nara (i.e. Zoroaster's second son) and Zaraθuštra himself were the *ahu-* and *ratu-* of that place and those people.[254] Probably, this is a later epilogue, composed in order to make clear that also the *vara-* was under the control of Zoroaster and that the real Mazdean Religion was introduced also there.

Consequently, we may assume that the *Widēwdād* version of the myth contains many reflexes of a particular tradition (which in any case was old and, probably, pre-Zoroastrian) that was reassessed and presented into the extant sources avoiding any *direct* clash with the Gāθic explicit damnation, patently excluding any reference to the development of Yima's story, which

---

252 It is reasonable to postulate a stem *varəp-*, as suggested by BAILEY (1943: 223), who fittingly compared it with Toch. A/B *wārp-* "to enclose", and Ved. *várpas-* "form". See also SIMS-WILLIAMS (2001: 334-335, n. 20), who gives an additional term of comparison with Hittite *warpa-* "eclosure" (cf. TISCHLER 2008: 221). KELLENS (1974: 358-361) accepted *varəp-* (< **u̯l̥ep-*, athematic), but proposed the meaning of "coppice" (cf. Ved. *úlapa-*, "shrub, bushes", < **u̯lə̯ap-a-*, thematic). Cf. also *Vd.* 2, 28, 30 and 38, but where, as SIMS-WILLIAMS has shown, the occurrence of *varəfšuua* could be radically be emended because of the bad status of the text.

253 This fantastic bird (*karšift*) is mentioned in *Ir.Bd.* 24, 25 (Section G; PAKZAD 2005: 275), again with direct reference to the *war ī jam-kard*; in addition, this passage states that people there (i.e. in the *vara-*) recitated the Avesta in the language of birds.

254 LINCOLN 1986b: 471.

was narrated also in the *Yašt*s and in the *Yasna*. A patent confirmation of the archaic common patterns linking the story narrated in the *Widēwdād* with the cycle of the Vedic Yama (who was the first to find the way to go), has been emphasized by SKJÆRVØ. He actually remarks that the presence of two corresponding formulas in *R̥V*. 10, 14 and in *Vd*. 2:[255]

> "make the two myths inseparable, *gātu-* "place to go" + *vinda-* "find" and "assembly of people/mortals": Yama was the first to go along the path into the distance of the great slopes for the sake of the many; he found the way to go (*RV*. 10.14.1, 2: *gātúm viveda*). Yima expanded the earth for the sake of those who did not find a way to go (*Vd*. 2.8 *nōit̰ gātuuō vindən*). Yama is the one who assembled people (*RV*. 10.14.1 *saṃgámanaṃ jánānāṃ*), and Yima organized an assembly together with the best men (*Vd*. 2.20: *hanjamanəm frabarata . . . haθra vahištaēibiiō maṣ̌iiākaēibiiō*)."

In that way, while the Pahlavi commentary to the *Widēwdād* 2, 1-4 (and later also the modern scholarly tradition that doubtless follows the "J̌am's Confession of Sins"),[256] assumed that the only evident fault committed by Yima would have been the fact that he was too primitive to accept the new religion, we must consider the serious alternative that this story simply meant that he just refused to die immediately and to join his *daēnā-*. The later re-interpretation of the passage, as a reference to an explicit refusal to memorize and support the Mazdean Religion by Yima, was perhaps the fruit of a compromise that permitted to justify the arrival of Zaraθuštra (who was now placed in the line of Manuščihr, as we have seen) as the actual founder of the true Mazdean religion, whose role is visible also in the *vara-* (according to *Vd*. 2, 43, which is surely a later addition). In this sense, I agree with KELLENS, when he suggests that a direct link between Yima and the role played by Zaraθuštra is quite probable. This link is direct because Ahura Mazdā has shown the *daēnā-* to Yima, but also to Zaraθuštra. Then, they both have already seen (before dying) their own female double. Some *Yašt*s simply emphasize the beauty of Yima's age, so that *Yt*. 13, 130[257] can move also a direct reference to his *frauuaṣ̌i-*, which is protective against a number of daēuuic dangers (*yimahe vīuuaŋhanahe aṣ̌aonō sūrahe pouru.vąθβahe frauuaṣ̌īm yazamaide* "we worship the *frauuaṣ̌i-* of Yima Vīuuaŋᵛhana, right, strong, owner of many herds"). Furthermore, in *Yt*. 19,

255 SKJÆRVØ 2008: 511.
256 WILLIAMS 1990, I: 134-138; II: 57-59.
257 Cf. SKJÆRVØ 2008: 503-504.

32, Yima takes away (from the Daēuuas) their own ritual advantages.[258] A bold and highly interesting contradiction emerges, as it was underlined, from the fact that some Avestan sources do not mention Yima's death (see again the account in *Widēwdād*), because he remained hidden in the *vara-*,[259] while, according to *Yt.* 13, 46, he was actually killed by Spitiiura (evidently after leaving this place). This death is referred to also in those Pahlavi texts which contain references to some sources originally attested in the lost *Nask*s of the Abestāg. In any case, we can suspect that an earlier version (but, perhaps, already a Zoroastrian one) of the myth explicitly considered the age of Yima as practically unaffected by the "mixture" with evil forces,[260] and that in the *vara-* Yima was still living in a dimension of perfect happiness. On the other hand, according to *Dk.* VII, 9, 3, the *vara-* will be opened only at the end of Zoroaster's millennium, 300 years after the period of Ošēdar, when the winter Markūsān will come on the earth. This version seems to be a part of an older mythological material, which is in contradiction with the story of Yima's homicide, but not with the second chapter of the *Widēwdād*, as it was still preserved in the extant version. We must also remark that other strong contradictions about Yima may occur; for instance, while in the "Confession of Sins" J̌am, summoned by Ohrmazd, arrives from the northern direction, i.e. from hell, because he stood on the path of Ahreman and the demons when Ohrmazd showed the *dēn* to him, the Pahlavi commentary of *Vd.* 2, 5 openly states that, although J̌am had a lack of priestly and student's qualities, "he was of good religion" (*weh-dēn*) and "truthful" (*ahlaw*); every statement is supported by an Avestan quotation, and it is particularly clear the one (*Vd.* 2, 5, Av. fr. 2), which recalls that the *frauuaṣ̌i-* of Yima was venerated (*yimahe vīuuaŋhanahe aṣ̌aonō frauuaṣ̌īm yazamaide* "we worship the *frauuaṣ̌i-* of the right Yima Vīuuaŋ^{v}hana"). HUMBACH and ICHAPORIA assume[261] that after his death Yima was rehabilitated; this solution is apparently supported from the last part of J̌am's "Confession of Sins". According to the *Pahlavi Rewāyat to the Dādestān ī Dēnīg* 31c8, J̌am was forgiven by Ohrmazd, the Amahraspandān and the Yazadān, so that he "went from the northern direction to the state of limbo and to the lordship of limbo".[262] Although WILLIAMS suggested that the doctrine which attributes

---

[258] HUMBACH – ICHAPORIA 1998: 37, 107-108; see also HINTZE 1994: 176-185.

[259] See CHRISTENSEN 1935: 55-59.

[260] See CHRISTENSEN 1935: 47.

[261] 1998: 106.

[262] WILLIAMS 1990, I: 138-139; II: 58-59.

the lordship of the limbo (*xwadāyīh ī hamēstagān*) to J̌am seems to be attested only in this place and it results to be, as he writes, "a tidy, scholastic resolution of the discrepancy of the various traditions",[263] we can note that its impact was still visible e.g. in a later poem in New Persian written by a certain Nūšīrvān.[264] I prudently suggest that this peculiar introduction of the limbo corresponds to a later reflex (and also memory) of the *vara-*, which, in fact, originally had nothing to do with hell, paradise or the purgatory as well.[265] Although such a solution represented a new *variatio* on the original theme, it confirms the embarrass produced by that part of Yima's cycle. In any case, we do not know any Avestan story about an eventual rehabilitation of Yima, and I think that it would be better to explain the passages that mention the worship of Yima's *frauuaṣ̌i-* as probably belonging to another tradition in which he simply did not sin at all.[266] In any case, we cannot avoid to note the presence of a serious problem here.

At this point of our discussion, if we would simply take again into consideration LINCOLN's interpretation of the myth (or in any case if we simply use it as a potential, although partial, means of interpretation), it is no more in the *Widēwdād* cycle that we can find a fitting piece of comparison, but we must turn our attention to the second version of the story, where Yima

---

263 WILLIAMS 1990, II: 186.

264 See CHRISTENSEN 1934: 71-73.

265 In itself the *hamēstagān* was a later invention, although it should have been introduced in a relatively earlier period. In any case, it had nothing in common with the *vara-*, where only adequate persons were allowed to go. The limbo, on the contrary, is the place for the persons whose merits and sins result equal.

266 In the later history of Ṭahmuraṣ and Ǧamšid, the role of the latter is clearly positive; see now the edition of the pertinent texts by KÖNIG 2008. As SHAKED noted (1987a: 243-244), Yima "puts his hand through Ahreman's buttock in order to wring out from Ahreman's entrails his brother Tahmurath", remarking that "here again he acts unconventionally, and is accordingly punished by having his hand, where it touched Ahreman, covered with leprosy. The final point of that story is aetiological: Yima discovers the purifying effect of bull's urine, the substance considered in Zoroastrianism most beneficial for ritual cleansing, and can impart thus knowledge to mankind". It is evident that also this story confirms the positive role played by him, and shows that his punishment was due to an accident and not to a ritual mistake or a sin; practically, it can be considered as a wound received in battle. Another fitting aspect assumed by Yima, as a positive personality, is that of his descent into Ahreman's realm in order to take away the *paymān*, i.e. the Right Measure, described in *Dēnkard* 3, 286 (see SHAKED 1987b: 236-238). Although he acts, as SHAKED remarks (1987a: 243) "in an outrageous manner", the results of his behaviour are surely positive. See also SKJÆRVØ 2008: 502-503, 504-506, 507, 508.

probably was the first hero, while his (half)-brother, *Manu, the first priest, should have sacrificed him.[267] Later the figure of Manu would have been diminished (and more importance would have been assigned to Manušciθra, probably his son),[268] while Yima became the first person to die, because of a ritual and alimentary fault,[269] and then he was killed by Spitiiura–(Manu). In any case, *Y.* 32, 8, attributes to Yima something very tremendous, which should be connected with a radical change in human history, but reassessed according to a new perspective, the one that sees Aŋgra Mainiiu as an original conception of Zaraθuštra, as LINCOLN suggested.[270] This means, indeed, that the emphasis on the myth of Gayōmart (Av. *gaiia- marətan-*),[271] which appears meaningless if it should be located into the framework of the *Widēwdād* version, was developed on the base on some common Indo-Iranian elements, to be connected — as we know — with the origin of the Vedic Mārtāṇḍa (see below), but in any case not later than the composition of the early Young Avestan sources. This also means that the myth of the origins attested in the *Bundahišn*, although recent, was probably connected to the primordial role attributed to Gayōmart himself, and, if the supposition advanced by FALK,[272] assuming that the first Iranian prototypical man was a solar image (as it is),[273] is sound, a direct link with Vivasvant turns out to be more appropriate.[274] Thus, the cosmological killing of the primordial bull and of the first man was later attributed to Ahreman, while, according to an

---

[267] It was BERGAIGNE (1878, I: 274) who showed that Yama was identified with the sacrificial horse, a fact that underlines the strong relation between this figure and the sacrificial victim itself.

[268] CHRISTENSEN 1916; 64, 66, 69.

[269] An alimentary sin is also a ritual one, because it represents a break in the tradition and a new form of violence contrasting with the past.

[270] LINCOLN 1975: 136.

[271] I fully agree with SHAKED (1987a: 249-250) against HARTMAN (1953), about the fact that there is no distinction between *Gaiia- Marətan-* and another *Gaiia-* in Avesta. See SHAKI 2001.

[272] FALK 1994: 17-18. ZAEHNER (1961: 137-141) tried to associate the solar image of Yima with that of Miθra, a solution, in my opinion, weak.

[273] According to *Y.* 9, 4, Yimaxšaēta – epithet that he shares with the Sun – was also called *x^{v}arənaŋ^{v}hastəmō zātanąm huuarə.darəsō maṣ̌iiānąm* "most glorious among the born, sunlike among the mortals" (cf. HUMBACH – ICHAPORIA 1998: 104 with the Pahlavi version of this passage). On this subject see now SKJÆRVØ 2008: 502, 504, who has collected many data about the solar image of Yima in ancient, middle and new Iranian (and Islamic) sources.

[274] Cf. VON WESENDONK 1924: 153-154, and n. 7.

inverse parallelism, at the end of the limited time, it will be Ohrmazd to sacrifice the white bull Hadayans[275] in order to restore an endless age of happiness.

[275] See *Ir.Bd.* 34 (cf. ANKLESARIA 1956: 282-293).

7. ARE THE MYTHOLOGICAL CYCLES OF YAMA AND YIMA RECONCILABLE?

It is clear that a definitive assessment of all the contradictory versions of the myth of Yama and Yima as well as of its original formulation in the Indo-Iranian period (if already then only one!) would be never definitively established, and any kind of reconstruction will maintain its hypothetic value. If we just consider the different theories produced by a number of highly renown Indologists and Iranists (but also by many historians of ancient religions) between the end of the 19th century and the first half of the 20th century, well summarized by CHRISTENSEN,[276] but also discussed, e.g., by SCHERMAN, EHNI, SÖDERBLOM, GÜNTERT, ARBMAN, DUMÉZIL, LINCOLN, KELLENS, etc.,[277] we cannot be completely sure that a final solution has been established yet for all the versions we have found. We cannot avoid ARBMAN's[278] conclusion, which shows the double nature of Yama, who in the *R̥gveda* was the king of paradise, but also, in later sources, the king of hell, who set human's life a limit. Thus, I do not pretend to offer a general theory, but simply, in the light of the wider analysis proposed by LINCOLN, to focus on the fact that if Yama and Yima were strictly connected with death and sacrifice[279] (and very probably also with the idea of self-sacrifice, which results to be more clear in the Vedic sources),[280] their role would have naturally appeared at least partially

---

[276] CHRISTENSEN 1935: 32-62; see also the discussion offered by LINCOLN (1975: 121-123) about the general theories proposed by GÖTZE (1963) and GÜNTERT (1923). An attempt of comparison with some Babylonian beliefs was proposed by CARNOY (1916: 313-320), but, today, this hypothesis seems too far-fetched.

[277] A remarkable overview about Yima has been recently offered by SKJÆRVØ (2008: 514-518, also with a very useful summary of the most important theories), by ṢEDIQIĀN 1976 and OMIDSALAR 2008 (for the later Persian and Islamic sources).

[278] ARBMAN 1928: 221. We should also take into consideration the mythological data emerging from the complex material of the Nuristān and Dardestān peoples, where the Vedic Yama (*yama rāja*) corresponds to Im-rō (Imra). Cf. PARKES 1991; FUSSMAN 1977: 49-50. A particular evaluation of the function played by Imra in this pantheon has been proposed by ALLEN (1991).

[279] Cf. WAYMAN 1959: 50 (with reference to *R̥V.* 10, 13, 4).

[280] See GÜNTERT 1923: 386-387. DANDEKAR (1945: 201), who considers Yama's act as a self-immolation. DANDEKAR (1945: 196) rightly recalls that "The metres, which

dubious and dangerous (although it shows some positive hues related to the function of civilizing hero and magician). This is true for what concerns the Indian past, in later Vedic literature, where Yama assumed some obscure aspects, and is true in the very case of the Mazdean mythology, where we have found a number of peculiar and partly contradictory or unclear stories about him.

The position represented by the Gāθās shows a radical change of orientation in its basic patterns and discharges Yima's position, putting this personage in a very negative light. It is also evident that some elements belonging to the cycle of the Vedic Vasu Uparicara, in particular the motif of his lie, the travel on a chariot in the air, the institution of a new festival connected with the meat alimentation, have been assumed by Yima (as shown in particular by the Sasanian and Persian literatures), as DUMÉZIL[281] and KELLENS[282] have fittingly underlined.[283] These correspondences show that a large portion of Indo-Iranian mythological material was maintained for centuries and, then, after having been transferred to later Iranian literature, particularly in its folklore,[284] without an official "Zoroastrian" legitimacy and a definitive assessment throughout the so-called "orthodox" literature. My suspicion is that, with the progressive zoroastrianization of his cycles, the fault committed by Yima was interpreted (or explained) as a kind of support and help to the Daēuuas, i.e. to the presence of death and sufferance in the living world, or at least so it should have been considered by the author of the *Gāθās*. In this general framework, *R̥V.* 10, 13, 4, could be instructive, with regard to the reversed pattern adopted in the Gāθic assessment of the actual condition of the world. Thus, the so-called Zoroastrian version could reflect an interpretation (negative, of course) of the same material attested in the *R̥gveda*. In this context, the theory,

symbolise the sacrifice, are said to be deposited in Yama (10, 14. 15; *AV.* 18, 2. 6; 2. 32)", adding that "In such cases, Yama seems to be exalted almost to the position of an All-god". Cf. MALAMOUD (2002: 122-124).

281 DUMÉZIL 1986: 301-315 and *passim* (= 1995: 969-983)

282 KELLENS 1984b: 276-277.

283 Although SHAKED too (1987a: 242-243, and n. 15) rightly considers unclear the nature of the sin committed by Yima, he is very sceptic about the Pahlavi interpretation of *Y.* 32, 8, which connects this sin with the fact that J̌am had thought men to eat flesh; furthermore, he shows some critical considerations about TAFAZZOLI's interpretation (1354H.: 125-127; 1975) of a pertinent passage contained in *Mēnōg ī Xrad* 26, 33, from which it seems that an elephant was substituted to the cattle as sacrificial victim by Yima.

284 See again SHAKED 1987a: 245-246, *passim*.

assumed by KELLENS,[285] but in part anticipated by SÖDERBLOM, that the Iranian version of the myth of Yima presents us with a reversed conception with respect to the Vedic one, raises a number of interesting perspectives, because, according to the *Widēwdād*, Yima gives immortality and he was provided with magic instruments in order to enlarge the living space and, later, with the power to build up a microcosmic world, without death and sufferance. If it belongs, as it is very probably, to an earlier tradition, the function of founder of immortality finds now a better framework after the proposed explanation of the refusal of the *daēnā-*. This act was the necessary premise in order to play the role of enlarger of the earth. In this respect, the double nature of Yima/Yama finds also in Iran its peculiar results, although the motif of the *aēnah-* in Iran later interrupted the positive role played by Yima and opened the definitive way to death and human mortality. We can simply say that something in Yima's behaviour and speech (according to the Gāθic circle) worked against Ahura Mazdā's plan and gave a certain support to Aŋ̣gra/Aŋra Mainiiu and the Daēuuas. But it is also true that the arrival of the demoniac winters had nothing to do with any bad action accomplished by Yima. In other words, Yima's fault could be placed in a period when he was ruling on the earth or, more probably – as I noted before – after the period in which he was in the *vara-*, from which he later escaped. In addition, when Spitiiura killed him, splitting symbolically him in two parts, this event emphasized his double condition of twin (without any apparently mentioned twin-sister), and opened to his *uruuan-* the way to meet his *daēnā-*, i.e. his female double. Also in the apparently paradisiacal dimension of the *vara-*, where a day seems to be a year, any couple generates another one every forty years (*Vd.* 2, 41); in this kingdom of Yima, all beings are doubtless twins like him.

It is quite probable that Yima's cycles underwent another complication connected with the introduction of the cosmic doctrine of the 12,000 years; one version, already established before the definition of the chiliadic doctrine, emphasized his role of hero and magician; the other one, surely later,

---

[285] KELLENS 1984b: 277-281; cf. also KELLENS 1999-2000: 727-735. It is fundamental to recall that in the third book of the *Dēnkard*, the ancestral sin committed by J̌im is never mentioned (TERRIBILI 2009-2010: 85-97;); on the contrary, he was considered as the founder of immortality of creatures or of the world (ch. 227: *wišuft dāmān amargīh*; ch. 229: *ǰim amarg dahišnīh ī gēhān*; TERRIBILI 2009-2010: 318, 321; 326, 328; DE MENASCE 1973: 240: "établit l'immortalité des créatures"; 242: "et Yim fit aux créatures don de l'immortalité"). See also SKJÆRVØ 2008: 502, *passim*.

was based on the doctrine of the "mixture" (later named *gumēzišn*), and reduced his role, giving him also a negative function in order to justify the presence of death in the positive creation of Ohrmazd and the future arrival of Zoroaster. In the final reassessment of this cosmology, the image of J̌am became a pale reflex of the original one.

We must remark, however, another peculiar fact confirming the complexity of the figure of Yima in the framework of the Zoroastrian tradition. J̌am is never mentioned in the *Ardā Wīrāz Nāmag*; in this text, actually he does not appear in the hell,[286] where we should reasonably expect to find him, neither in the paradise nor in the purgatory. This kind of *damnatio memoriae*, as I would define it, confirms the number of problems connected with his position and underlines the presence of some contradictions,[287] which perhaps have never been completely resolved in the Zoroastrian *milieu*.

Before to conclude this chapter, it would be useful to pay attention to the fact that two of the four versions of the famous Middle-Persian inscriptions engraved by order of the Great Priest Kirdēr in the third century A.D. contain a very important text describing an apparently very peculiar ritual.[288] In fact, the Sasanian Great Priest stated that he himself had installed a kind of liturgy, denominated *'dwyn mḥly*, syntagm variously interpreted (but that I explain, following other scholars, as *ēwēn mahr* "mantra of the vision"),[289] and by means of which certain *lysyk* (pl.) were able to

---

286 The position of Yima, interpreted as king of the dead, has been questioned by GNOLI (1989) in particular with regard to Kushan iconography; GNOLI also referred to the classical Greek and Latin sources that suggest an identification of Ahreman as the real king of the hell. This is the case of Hesychius (see GNOLI 1980: 151, n. 164), who expressly associated Ἀρειμάνιος with Ἅιδης. Also the book of Ardā Wīrāz (52, 2) mentions the cries of Ahreman, the *druz* and the souls of the impious, while Ahreman is collocated into the hell only in the last chapter of this book. Cf. also GRENET 1996: 283-284.

287 It is a fact that also Gayōmart, Mašya and Mašyāne do not appear in this text, a circumstance which, in my opinion, confirms the complexity of the mythological situation concerning the beginning of humanity on the earth and the probable difficulties that it produced in the framework of the Sasanian speculations about the *post mortem*.

288 A more detailed discussion of these sources and of the esoteric ritual there described has been discussed in PANAINO 2011a. For this reasons I will not enter a number of problems, which I have dealt with in that contribution and I will not quote here all the bibliographical references concerning the interpretation of Kirdēr's inscriptions.

289 See SKJÆRVØ 1983: 292; SHAKED 1994: 132-133 ("ritual-and-formula"); HUYSE 1998: 119-120; SUNDERMANN 1993: 186-187 ("a spell of vision"); GRENET 2002: 14-19;

present him with a superb vision of the afterlife, in which, not himself, but his "double", *hangerb*, met a beautiful woman, *zan*, (corresponding to the *dēn*). During that vision (narrated to Kirdēr, and, then, not directly seen by himself, as sometimes has been mistakenly suggested), different princes (*šahryar*), whose identifications still remain a matter of open discussion, made their appearance. Furthermore, Kirdēr's "double" was represented as advancing with that woman towards the paradise, passing the bridge, and finally taking part to a special banquet. The ritual enacted by these *lysyk*, whom in my opinion, should have been assistant priests, i.e. *rehīg* (< O.Ir. **raθβi̯a-ka-*;[290] cf. Av. [2]*raθβiia-*),[291] and not a sort of "pages"/"children" (*rahīg*), or of "mortal, deadly (persons)" (*rēhēg* < **raēθiia-ka-*), was a strong esoteric performance, which can be directly linked with the Old Avestan practice of the *maga-*,[292] in which a superior insight, *čišti-*, later *mēnōg-wēnišnīh*, in the unmixed dimension of the afterlife was created. Thus, differently from most of the common interpretations of that event, I do believe that neither Kirdēr nor these *lysyk* actually fell in a state of *trance*, while, on the contrary, I assume that the "mantra of the vision" corresponded to a dramatic representation of the future destiny of the Great Priest, as a *ritual* anticipation of his final salvation. What is most pertinent for the present discussion concerns the motive of the "double", *hangerb*, which is represented during his meeting with the *zan*, and hand in hand with her. The Great Priest, in fact, was not dead, and for this reason the ritual presented the action of his "double", not that of his *ruwān*. In this context, *mutatis mutandis*, we can introduce a comparison with the peculiar situation attributed to Yima, when he was shown the *daēnā-* by Ahura Mazdā. In fact, he saw this splendid maiden, but refused to join her (not the "Religion"), in order to perform his future duties necessary for the development of the living world, as god probably expected by him. We must

---

SCHWARTZ 2009: 368-372 (**āyēn mahr*; "formula of/for mirroring/reflection"). Both MACKENZIE (1989: 67-69) and GIGNOUX (1990; 1991) have proposed to explain this syntagm as "a kind of death". GIGNOUX in these and many other works has stressed a shamanic interpretation of the whole framework. For other solutions and details see PANAINO 2011a.

290 This solution has been already suggested by MACKENZIE (1980: 290-291), but later abandoned by him (1989: 68) in favour of the reading *rēhēg* < **raēθiia-ka-*, from the verbal root *raēθ-* "to die" (Ahuric form).

291 BARTHOLOMAE 1904: 1507.

292 GNOLI 1965; 1971; 1979: 402-404; 429-420, *passim*.

observe that in the ritual enacted by Kirdēr, the union with the *dēn* is not real, but only a simulation, performed, as I remarked, not by his *ruwān* but by his *hangerb* (in the ritual drama described by the *lysyk*). The introduction of this "double", exactly described as "this man of the same aspect of Kirdēr" [*ān mard ī Kirdēr hangerb*]) – a third "person" between the *ruwān* and the *dēn* –, can be explained as a speculative solution fittingly introduced in order to justify a direct experience of the final destiny of salvation and beatification, without the occurrence of a real death and, thus, the direct involvement of the *ruwān*. The creation of such a symbolic twin of Kirdēr reminds us the pattern of twinning, of which this is another re-elaboration,[293] and recalls the image of Yima, the twin *par excellence*, in front of his own *daēnā-*, although the situation was different for a certain extent.

We must also note that a possible presence of Yima in the dramatic representation of the afterlife, as presented in the so-called "vision" of Kirdēr, has been suggested by SKJÆRVØ[294] and GRENET.[295] The third of the "princes" appearing in this text (§ 28), in connection with a "wall" (*čiyēnew* [cy(d)yn-1]) and an infernal place, could be, in fact, Yima himself, still considered in his (partly) positive aspects, as the potential builder of the Činwad Bridge, the bridge of the "impilator" (*cinuuaṇt-*, who would be the same Yima, as suggested by KELLENS).[296] In their turn, GRENET[297] and SIMS-WILLIAMS[298] have shown that in the Kushan monetary iconography and in the Bactrian and Sogdian onomastics, Yima preserved a divine position in the local *panthéon*, and again GRENET[299] has suggested that Yima could be identified with the "guardian" controlling the Gate of Hell, who appears on a Sogdian painting of the VII-VII c. This iconography would show that Yima might later assume also some characters based on the patterns proper of Vaiśravana.[300] These facts, although we do not know

---

293 We must also consider that the theme of "twin" is attested also in the Manichaean tradition. For a potential comparison with Kirdēr's *hangerb*, see GIGNOUX 1989: 697, and SKJÆRVØ 1993: 697; 1997.

294 1983: 297-298.

295 2002: 21-24.

296 1988.

297 1984: 253-258.

298 2000a: 194; 2000b: 7.

299 2002: 23.

300 1995-96: 283-285, 287 and notes 40-49. Cf. also GRENET 1995-1996.

in detail the theological speculations of the Sogdian and Bactrian Mazdeans, confirm the remarkable importance of Yima, and his role in the realm of the *post mortem*, where both positive[301] and negative elements emerged.

[301] I think that GRENET (2002: 23, and n. 25) is right when he remarks that there is a number of positive statements about Yima in the Mazdean literature, although his role was "l'object d'une censure dans l'Avesta". He fittingly mentions the *Anthology of Zādspram* (GIGNOUX – TAFAZZOLI 1993: 114, 115), ch. 32, 2, where the soul of Yima is still an "object de culte et invoquée" (*yahīzēd ud xwānīhēd*) against all the damages produced by the demons. It is also very interesting his note (*ibidem*) about *Hādōxt Nask* 2, 16 (cf. PIRAS 2000: 16). In fact, if the mysterious right dead man, who is questioning the dead arriving to the paradise, is denominated **paoiriiō* i.e. "the first", and not *paouruuō*, as the manuscript tradition shows, he could be identified with Yima, to whom (ch. 17) Ahura Mazdā orders to stop his questions. This would, may be, demonstrate that the demonisation of Yima was not at all definitive, and it could confirm the complexity of his mythical cycles and the existence of different solutions about his actual destiny.

8. ABOUT THE PRIMORDIAL (SELF)-SACRIFICE

Another aspect of the Vedic stanza here under discussion (10, 13, 4) deserves to be reconsidered: why had the ritual sacrifice (or immolation) of the god Bṛhaspati to be connected with the death of Yama, who "has left/prolonged/ spread/perpetuated/jutted out his (own) dear body" (verbal root *ric* + *prá*)? Geldner suggested that, when the gods sacrified Bṛhaspati,[302] they gave Yama the possibility to gain an eternal life after death, then, it was for this very reason that he "has [but, I suggest, "had"] left his body to jut out in order to reproduce it (probably also with sexual hues), or to be perpetuated, but also in order to become an "immortal mortal", like Soma. Thus, if GELDNER was right, we could focus on another important point concerning the idea of earthly life. This speculative interpretation of the ritual implies a vision of human life only in part compatible with the Mazdean patterns, in which, contrariwise, the alternation of life and death was inserted into the framework of a crude conflict, substantially different from the Vedic model.

In the Zoroastrian context the creation is absolutely positive; the presence of sufferance and death has an extra-cosmical origin, and only through the final regeneration, the *frašō.kərəti-*, the divine positive order will be re-established. Thus, death is a temporary and not a definitive condition. No Mazdean *yazata-* has to be sacrificed. Men and women die not in order to obtain eternal lives in the *post mortem*, but they die because of the Daēuuas and Aŋra Mainiiu; their eternal lives are already granted in afterlife. Death testifies the progress of earthly times and is necessary in order to reach its (historical) end with the final salvation, while incest is an instrument that reproduces the divine form of wedding, and makes humans closer to a divine and primordial dimension, which is reproduced also in the afterlife meeting with the *daēnā-*.

This way, the Mazdean dualism resulted to be strongly different from the basic Vedic antagonism between order and disorder, where the interests of the ("positive") Devas are sometimes in contrast with those of the humans. If we raise the question: *unde mors*?, the answer would be apparently similar,

---

302 OLDENBERG (1912–1913: 138) underlines that the comparison with the sacrifice is frequently attested in the *Brāhmaṇa*s also in the case of Prajāpati.

but in reality deeply different, in Vedic and in Avestan literatures. On the one hand, it is due to the Devas, for the sake of whom Yama (to be assimilated with the Puruṣa, as DANDEKAR has shown)[303] made his choice, his preference for mortality. The sacrifice of Bṛhaspati, if it was so, would be only a kind of ritual death, without permanent effects neither on this *deva-* nor on his divine fellows. On the other hand, the answer to the question of the provenience of death would be apparently the same (i.e. from the Daēuuas), but this solution is embedded in the framework of a reversed ("ethical") perspective, because the idea that the kingdom of the dead, the realm of afterlife, might be preferable to earthly living dimension (or *gētīg*) was considered false and misleading. Aṇgra/Aŋra Mainiiu's and the Daēuuas' aims are patently nihilistic, and the very presence of life is in itself in contrast with their own "ipseity". Then, the real "immortality" should be achieved in this dimension, after the final *Frašgird*; it is for this reason that the Pahlavi eschatology suggests that, by the end of the limited time, the *gētīg* condition will be purified, but not extinguished, because the creation was perfect from its origin, although it was conceived as a trap for the extracosmic power of the Darkness. In this sense the entire Zoroastrian afterlife during the *gētīg* period is only provisory, because the real state of beatitude will be achieved and enacted with the final regeneration of the world, and not in a more or less tolerable paradise of the dead, which is in its turn limited in time. For all these reasons, the meaning of the original sacrifice was reversed in the Zoroastrian framework, and attributed to the role of Ahreman and of his demons.[304] Contrariwise, we must note that, according to some later Vedic sources,[305] it was only after Yama's death that the gods created the night, in order to confort Yamī and help her to forget his departure. In the earlier Gāθic tradition (*Y.* 44, 5b), light (*raocā̊scā*) and darkness (*təmā̊scā*), i.e. night and day, were immediately fixed by Ahura

303 See again DANDEKAR 1945.

304 In its turn, the Iranian conception of the self-sacrifice, under some respects parallel to the Vedic one, does not involve the real need of death as in the case of Yama, but it allows the sacrificer to anticipate the highest vision outside the "mixed" dimension by means of a form of interiorization of the sacrifice. See PANAINO 2004a: 66-75.

305 As fittingly WITZEL (1984: 216-217, n. 13) underlines with reference to *MS.* 1, 5, 12; cf. *MS.* 4, 6, 7; 89, 17. The importance of this evidence was focussed on already by SCHERMAN 1892: 141-143 and by VON SCHROEDER 1908: 277-278. Cf. also SCHNEIDER 1967-68: 16.

Mazdā,[306] although darkness continue to represent a demoniac impending presence, and they cannot be considered as a sort of means of comfort against death, but as the necessary manifestation of the cosmic disorder, taken provisorily under control by the highest divine power before the definitive defeat of the demons. While *Y.* 44 presents Ahura Mazdā as a cosmic architect of the world, and in this framework also the alternance between night and day is embedded into the pattern of an universal rule, thus blocking the expansion of the forces stemming from the cosmic disorder, later Zoroastrian sources will loose this aspect of the normative function played by Ohrmazd and will simply consider darkness as a demoniac reality, the ipseity of Ahreman. In this regard, later Vedic sources introduce a positive – so to say "pre-Romantic" – image of them, which is strongly in opposition with the Zoroastrian solution.

Another difference with respect to the Vedic tradition concerns the fact that, as KELLENS[307] has noted, the incestual pattern of the union of the *uruuan-* with the *daēnā-* is strictly connected with the mythological construction of the three prototypical kinds of incest (Ohrmazd – Spandarmad, Gayōmart – Spandarmad, Mašya – Mašyāne). In this context, we may presume with Cl. HERRENSCHMIDT[308] that the incest finds its full justification in the framework of the doctrine of the limited time, which strongly contributed to its preservation and expansion, a phenomenon if not completely isolated, certainly remarkably rare and worth of attention. Actually, it represented the most efficient attempt to stop the time, reproducing the mythical condition of the origins. To these remarks we must add the fundamental example established by Yima. When he saw the *daēnā-*, and refused to join her immediately without fulfilling his duties, he determined the rule that any spiritual reintegration (as it is the union between the *uruuan-* and the *daēnā-*) should take place only after the completion of the earthly experience. Thus, the incest, in particular that with his own twin, not only follows an eschatological model, but is also rooted in the mythological example of Yima and of the other incestuals couples, in particular that of Mašya – Mašyāne.[309] Such a reintegration should have been considered as another kind of winning strategy against the corruption introduced into the world by the demons, because it anticipates a kind of beatitude in the afterlife.

---

306 See PANAINO 2007.

307 1995: 29-46, in particular pp. 39-40.

308 1994: 116-117, 123-124; 1996: 120-126; KELLENS 1995: 46.

309 Cf. GÜNTERT 1923: 347-375.

9. WAS THE PRIMORDIAL CHOICE TAKEN φύσει OR νόμῳ/θέσει? SIMILARITIES AND DISCREPANCIES IN THE COMPARISON BETWEEN MĀRTĀṆḌA AND GAYŌMART

We can come to a final consideration now. Some colleagues have argued that, in the framework of the Gāθic texts, the prototypical choice made by the two Mainiius has to be considered as purely formal, both "Spirits" (or better, both "active, willing Thoughts"), the "Good" and the "Bad" one, being as *a priori* ontologically determined, and that such a decision does not represent a real choice, but the fruits of their previous status, positive or negative, respectively, by nature. This interpretation has been suggested, with different arguments, e.g. by Ugo BIANCHI[310] and Jean KELLENS[311] and has been already discussed and criticized by me in several places.[312] In this part of the present study, I would like to focus on the evidence that the primordial antagonism between the two Mainiius, as attested in *Y.* 30, 3, presents us — as again LINCOLN underlined[313] — with an oblique reference to the myth of the creation. Here, the two Mainiius appear as "two twins (*yə̄mā*)" through a dream.[314] The Gāθic remake of the myth of the primordial "twins",[315] thus, seems to have been re-established according to new patterns and in a way fitting with the (in my opinion "ethical") framework of the opposition between *aṣ̌a-* and *druj-*. According to LINCOLN, Zaraθuštra would have "philosophicized the myth, changing its characters into abstract entities, but retaining the essential mythologem that the first living man died

310 BIANCHI 1978: 362-363 *et passim*.

311 See, e.g., KELLENS 1990: 104-106.

312 I quote here only PANAINO 2002, but cf. also PANAINO 1997c.

313 LINCOLN 1975: 130.

314 About this passage see the commentary in PANAINO 2004a: 119-120, notes 54 and 55.

315 See HARTMANN 1953: 18-22; LOMMEL 1930: 136-137; ZAEHNER 1961: 136; cf. also REITZENSTEIN – SCHAEDER 1926: 211 and in particular HUMBACH 1974: 200. LENTZ (1962: 132-133) gives a different interpretation of *Y.* 30, 3: "(Now), then, (as to) the two primeval spiritual forces, (already) the twins (Yima and his sister), who have become known by their sleep(ing together), (went on to discriminate between) either of them, the better and the evil one, in (their) thought, speech and action [...]". Cf. also the alternative translation offered by HUMBACH 1991, II: 82: *mainiiū* [...] *yā yə̄mā asruuātəm* "the two spirits which became famed through Yima".

at the creation of the world".[316] The re-mythologization of Zoroaster's version, as called by LINCOLN,[317] would involve the creation of Gayōmart.[318] If *gaiia-* actually occurs in *Y.* 30, 4, in opposition to *ajiiāiti-*, *marətan-* is attested only two stanzas later, in *Y.* 30, 6, where we find *ahūm marətānō* "the existence of the mortal (?)"[319] or, as TREMBLAY suggests "the existence of the master of the mortals".[320] No doubt that this process took a constant place in later Avestan sources, where *gaiia-* was combined with *marətan-* (*Yt.* 13, 87, 145; *Y.* 67, 2, etc.),[321] and, then, transformed, though a process of univerbation, into a new compound **gaiiō.marətan-*, although this spelling is never directly attested in the extant Avestan sources,[322] while, nevertheless, it should be placed at the origin of Pahl. *gayōmart*. But we also know, thanks to HOFFMANN,[323] that the mythical origin of *gaiia- marətan-* is very old. This mythical image corresponds under many respects to the Vedic Mārtāṇḍa, (i.e. *mr̥tám aṇḍám* "the dead egg"),[324] the eighth and last son of Aditi,[325] who has been laid aside by his mother as a miscarriage, while his twin, Indra, was born in perfect state.[326] In addition, in the Yajurvedic legend, Mārtāṇḍa was also clearly identified with Vivasvant, the father of the two primordial men, Yama and Manu.[327] In addition, the references to *ámartya- gáya-* ("the immortal life") and *gáya-* are well attested in *R̥V.* 10,

---

316 LINCOLN 1975: 130.

317 LINCOLN, *ibidem*.

318 Cf. GÜNTERT 1923: 346-347.

319 But cf. PANAINO 2004a: 119-120, with reference to the bibliography and the problems of interpretation concerning this very passage.

320 TREMBLAY notes that "*marətan-* n'est pas attesté en VAv. [*marətān-* y est un autre mot; à GSg. *marətā̊nō* trisyllabique >< génitif d'Av. réc. *marətan-*"; then he remarks: "si c'est un génitif (ce que je pense) *marətānō* ne peut signifier 'mortel', mais 'maître des mortels' (suffixe possessif de Hoffmann). La forme *Gaiia- Marətan-* serait alors le fruit d'une exégèse erronée ou du moins abusive". But, if I may add, such a reinterpretation would have been not at all impossible.

321 See LINCOLN 1975: 130, n. 37. Cf. also WINDISCHMANN 1857: 73-75.

322 See BARTHOLOMAE 1904: 503-504.

323 HOFFMANN 1976a: 100-117 = 1992: 715-732 (German original version 1957 = 1976b, II: 422-438; cf. GIGNOUX 1982: 350-351.

324 Actually M. BOYCE (1975: 97) considered both mythological figures as identical. See also SHAKED 1987a: 239, n. 3.

325 Cf. BROWN 1942: 89-90: see also LÉVI 1898: 63-64; MACDONELL 1897: 13, 43-44.

326 See KELLENS – SWENNEN 2009: 74.

327 HOFFMANN 1976: 107-108 = 1992: 722-723.

63, and 64, and in particular in the (parallel) stanzas 17 of both hymns.[328] Thus, advancing on the path opened by HOFFMANN, but following also the seminal remarks already made by BLOOMFIELD,[329] we could suppose that in the Mazdean framework Vīuuaŋ^{v}haṇt,[330] alias *gaiia- marətan-*, took the same place of Vivasvant/Mārtāṇḍa, who was given by Tvaṣṭar the goddess Saraṇyū[331] in marriage. Thus, Yama and Yamī have been generated from the

---

328 HOFFMANN 1976: 111-112 = 1992: 726-727. Cf. GELDNER 1951, III: 235, 237.

329 BLOOMFIELD 1893; cf. also MALAMOUD 2002: 16-17.

330 The patronymic of Yima presents two different alternative tematizations: *vīuuaŋ^{v}hana-* (*Yt.* 13, 130; *Vd.* 2, 3, 9, 22) and *vīuuaŋ^{v}hušа-* (*Y.* 32, 8 and *Yt.* 19, 35) with respect to Ved. *vaivasvatá-*, which in its turn, shows a Vṛddhi in the first syllable and another thematization. The first Avestan derivation is built on a stem in *°*van-* (cf. Ved. *vivásvan-*, n. "Hellwerden, Morgenschimmer"), the second one on a stem in *°*vas-/uš-*. See BARTHOLOMAE 1904: 1451; MAYRHOFER 1976: 222; 1977a: I/98; 1996: 560; cf. WACKERNAGEL – DEBRUNNER, 1954, II, 2: 894; 1929/30, III: 299 with additional bibliography on the subject. BARTHOLOMAE (1904: 1452, n. 2, sub *vīuuah'vant-*) assumed that both stems were formed starting from the vocative (Proto-Indo-Aryan *-*u̯an-* and *-*u̯ah-*), while in 1888: 532, he stated that the Old Av. patronymic *vīuuaŋ^{v}hušа-* was formed as a *vas*-stem, but according to the pattern of the active perfect participle. It is possible that the O.P. name of the Persian satrap under Darius I, *vivāna-*, m. (also attested in the *Nebenüberlieferungen*), could be explained as **vivah-āna-* (°*vahana-*), and connected with Ir. **Vivah-vant-*; cf. MAYRHOFER 1977a: II/29, num. 60; see already BARTHOLOMAE (1904: 1452). In my opinion, the attested difference in the spelling of the patronymic of Yima seems to confirm the presence of different cycles concerning his story, which were also reflected throughout a perhaps dialectological *nuance* emerging from the two forms for his patronymic. In the case of the Vedic name of Vivasvant, two were the possible accentuations attested in the sources: *vivásvant-* and *vívasvant-*, although no difference of meaning can be detected, as WACKERNAGEL – DEBRUNNER (1957: 19) remarked. THIEME (1985: 243) suggested that the stress on the first syllable presents a vocative stress; in the case of Av. *vīuuaŋ^{v}haṇt-* I wonder if the length of the *-ī-* is a reflex of such an accentuation. About the Indo-Iranian -*vant*-suffix see also BENDER 1910.

331 For the possible relation between Saraṇyū and the Greek cycle of Helenē, but also for a fitting etymological comparison between the two names, see the interesting articles written by PISANI (1928 = 1969) and by SKUTSCH (1987), where these names are connected to the Indo-European verbal root **sel* "to let lose, to jump", Ved. *sar*. See now also JACKSON (2006: 86), who affirms that "the name Ἑλένη would then reflect an adjective **sel-en-eh$_2$* (the same formation, without the feminine suffix *-eh$_2$*, is also seen in Vedic *[su]saraṇá-*) and *Saraṇyū* a Pre-Proto-Indo-Iranian innovation **sel-en-i̯uh$_2$*". For the problems derived from the attestation of the Greek alternative name like **Welenā*, i.e. with an initial digamma, see the discussion offered by JACKSON (2006: 84-92) with reference to SKUTSCH (1987: 190-193). It is possible that we have to do with two epithets of the same divinity (although the opposite solution is not ruled out): **sel-en-eh$_2$-* "the hasty one" and **su̯el-en-eh$_2$-* "the smouldering one" (< **su̯el* "to smoulder, to

union of Vivasvant/Mārtāṇḍa (the last of the Ādityas, twin of Indra) and Saraṇyū (twin sister of Triśiras, also named Viśvarūpa, and daughter of Tvaṣṭar). After their marriage and sexual union, Saraṇyū fled from Vivasvant, assuming the form of a mare. "In order to make matters till more safe", as BLOOMFIELD wrote,[332] the gods constructed a *savarṇā-* "one who has the same colour, appearance",[333] which took the place of Saraṇyū in Vivasvant's bed. An allusion to this myth is already attested in *R̥V.* 10, 17, 1-2,[334] and in the commentary by Yāska (*Nirukta*, 12, 10-11),[335] but it is

burn"). We must also mention JAMISON's etymology (2001: 313-314) of the name of Helenē, which is derived from **u̯elh₁enah₂-* "the one who chooses", and it is based on the fact that Helenē chooses her husband (Menelaus), at least according to Euripides, while one of the most important characterization of Sūryā is the *svayaṃvara-*, i.e. "the self-choice" of one out of many suitors. JAMISON's solution has been supported with other arguments by JANDA (2005: 346-348), but JACKSON (*ibidem*) considers this interpretation not definitive. I agree with JACKSON, also because we cannot reduce all the attestations of the name of Helenē exclusively to an earlier form with an initial digamma. The solution proposed by JAMISON would be actually fitting only for one of the two attested stems. I must also mention the discussion of the cycles of Saraṇyū and Helenē offered by W. DONIGER in the framework of a larger comparison between Sitā and Helenē herself (1999: 8-87, in particular 43-55; 2009: 25-123, in particular 67-82). It is also worth mentioning that VERNANT (1965; 1976-77; 1977-78; 2010: 81-93, 105-140) has dealt with the subject of the "double", particularly with reference to the implications of the εἴδωλον, but also discussing the image of the κολοσσός in the framework of the funerary and afterlife dimension and with close regard also to the cycle of Helene. REMMER (2006: 81) suggests for **Saraṇyú-* a different etymology: a compound of *sa-* "together" + *raṇyu-* "pleasant, joyful" (cf. Ved. *ráṇya-*, *ráṇia-* "pleasant, bringing joy, pleasure", *su-ráṇa-* "good pleasure", *ráṇa-* "joy", all of them from the verbal root *raṇ* "to be happy").

332 BLOOMFIELD 1893: 188. Cf. BERGAIGNE 1878, I: 85-97; 1883, II: 506-510; MACDONELL 1897: 42, 51, 116, 125, 139, 171-174. See also MALAMOUD 2002: 15-17.

333 See MALAMOUD 2002: 17. As BLOOMFIELD wrote (1893: 188): "The word *savarṇā* means at the same time one who is like Saraṇyū in appearance, i.e. her double, and also one who is suitable in her character to the mortal Vivasvant – more suitable than the divine Saraṇyū, we may perhaps understand". See also JACKSON 2006: 72.

334 10, 17, 1: *tváṣṭā duhitré vahatúṃ kr̥ṇoti ˈ ítī́dám víśvam bhúvanaṃ sám eti | yamásya mātā́ paryuhyámānā ˈ mahó jāyā́ vívasvato nanāśa* || 10, 17, 2: *ápāgūhann amŕ̥tām mártiyebhyaḥ ˈ kr̥tvī́ sávarṇām adadur vívasvate | utā́śvināv abharad yát tád ā́sīd ˈ ájahād u dvā́ mithunā́ saraṇyū́h* ||. See JACKSON's translation (2006: 72): "1. Tvaṣṭr arranges a wedding for his daughter' by this (utterance) the whole world comes together. The mother of Yama, brought home (as) the bride of great Vivasvat, disappeared. 2 They (the gods) hid away the immortal from mortals. Having made one of same appearance, they gave her to Vivasvat. And she carried the two Aśvins when that happened. And she left the two behind as a pair, Saraṇyū". JACKSON (2006: 72-75) supposes that the expression *dvā́*

referred to, with some additions and minor differencies, also by Śaunaka (*Bṛhaddevatā*, 6, 33, 162-163; 7, 1, 1-5; 2, 6-8).[336] With this "double", Vivasvant begat Manu but when he realized the deception, he took the form of a horse, and generated with the true Saraṇyū the two Aśvins, "the horsemen".[337] It is useful for the reader to quote *in extenso* these two versions of the myth:

Yāska's *Nirukta*, 12, 9-11:[338]

saraṇyūḥ saraṇāt / tasyā eṣā bhavati // 9 //

apāgū́hann amṛ́tāṃ mártyebhyaḥ kṛtvī́ sávarṇām adadur vívasvate /
utā́ 'śvināv ábharad yát tád ā́sīd ájahād u dvā́ mithunā́ saraṇyū́ḥ //

apāgūhann amṛtāṃ martyebhyaḥ kṛtvī savarṇām adadur vivasvate / apy aśvinābharat yad tad āsīt / ajahād dvau mithunau saraṇyūh /

---

mithunā́ mentioned in 10, 72, 2d, is not referred to Yama and Yamī but to the Aśvins. I do not agree with this solution, and still assume that this story refers to the fact the Saraṇyū first was married by Vivasvant, generated Yama and Yamī, and then, only after the wedding, she disappeared. The fact that Saraṇyū is called "Yama's mother", when she was brought home by Vivasvant, seems to confirm the priority of the birth of Yama (and Yamī). The absence of any mention of Yamī is not a real problem, because her generation is strictly connected with that of his twin brother. When Saraṇyū disappeared, the gods made a *sávarnā-*, a copy of her, and, as later sources state, it was this very double of her that gave birth to Manu. JACKSON is right, when he notes that 10, 72, 2d is a complex passage. In fact, it can mean that Saranyū was already pregnant before the wedding but, in this case, we should admit that she had already generated Yama and Yamī with Vivasvant, because when she goes to Vivasvant's home she is already called as their mother. On the other hand, the sentence "when that happened", may mean that only after the creation of her *sávarnā-* she carried the two Aśvins. Then, the two *mithunā́* may be both Yima/Yamī and the Aśvins as well, as assumed by STEETS (1993: 46-47), or simply the first human couple, what is more probable. About the mother of the Aśvins see also ZELLER 1990: 29-30.

335 SARUP 1921 = 1967: 209 (text); 187-188 (translation). See also MUIR 1870: 227-229.

336 MACDONELL 1904a: 78-79; 1904b: 251-253. See LOMMEL 1950: 243-257 (= 1978: 252-267); cf. PISANI 1928 = 1969: 337-340, although his reconstruction of the myth considers the birth of Yama a later element, a solution that I do not accept. See also EHNI 1890: 124. Cf. GONDA 1974: 42-43.

337 Although JACKSON (2006: 75-78) considers the story to be narrated in these later sources as different with respect to *ṚV*. 10, 72, 1-2, he does not exclude that Śaunaka used data that belonged to an earlier tradition.

338 Cf. SARUP 1921 = 1967: 209 (text).

madhyamaṃ ca mādhyamikāṃ ca vācam iti nairuktāḥ / yamaṃ ca yamīṃ cety aitihāsikāḥ /
tatretihāsam ācakṣate / tvāṣṭrī saraṇyūr vivasvata ādityād yamau mithunau janayāñ cakāra / sa savarṇām anyāṃ pratinidhāyāśvaṃ rūpaṃ kr̥tvā pradudrāva / sa vivasvān āditya āśvam eva rūpaṃ kr̥tvā tām anusr̥tya sambabhūva / tato 'śvinau jajñāte / savarṇāyāṃ manuḥ / tadabhivādiny eṣarg bhavati // 10//

tváṣṭā duhitré vahatúṃ kr̥ṇot$_{i-}$ ' $_{-i}$tīdáṃ víśvaṃ bhúvanaṃ sámeti /
yamásya mātā́ paryuhyámānā ' mahó jāyā́ vívasvato nanāśa //

tvaṣṭā duhitur vahanaṃ karotīti [*idaṃ viśvaṃ bhuvanaṃ sameti*] / *imāni ca sarvāṇi bhūtāny abhisamāgacchanti / yamasya mātā paryuhyamānā mahato jāyā vivasvato nanāśa / rātrir ādityasya / ādityodaye 'ntardhīyate // 11 //*

12, 9-11: (9) "Saraṇyū is (so called) on account of her moving. The following stanza is addressed to her". [End of the ninth section]. (10) "They concealed the immortal lady from the mortals; having made one like appearance, they gave her to the sun. And Saraṇyū bore the Aśvins when that took place, and deserted the two twins. They concealed the immortal lady from the mortals. Having made one of similar appearance, they gave her to the sun. Saraṇyū supported the Aśvins when that took place, and deserted the two twins, 'The atmospheric (Indra) and the atmospheric speech (are meant),' say the etymologists; 'Yama and Yamī,' say the historians (*aitihāsikaḥ*). With reference to this they relate a legend. Saraṇyū, daughter of Tvaṣṭr̥ bore twins, Yama and Yamī, to Vivasvat, the sun. She, having substituted another lady of similar appearance, and having assumed the shape of a mare, ran away. He, Vivasvat, the sun, having also assumed the shape of a horse, pursued her, and joined her. Thence the Aśvins were born. Manu was born from the lady of similar appearance, this is indicated by the following stanza. (11) Tvaṣṭr̥ celebrates the marriage of his daughter: hence this entire universe comes together. Being married, the wife of the great Vivasvat, and the mother of Yama, disappeared. Tvaṣṭr̥ celebrates the marriage of his daughter. [This entire universe comes together.] All these created beings come together. Being married, the wife of the mighty Vivasvat, and the mother of Yama, disappeared, i. e. the night, who is the wife of the sun, disappears at sunrise".[339]

Śaunaka's *Br̥haddevatā* 6, 33, 162-163; 7, 1, 1-5; 2, 6-8:[340]

abhavan mithunaṃ tvaṣṭuḥ, saraṇyūs triśirāḥ saha /
sa vai saraṇyūṃ prāyacchat, svayam eva vivasvate // 162 //
tataḥ ⁺*saraṇyvāṃ* [coni. Macdonell] *jajñāte, yamayamyau vivasvataḥ /*
tau cāpy ubhau yamāv eva, jyāyāṃs tābhyāṃ tu vai yamaḥ // 163 // 33 // 6 //

---

339 Cf. SARUP 1921 = 1967: 187-188 (translation).
340 Cf. MACDONELL 1904a: 78-79.

sṛṣṭvā bhartuḥ parokṣaṃ tu, saraṇyūḥ sadṛśīṃ striyam /
nikśipya mithunaṃ tasyām, aśvā bhūtvāpacakrame // 1 //
avijñānad vivasvāṃs tu, tasyām ajanayan manum /
rājarṣir abhavat so 'pi, vivasvān iva tejasā // 2 //
sa vijñāya tv apakrāntāṃ, saraṇyūm aśvarūpiṇīm /
tvāṣṭrīṃ prati jagāmāśu, vājī bhūtvā salakṣaṇaḥ // 3 //
saraṇyūś ca vivasvantaṃ, viditvā hayarūpiṇam /
maithunāyopacakrāma, tāṃ ca tattāruroha saḥ // 4 //
tatas tayos tu vegena, śukraṃ tad apatad bhuvi /
upājighrac ca sā tv aśvā, tac chukraṃ garbhakāmyayā // 5 // // 1 //
āghrātamātrāc chukrāntu, kumārau sambabhūvatuḥ /
nāsatyaś caiva dasraś ca, yau stutāv aśvināv iti // 6 //
itihāsam imaṃ yāskaḥ, saraṇyūdevate hṛce /
vivasvataś ca tvaṣṭṛś ca, tvaṣṭeti saha manyate // 7 //

6, 33, 162 "Tvaṣṭṛ had twin children, Saraṇyū as well as Triśiras. He himself gave Saraṇyū in marriage to Vivasvat. Then Yama and Yamī were begotten on Saraṇyū by Vivasvat". (163) "And these two also were twins, but the elder of the two was Yama". (7, 1, 1) "Now Saraṇyū having created, in the absence of her husband, a female similar (to herself) and having entrusted to her the pair (of children), turned into a mare and departed". (2) "But Vivasvat, in ignorance (of this), begot Manu on that (substitute). He (Manu) became a royal seer, like Vivasvat in brilliance". (3) "When, however, he (Vivasvat) had become aware that Saraṇyū had departed in the shape of a mare, he quickly went after the daughter of Tvaṣṭṛ, having turned himself into a horse with similar characteristics (to hers)". (4) "And Saraṇyū, recognizing Vivasvat in the form of a steed, approached him for sexual intercourse, and he covered here there". (5) "Then in their agitation the semen fell on the ground. And the mare, through desire of offspring, smelt the semen". (6) "Now from the semen which had just been smelt there came into being two youths, Nāsatya and Dasra, who are praised as 'Aśvins'". (7) "Yāska regards this as a story of Vivasvat and Tvaṣṭṛ together in the couplet 'Tvaṣṭṛ (*tvaṣṭā*: X. 17. 1, 2) which has Saraṇyū for its deity".[341]

Other later sources, like the *Mārkaṇḍeya Purāṇa*, the *Matsya Purāṇa*, etc., conveniently resumed by W. DONIGER,[342] develop this myth, and introduce a new variant, in which, Chāyā, the "dark shadow",[343] or the shadow wife of Vivasvant, left by Saraṇyū, mistreated Yama and Yamī, so that Yama kicked her. Enraged, Chāyā cursed him, that his foot would fall.

---

341 MACDONELL 1904b: 251-253.

342 1975: 60-65; 1979: 4-6; 1980: 174-185.

343 As noted by PISANI (1928 = 1969 : 345-346), *chāyā-* is a fitting correspondent of Gr. σκιά, which also means "phantasm", and then he considered this parallel as one of many other Indo-Mediterranean motives.

The rest of the story runs as follows:

> "When Yama reported this to his father, Vivasvant realized that she was not his true wife, as a mother could not harm her child that way; he modified the curse so that Yama did not lose his foot, but became the first mortal king of the dead in the underwold. Then Vivasvant went to Saranyu's father, Tvaṣṭṛ, who told him that Saraṇyū had fled because he blazed too fiercely; Vivasvant asked Tvaṣṭṛ to place him upon his lathe and trim his form, and this was done. When Vivasvant had been given a handsome body by Saraṇyū's father in this way, he went to seek his wife. He found her in the form of a mare; taking the form of a stallion, he approached her. She turned to face him, protects her hindquarters, and his seed entered her nose. In this way the two Aśvins were born. Then Saraṇyū resumed her own form and went back home with Vivasvant".[344]

Notwithstanding the continuous evolution assumed by this myth, it probably contains a number of very archaic patterns concerning not only the theme of twinning and its direct relations with incest and mortality, but also with the sacrifice. Saraṇyū, as noted by DONIGER, in fact has two doubles, her shadow (*Chāyā*), but also the mare, and the latter transformation compels also Vivasvant to assume a new form (the stallion). DONIGER's[345] reconstruction of an Indo-European pattern, although in the form of a mytheme, concerning the sexual role of steeds and mares in connection with the Irish ritual of the copulation of the king with a mare, and with that of the Vedic queen with a dead stallion (in the framework of the *aśvamedha-*) deserves new consideration in the light of the evidence that, in the Vedic context, the stallion is Vivasvant, who has regained his divine dimension thanks to the sacrifice. Furthermore, also the earlier versions of the myth, in which Saraṇyū left Vivasvant because he was round or had "no form at all", reminds us his original condition of "dead egg", assumed at the moment of his unfortunate birth. Another later arrangement of this myth, as presented in the *Harivaṃśa* 8, 1-48,[346] narrates that Saṃjñā[347] (= Saraṇyū), the daughter of Tvaṣṭar, gave birth with Vivasvant firstly to Manu, who was indeed Vaivasvata, then to Yama and Yamunā. After, she created a Saṃjñā-shadow, who remained with Vivasvant, while the true Saṃjñā came back to his

344 DONIGER 1979: 5-6. Cf. LOMMEL 1950: 246-247.

345 1979; 1980: 149-211, *passim*; 1994 See also PUHVEL 1970.

346 DONIGER 1999: 44-46, and *passim* (= 2009: 45-46).

347 About the meaning of *saṃjñā-*, "mutual understanding", "consciousness", then also "sign", "image", "name", and finally "recognition", see DONIGER 1999: 52, and *passim* (= 2009: 78). About Sanskrit *saṃdhyā-*, and Prakrit *saṃjhā-*, "twilight", in relation with Saraṇyū and Saṃjñā, see LOMMEL 1950: 250, 256.

father. With such a double Vivasvant generated a second Manu, i.e. Manu Sāvarṇi,[348] the "Similar". The discovering of the real identity of the second Saṃjñā occurs more or less in the same way we read in the *Purāṇa*s, as the following birth of the Aśvins, and the reconciliation of the divine couple.

But, while in the later moralistic accomodations of the myth, Saraṇyū went back with her husband as a diligent wife, we may assume, as BLOOMFIELD suggested,[349] that Saraṇyū abandoned her (human and divine) sons and Vivasvant, resuming forever her independent position among the gods. Then, it is absolutely incorrect to consider Yama/Yima to be the primordial being placed between divinity and mankind.[350] This was Vīuuaŋᵛhaṇt/Vivasvant (= Gaiia Marətan/Mārtāṇḍa),[351] while his first male son (Yima/Yama) became the hero of the old age, provided with magic power – but also the first to die really (and in Iran also the first to sin, at least, according to a certain tradition), because we do not know what exactly happened with his father (at least in his solar form). In Iran, Vīuuaŋᵛhaṇt was another man, while in Vedic mythology Vivasvant was rescued from mortality thanks to his primordial sacrificial act. In the Pahlavi literature, contrariwise, Gayōmart, whose "breadth was equal to his height", just as it

---

348 Denominations like *sāvarṇya-* or *sāvarṇi-* are well attested also in Vedic literature. See DONIGER 1999: 53 (= 2009: 79, and n. 5).

349 BLOOMFIELD 1893: 188; see also DONIGER 1999: 49 (= 2009: 75). A number of interpretations of this myth has been proposed in the past: see in particular, KUHN (1852: 454) and MÜLLER (1868: 480-510); both, in particular, assumed (pp. 483-484, 516-517) that the name of *Saraṇyū-* corresponded to that of Gr. Ἐρινύς; MUIR 1870: 227-229, 287-288.

350 HOFFMANN 1976: 109 = 1992: 724.

351 In any case, it is clear that the earliest Zoroastrian literature was involved in a process of continuous re-elaboration of Indo-Iranian mythological material. The solutions we find already in the *Gāθā*s and, then, in the later Avestan sources (which, in their own turn, as particularly in the very case of the *Widēwdād*, can preserve older patterns and versions), show a number of contradictions and various assessments, confirming the presence of different and, perhaps, contrasting elaborations of a common mythological cycle. The same phenomenon, in its turn, is to be observed also in Vedic and later Hindu sources. The role and destiny of Yama/Yima, in any case, cannot be separated from that of their father, Vivasvant/Mārtāṇḍa / Vīuuaŋᵛhaṇt/Gaiia Marətan); indeed, the solar character of their father was no doubt strongly connected with the idea of death, and it is also quite probable that the round image of the sun was associated to that of the dead egg and of a "round" mortal man. The connection between solar characteristics and mortality of the primordial father of humanity could be, perhaps, related to the image of sunrise and sunset in a continuous cycle.

was the case with Mārtāṇḍa, who "was as high transversely as he was vertically",[352] generated the first couple of human beings, who assumed the original function of the Vedic Yama and Yamī. But in Iran, at least in the Zoroastrian version of the myth (see also *Yt.* 13, 87, where it is stated that Ahura Mazdā created the navel and the descendance of the Aryan lands from Gaiia Marətan; *gaiiehe marəθnō aṣ̌aonō frauuaṣ̌īm yazamaide yō paoiriiō ahurāi mazdāi manasca gūšta sāsnå̄sca yahmat̰ haca frāθβərəsat̰ *nāfə airiianąm daḣiiunąm ciθrəm airiianąm daḣiiunąm* [...]),[353] Gayōmart's position became very different from the Vedic one. In the Iranian tradition, he was no more the offspring of a ritual mistake committed by Aditi, just as in the case of Mārtāṇḍa, but the first earthly being, killed by Ahreman's powers and probably seduced by J̌eh.[354] In addition, the sequence *mr̥tyúm prajā́yai* attested in the Vedic passage of 10, 13, 4, here discussed, cannot be separated by the curious – and difficult – *pāda* 9c, *prajā́yai mr̥tyáve tvat* "for offspring, but also for death",[355] attested in *R̥V.* 10, 72, 9, and referred to the destiny of Mārtāṇḍa. Clearly, Mārtāṇḍa/Gayōmart are not directly responsible for their own deaths, the first one because he was brought back (*púnar mārtāṇḍám ābharat*) by his mother for her ritual fault,[356] the latter because he was killed by Ahreman. Furthermore, the abortion of Mārtāṇḍa himself was provoked by his divine brethren, afraid because of his increasing power, while the origin of Gayōmart has been reversed. He was considered the sixth creation fashioned by Ohrmazd (*Ir.Bd.*, 1) with his daughter Spandarmad (as the fruit of the first prototypical incest), and not the discharged offspring of a female ritual, wrongly performed. In this respect, the origin of humanity (or — but the question is open — of the Iranians, as rightly HOFFMANN suggested)[357] seems to be theologically and ontologically different. Also this radical change in his mythical position and role points out to a radical revision due to the earliest Zoroastrian theology (although in part anticipated by some proto-Iranian developments), which should be directly connected with the (new) antagonism between the twin

---

352 HOFFMANN 1976: 111 = 1992: 726.

353 HOFFMANN 1976: 110 = 1992: 725.

354 See PANAINO (in press). In future, it should be determined to which extent Saraṇyū's role could be compared to that of J̌eh; See also PANAINO 2009a and 2009b.

355 See HOFFMANN 1976: 101-102 = 1992: 716-717.

356 MOLÉ (1963: 222-226) assumed that according to Pahlavi sources (*Dk.* 9, 32, 12) also Yima's sin was a ritual fault.

357 HOFFMANN 1976: 110 = 1992: 725.

Mainiius as well as with their primordial choice (*var-*), attested in *Y.* 45, 2.[358] Thus, in this framework, also the particular choice made by Yama in *R̥V.* 10, 13, 4 offers to us one of the missing *pendants*, in order to better understand the inversion of an Indo-Iranian myth as represented by one of its Iranian results. The idea that something was wrong in an ancestral ritual performance has been, for instance, preserved in Iran, too, through the myth of Zurvan's sacrifice as the origin of Ohrmazd and Ahreman,[359] while in the standard Zoroastrian tradition of the Sasanian period it was the direct opposition between the two Principles to make the "Time" to an instrument of Ohrmazd. In such a context the theological solution became clear and simple: since Ahreman does not properly exist after the later Mazdean speculations, we can conclude that, paradoxically and in a special sense, also death does not really exist anymore, because it can happen only in this provisional (i.e. limited) time, but it does not destroy the *frauuaṣ̌i-s* and the other components of the souls that remain immortal. It is only by means of death that human beings can meet the *daēnā-*, and the beatification she offers (only extraordinary persons as Yima and Zaraθuštra had the privilege to see her before their own physical death). As man was created "immortal" in the *mēnōg* state, he is mortal only in the *gētīg* but the *gētīg* is limited, while the *mēnōg* remains eternal and after the *Frašgird*, with the complete defeat of Ahreman and the demons, human beings will find a new body and a complete and perfect eternal life on a new purified earth. This elaboration is later, but it is based, at least in part, on an older interpretation of an Indo-Iranian tradition.

358 PANAINO 2004a: 122-135.
359 Cf. GÜNTERT 1923: 367-368.

10. DEATH, GENERATION AND THE DILEMMA OF INCEST

The opposite solutions of the myth concerning the sexual intercourse of the primordial twins have to be again re-considered. According to *R̥V.* 10, 10 incest was refused by Yama as a kind of immoral behaviour,[360] while it was considered absolutely positive in the Mazdean framework, where the incestuous union by Mašya and Mašyāne seems to be a revival of that between J̌im and J̌imāg (who sometimes is called J̌imīg in Pāzand; see, e.g., *Ind.Bd.* 12, 31).[361] It is difficult to say *a priori* which one of the two versions was the older one. I suspect that the idea of a primeval incest has more probabilities to be considered the original one, as already CASARTELLI,[362] VON SCHROEDER[363] and DANDEKAR[364] suggested.[365] If DANDEKAR is on the

---

360 A sort of *nir̥rti-*, according to WAYMAN 1959: 61-62.

361 Cf. CHRISTENSEN 1934: 38-39; see also MACDONELL 1899: 118; LOMMEL 1950: 254-255 = 1978: 254-255.

362 CASARTELLI 1889: 201-204; 1890a: 99.

363 1908: 275-291. These were the conclusions proposed by VON SCHROEDER (p. 291): "Der Dialog von Yama und Yamî ist nur der erste Akt eines grösseren kultischen Dramas, das nach Analogie des Agastyadramas auf einen Generationsritus, resp. phallischen Fruchtbarkeitszauber in großem Stil hinauslief. Das erste Menschenpaar vereinigte sich zu einer rituellen Zeugung, und unermeßliche Fruchtbarkeit mußte die Folge sein". Against this interpretation see SCHNEIDER (1967-68: 29) with literature. Although SCHNEIDER is right when he affirms that we cannot speculate about the rest of this hymn, which ends with stanza 14, also the idea suggested by SCHNEIDER himself that the same hymn was part of a ritual of purification for twins of different sex, is in its turn speculative, although, for instance, GONDA (1975: 153) considered plausible such an explanation. I do not want to enter the large and difficult subject of the origins of the Indian drama, introducing new hypotheses about the theoretical continuation of this Vedic text or about its functions in the framework of the ritual. I only think that it is remarkable that also VON SCHROEDER noted that the Indo-Iranian comparison on this subject clearly shows that the incest was an original motif, and that its earlier myth later became a moral problem, and was censured or covered by a number of taboos in India. The Iranian tradition remained, in this respect, and against the "normal" evolution of sexual morality, more archaic and conservative. About the so called "legend spell" in connection with the story of Agastya, who surrendered to Lopāmudrā's seduction, see THIEME (1963 = 1984: 202-212) and GONDA (1975: 145-156, 202). For the pertinent comparison of the dialogue between Indra and his wife Indrāṇī (*R̥V.* 10, 86), and that between Urvaśī and Purūravas (10, 95), with the one between Yama and Yamī, see MACDONELL 1899: 119-120.

right way, when he supposes that Yama was originally a bisexual being (or an androgynous primordial figure, as GÜNTERT already had suggested),[366] which, as an hermaphrodite *Urwesen*,[367] "gave place to a pair of twins who were regarded as the parents of mankind", we should admit that it was only in a later period that "the conception of an incestuous intercourse between the twin brother and sister, Yama and Yamī, giving rise to the human race, became offensive to the conventional moral sense of the Vedic poets and priests".[368] In addition, DANDEKAR[369] underlines the fact that, according to *ṚV*. 10, 10, 3, "Yama was the only male in existence at that time", and explicitly states that "The poet does not make clear whether the incest actually took place or not, obviously because the answer to that question would have nullified the poet's purpose". It is true, on the one hand, that already HILLEBRANDT tried to show that these statements do not demonstrate anything, because other humans should have existed, too (although this is not at all the Iranian case of Mašya and Mašyāne); but, on the second hand, it would be far-fetched to suppose that Yamī, for instance, had sexual intercourse with Manu later on, although we must in any case consider his presence and that of his descendance, because in Old Indian sources human beings have been named the progeny of Manu (*māṇavá-*). In any case the original myth is clear: humanity is the result of a primordial pair of twins, the male one having an additional twin, i.e. another double. In this case, also the potential union between Yamī and Manu should be considered another incest as well. The subject of the "double" (and a double can be multiplied thus forming other additional copies) represents, in its turn, another important problem, because it recurs constantly in our sources and needs much more reflections. At the moment, we can accept the idea that, in this respect, the Iranian side preserves the older version of the myth, which became a

364 1945: 203-206. On this problem see also WINTERNITZ 1905: 91-93. A different opinion in GONDA 1975a: 153.

365 See also LÉVI-STRAUSS 1993: 213-214. Cf. already ROTH 1853: 334-336.

366 1923: 365, *passim*. GÜNTERT interpreted *yamá-* as originally meaning "der Zwitter" ("hermaphrodite"), who generated a twin-sister (1923: 334-335). Cf. VON WESENDONK 1924: 158-159.

367 The myth of Zurwān repeats the same scheme; see GÜNTERT 1923: 393-392. About the androgynous character of Gayōmart see WIDENGREN 1980: 301-302.

368 DANDEKAR 1945; 204-205.

369 1945: 205.

taboo in the Vedic sources. With reference to the idea of the androgynous *Urwesen*, DANDEKAR[370] also underlines the fact that:

> "The *Urwesen* (Puruṣa) created out of itself a female form, *virāj*, who, in her turn, produced the Puruṣa, who may be regarded as the symbol of further procreation".[371]

In this framework, the choice made by Yama, to have a mortal progeny, could be reasonably connected also with this sexual intercourse, i.e. with a primordial incestuous union with his own sister Yamī. This interpretation seems to be supported also by *R̥V.* 10,13, 4, if we accept to see there a "covered" reference to a sexual union. This would mean that Yama choose to die in order to have a descendance, but that some memory of his "prolongation" was still maintained, and that such a primordial "hierogamy" was taken as a sin, and then put under censure. Thus, when Yama accepted death, he implicitly accepted the sexual means of reproduction, and, consequently, although not expressely declared (on the contrary, sometimes explicitly denied) the *incest*. I think that this possibility is not far-fetched. Death, then, can be also considered as the (inevitable) "consequence" of a (necessary) primordial incestuous sexual intercourse, which later became a sin – at least in India – and then it was not explicitly mentioned in the sources, because Vedic mythology imposed a fundamental taboo on this behaviour. Such an embarass was not only present in India, but perhaps also in Iran. Otherwise we could not explain the apparent tabuization of part of the myth of Yima, whose sister seems to disappear in Avestan literature, although, there, Yima not only maintains his lordship and civilizing power, but also he can overcome Ahura Mazdā's "temptation" in front of his own *daēnā-*, so becoming worth of enlarging three times the terrestrial space. In this framework, the ancient myth of the *vara-* and the continuous reference to human couples (of twins?) seems to confirm that *Yamī (or *Yimī) existed in Iran too, as the later sources confirm. But the embarassing position of Yima's cycle in the *Widēwdād* emerges also from the inexplicable arrival of a winter on a living world which is consider *aya-*. If this passage were attested outside of the Avestan literature, I would be seriously tempted to define it as "non-Zoroastrian". More probably, we do not know the doctrinal complexity of early Zoroastrianism, and try to infer a coherence, which never existed. In any case, these data show that in Iran, at least for some

---

370 *Ibidem.*

371 See also KELLENS 1995: 45. Cf. already GÜNTERT 1923: 343.

priests, Yima was not guilty at all, and the position of his sister and twin was, perhaps, a sort of secret or of "initiatic knowledge".

In contrast with the Vedic situation, later Mazdean sources give Yama's and Yamī's place to Mašya and Mašyāne (but do not erase the memory of J̌im and J̌imag), while Yima was no more the first human and sacrificer, and additionally (but this is another central fact) the incest was not at all considered a taboo. Is this particular difference with regard to the primordial taboo a fact that presents much more implications than those considered before in our studies? With the incest of the twins, the reintegration of the family line was restored and any sexual union became a repetition of the primordial act of creation. As Yama died (perhaps being sacrificed like the chaplain of the gods, thus assuming the role of *soma*-), his descendance, born from two twins, restored what the parents were, but also the unity of the most remote ancestor, the "mortal egg", Vivasvant/Mārtāṇḍa. The blood was not mixed and the change from the original paradisiacal dimension was limited; new life, but through the most strict endogamy, the incest maintained (and actualized) a kind of eternal condition. Then, was it like a victory over death, as the Pahlavi exegesis that justifies the incest generally states? The fact that Yima's refusal of the *daēnā*- could be now explained as a temporary delay in front of death should be re-discussed. According to this explanation of the myth, Ahura Mazdā could be wrongy considered as the installer of death, who would ask Yima to die and to join the *daēnā*-. But such an unnecessary conclusion would counter what we have underlined about the Mazdean orientation against any form of *ajiiāiti*-, ever since the *Gāθā*s. Contrariwise, we can consider Ahura Mazdā's proposal not as a kind of punishment, but as an offering of beatitude, a restoration of a perfect state. In other words, Ahura Mazdā asked Yima to become mortal (*mərətō*) and to join (to marry or to be offered, depending on the interpretation of *bərətaca*, occurring in *Vd.* 2, 3-4), so passing directly to the highest condition of spiritual pleasure through such a kind of *unio mystica*, although – as we have suggested – he did not espect that Yima would have really accepted his proposal. Thus, when Yima answered that he was not "created" (*dātō*) and "thought" (*cistō*) for that purpose, we may assume he probably gave the right answer – I mean the answer that Ahura Mazdā desired –, because only by means of such a renounce to an immediate (sexual) union with his spiritual double (the celestial *daēnā*-), Yima might begin his positive role of a civilizing hero. Unfortunately, the extant sources do not explain the way he increased the number of the primordial humans. We may suppose that, as a son of Vīuuaŋ^{v}haṇt/Gaiia Marətan (Gayōmart), he had in himself the mark of death, but also the potential attitude to copulate with his own twin *Ya/imī (never mentioned in Av. sources *expressis uerbis*), who appears only in later texts. The (posthumous) meeting of the *uruuan-* and of the *daēnā-* is a kind of symbolic incest inside the ipseity of every individual, a sort of re-integration of all the male and female aspects of every human being. The duality is subsumed into a new unity, which opens the way to a state of perfection (obviously, if the afterlife judgment has been positive). Then, the model of the meeting with the *daēnā-* should be placed behind the pattern of the incest between a couple of twins. It looks like as if they observed their own images in a mirror: only their sexual identity was reversed, so that a perfect union could finally be restored by means of the complete fusion of the male and female natures. Being twins who were born from a mortal egg (just like Mašya – Mašyāne born by Gayōmart, who was round like a ball or an egg [as noted above]), they contain one of the two sides of the genitor's identity. Then, it is clear that their union symbolically corresponds to that between the *uruuan-* and the *daēnā-*. As we know, Yima must have already seen his own *daēnā-*, because Ahura Mazdā showed her to him (*Vd.* 2, 2). So it was Yima who refused to meet her, to die (immediately) and to become her husband (*Vd.* 2, 3-4: *mərətō bərətaca*), insisting on the fact that his mission was different: to enlarge the earth and the number of the living beings. The absence of any reference to Yamī in the Avestan literature probably depends also on a motivation of esoteric character and not on a simple accident in the transmission of the text, although we cannot exclude the possibility that the actual incest with her was not expressely mentioned. If Yima already had seen her *daēnā-*, this vision[372] should have apparently made the explicit narrative of a subsequent earthly union with his sister unnecessary. On the other hand, the incest with Yamī should have been the logical result or actualization of such a primordial vision, because Yima knows that he must increase the living world. It is only when he has already taken a refuge into the *vara-* that, at least according to a version of his cicle, something wrong happens, the *x^{v}arənah-* escapes him and, thus, he must exit

[372] PIRART's supposition that Vedic *venā́-*, f. "vision", a *hapax legomenon* attested in *R̥V.* 1, 34, 2, is a designation of the daughter of Sūrya, appears very interesting (1995: 55), because she seems to assume some aspects comparable with the image of the *daēnā-* and her role in the *post mortem* (PIRART 1996: 28-30).

and die by the hands of Spitiiura, who splits him (probably in two parts).[373] This kind of punishment is also pertinent from a symbolical point of view, because it is a kind of wound, which patently represents an inverse correspondence to the union of a man with his own (female) double. While the latter act is a sort of beatification, the first one (the punishment) results to be a violent division of the male person, whose meeting with his double has been symbolically subjected to frustration. I cannot state that this punishment should be considered an interdiction to see the *daēnā-* again and finally meet her, but we must seriously reflect upon its implications in the framework of the Mazdean ideas of afterlife.[374] Probably also Mazdean priests were in troubles when asked about Yima's final destiny; some would have damned him (as in the "Confession of Sins", but where, at the end, he becomes the lord of the limbo),[375] while others considered the invocation to his *frauuaṣ̌i-* a protection against the *daēuua*s. In any case, later traditions preferred to introduce two new twins, Mašya and Mašyāne as sons of

---

373 According to the *J̌amasp-nāmag*, J̌amšīd was sawed by Spitūr by means of a "saw with hundred teeth", while, in the Persian poem written by Nūšārvān, J̌am, hidden into a tree, was sawed by Iblīs and Bēvarāsp-Dahāg; cf. CHRISTENSEN 1934: 29-30; 72-73. See also SKJÆRVØ (2008: 508-509) with a presentation of the later sources. SKJÆRVØ (2008: 509) very interestingly notes that in a passage from the *Dēnkard* (9, 21, 5), Ōdag, the mother of Dahāg, is allusively presented as trying to harm the genitals of J̌amšēd (*kēr ud gund*), making him an eunuch. The mention of this attack, in my opinion, confirms the positive characters of Yima, whose relations with fecundity and human generation were still perceived. The castration of Yima, would in fact, imply a demoniac action, against reproduction and prosperity. In the same article, SKJÆRVØ remarks that the "cutting apart" of Yima can be also reminiscent of Plato's myth in the *Symposion* (XIV-XV, 189e-191d), where Aristophanes presents the story of the primordial androgynes cut in two parts in order to generate men and women, but he also noted that such a comparison does not lead further insight on the matter of the twins (but it leads indeed to a certain fitting typological comparison in the framework of the theme of the "double"). SKJÆRVØ puts also in evidence the myth of Uranus's castration by his son Kronos (with reference to Hesiod's *Theogony*, 178-182). In any case, he is absolutely right when he insists on the theme of the incest, which relates the Iranian myth with the Vedic one. Then, it is more probable that, at least in a certain extent, the castration could be connected with the incest. Additional remarks (also of psychoanalitic nature) about the subject of Yima's castration have been focused on by OMIDSALAR (1987: 349; 2008: 523).

374 Some Old Persian forms of torture may implicate a symbolic force also with regard to the afterlife; see on this subject, PIRART 1996; LINCOLN 2007 83-96; cf. also PISANI 1966.

375 I must underline that this location into the limbo seems to be a sort of unconscious reference to Yima's role of architect and builder of the *vara-*, and can be considered as a modern justification of that mythological place.

Gayōmart in order to avoid other problems. Thus Yima (Pahl. J̌im) became, according to these later versions, a member of the fifth (in some cases of the ninth) generation,[376] while his father frequently disappears or his identity changes, producing of strong confusion. In a recent work, KELLENS[377] tries to place Yima in the fourth generation (Gaiia Marətan > Mašya – Mašyāne > [on the same level] Haošiiaŋha, Urupi.azinauuaṇt[378] and Vīuuaŋᵛhaṇt, and from the last one, of course, Yima). But this solution, if his reconstruction is correct (the relations between the members of the third generation are unclear), is nothing but the result of a radical transformation of the original genealogy, where Mašya – Mašyāne corresponded to Yima and Yamī, and where Vivasvant/Mārtāṇḍa and Vīuuaŋᵛhaṇt/Gaiia Marətan (*alias* Gayōmart) had the first place. Unfortunately, the absence of any direct mention of Mašya and Mašyāne in the Avestan sources makes any stable location of Vīuuaŋᵛhaṇt/Gaiia Marətan very risky. Presently, it is impossible to presume a priori that Vīuuaŋᵛhaṇt was not associated, at least in earlier times, with another solar divinity such as *Atu, whose existence we may presume, according to an insightful suggestion made by HOFFMANN,[379] from the name of Āθβiia- (*āθβiia-* probably being the patronymic [**atu̯a-*] of **atu-* "Gänger" = Sun, later modified in *āptyá-* for a popular etymology).[380] I think

---

376 See CHRISTENSEN 1934: 78-80.

377 2002: 24-25.

378 According to KELLENS (2007a: 25-26: cf. also KELLENS 1997-1998: 751, n. 24) these two mythical figures correspond to the imperfection of the discharged part of the "egg", since the elephant was made by the Aśvins from the dead matter of the egg of Aditi. Although this interpretations seems to be correct, I do not believe that we may accept the scheme proposed by KELLENS (2007a: 29), from which we should deduce that Gaiia Marətan was transformed into a hero of animal qualities and into another solar hero, son of *Atu. On the contrary, Haošiiaŋha, Urupi.azinauuaṇt and Vīuuaŋᵛhaṇt cannot be sons of different heros, because they are the direct descendants of the same "embryo" (although in its two possible results), and therefore, they should be brethren.

379 Apud HINTZE 1994: 201-2092; KELLENS 2007a: 26; 2007b: 318: "Le premier soleil serait celui qui va de l'aurore au zénith, le deuxième celui qui va du zénith au couchant et le troisième (Tritá āptyá) le soleil caché de la nuit".

380 For a summary of the various interpretations concerning the etymology of the name of Trita Āptya in Vedic, and, of course, in Avestan, cf. VON WESENDONK 1924: 154-155 and in particular RÖNNOW 1927: XX-XXVIII. With regard to Θraētaona, see now JACKSON – OETTINGER 2003; JACKSON 2006: 104. Trita Āptya killed Viśvarūpa (with three heads) just like Herakles had to kill Geryon, who was "trikephalos", in order to capture the bulls. This comparison, involving also Cacus, was firstly noted by ROSEN (1838: XX of the final commentary to 6, 5); see also BURKERT 1977: 276-277, and n. 8 (with additional

that this solution avoids introducing a new separate protagonist of the myth, whose identity is practically unknown, but allows us to connect him with Vīuuaŋᵛhaṇt and Gaiia Marətan. HOFFMANN[381] assumed that Vedic Vivasvant was not originally a Sun-god, his direct identification with Mārtāṇḍa being established only in a later Vedic period,[382] and presently also JACKSON follows him.[383] Contrariwise, St. JAMISON[384] has remarked that, if Sun was called *āditya-* or *āditeya-* already in the *R̥gveda*, this happened because Vivasvant's association with him was earlier, although (perhaps) not original (but, in any case, not later than the elaboration of the myth concerning his birth as attested in the *Yajurveda* prose).

Thus, I think that we can start from the observation that Indo-Iranians had a common myth concerning the origin of humanity, in which a divine being was born, because of an accident, with an onthologic defect, and a new class of beings, who were mortal, was generated thanks to him. As father of Yama/Yima (and of his twin Yamī), Vivasvant/Vīuuaŋᵛhaṇt, whose solar character is particularly clear in Avestan, was originally conceived as a divine being. Then, the idea of the "mortal embryo" or "mortal egg", patent metaphor of a "mortal testicle", gained ground, and, while the Indian tradition developed the myth of Mārtāṇḍa, who became the alter ego of Vivasvant,[385] the Iranians created the figure of Gayōmart. But the constant mythological *topos* concerning the presence of a primordial creature of solar nature, from whom the first couple was generated (as a kind of division of a lost and immortal unity), seems to be a common place. The phenomenon of mortality must have been introduced into the world, starting from the generation of his sons: in Iran they have been reduced to a human status, as it happened for other minor gods, like Av. Θrita with respect to Vedic Trita.[386]

---

bibliography), who fittingly compares Viśvarūpa with Περικλύμενος, a witchcraft, able to change his shape, who tried to oppose Herakles.

381 1976: 107 = 1992: 722.

382 *Ibidem*.

383 2006: 79.

384 1991: 207-208.

385 About some earlier attempts of identifying Vivasvant with Gandharva, and their refusal, see SCHNEIDER 1967-68: 15, and notes 14 and 15.

386 According to *R̥V*. 1, 163, 2, Trita has yoked the sacrificial horse, which is a gift by Yama, while Indra rode it. See SWENNEN 2004: 307-308.

At a certain point, Gaiia Marətan has definitely been separated from Vīuuaŋᵛhaṇt, and the position of his son Yima was given to a new twin pair, Mašya and Mašyāne.[387] These become the children of Gaiia Marətan and Ārmaiti, who took the place of the Vedic Saraṇyū, Vivasvant's wife. Such a change triggered the whole pattern of the three basic forms of incest, as also KELLENS assumes,[388] but it produced a strong reduction of the primary functions of Vīuuaŋᵛhaṇt himself and practically erased Yima's mythical role as primordial civilizing hero of humanity. Actually, Yima' rank was reduced, although J̌im (*alias* J̌amšēd) maintained the prestigious part of principal king of the first millennium in the history of humanity, during which he reigned for 616 years.[389] In this change we can probably see one of the Iranian developments with regard to the Indo-Iranian doctrine of the original embryo (the primordial egg), from which mortality took its origin. Although the story of Mārtāṇḍa does not exist in Iran, and considering the way Vedic sources preserved it, we must observe that the form and the destiny of the "round", solar, Gayōmart is a clear resonance of the same pattern. His sperm, namely, was purified on the Sun, and generated the first human couple (a couple of sinners, as we know) on the earth, clearly identified with his mother, Spandarmad. Thus, the Mazdean solution took any responsability away from Ahura Mazdā and the Ahuric sphere. Simultaneously, it considered the presence of death in the world as an extracosmic phenomenon caused only by the demons. But in the Avestan texts, different cycles that belonged to earlier mythological stories were not yet harmonised, so that we still can see and detect portions of different (and sometimes contrasting) traditions. Thence, Avesta presents Yima as the fruit of a ritual act performed by his father after a sacrifice in honour of Haoma. KELLENS[390] suggests that Yima could not have been generated as normal humans were, i.e. by means of a sexual intercourse; he should have appeared in the ritual space by magic, just as it happened in the case of the birth of Draupadī and her brother Dhr̥ṣṭadyumna, who, according to the *Mahābhārata*, *Ādi Parva*, 1, 2, 85, emerged from the sacrificial fire after their father, Drupada, had completed his sacrifice under the direction of two Brāhmaṇas, Yaja and Upayaja. Thus, their birth was independent from the

---

[387] A Persian source about Kayūmurt, edited by LAZARD (1956: 203), states that Kayūmurt and his female partner were associated by some of the Persians with Mišī and Mišāna. Cf. also GIGNOUX 1982.

[388] 2007a: 29-30.

[389] See al-Bīrūnī's *Chronology* (SACHAU 1879: 111, 113-114).

[390] 2007a: 27; 2007b319-321.

partecipation of Drupada's wife, who, in fact, did not take part to the ritual. The attempt of hiding the female role in the process of human generation is a well known phenomenon, studied, for instance, by LINKE; it was very common in the Indo-European framework, [391] and this could be another example of this scenario. On the other hand, we know from the Vedic sources that Yama and Yamī were children of Vivasvant and Saraṇyū, begot in the framework of a complex mythical cycle, involving also the Aśvins. If the Indian side does not support the occurrence of a magical birth, we must observe that *Y.* 9, 4,[392] explicitly declares that Yima was "the most given with *x^varənah-* among the mortals, the only one who had the aspect of the Sun among (humans) who have been born" (*x^varənaŋ^vastəmō zātanąm huuarə.darəsō maṣ̌iiānąm*). The fact that the text refers to Yima as one of the *zāta-* is in my opinion a strong limit to the attractive idea that he was not given birth by a woman. I suspect that, thanks to the pressure and consumation of Haoma, Yima's father was given magical power, which enabled Vīuuaŋ^vhaṇt to transfer his own seed (bestowed with special power) to his partner. Actually, we cannot exclude that *haoma-*, when mixed with milk, assumed a certain aphrodisiac force. This way, Yima, who is described with superb qualities in *Y.* 9, was born and was given such a remarkable power. The absence of any mention of his mother raises a problem, but the behaviour of Yama's mother, and in particular her direct links with Uṣas, open a number of new perspectives. As JACKSON has noted,[393] although Uṣas is never associated with Yama, she is invoked with Vivasvant ("the one who shines far and wide") in *R̥V.* 10, 39, 12, and it is possible that the names of both of them "contain the verbal root *VAS* «to shine, flash» [*h_2u̯es*]", an evidence suggesting that "the two figures were sometime conceived as a pair".[394] Although JACKSON concludes that these facts do not prove that Vivasvant was "a reflex of an immortal Sun-God, because Uṣas and Saraṇyū adhere to the pattern of the Goddess and her mortal lover/husband," he does not exclude that "a figure represented as the personified Sun was understood as a mortal".[395] The last solution is in my opinion much more reasonable, because it does not exclude the possibility that a divinity could be mortal (as Yama), and that Vivasvant, associated with the "dead egg", could be considered as an aspect of the rising

---

391 LINKE 1992.
392 KELLENS 2007a: 48-50.
393 2006: 79.
394 *Ibidem.*
395 *Ibidem.*

and setting sun. In addition, this possibility avoids the peculiar solution of admitting two later solar connotations of Vivasvant – Vīuuaŋᵛhaṇt, independently developed in India and Iran (cf. all the solar aspects connected with the Iranian representation of Gayōmart). In this respect "*saraṇyū́*- would be a fitting epithet of the Dawn-Goddess, who is seen to disappear when the sun rises", as again JACKSON remarks.[396] It is not the aim of the present study to investigate the subject concerning the origin of the Aśvins, but the fact that they were considered not only sons of Saraṇyū, but sons or brethren of Uṣas as well,[397] underlines the complexity of the relations that exist between these two goddesses. Coming back to the second chapter of the *Widēwdād* and to Yima's meeting with his *daēnā*-, we must again focus on the fact that, when Yima declares that he was not *cistō* (past passive participle of the verbal root *cit*-),[398] in using this form with reference to himself he raises another explicit relation with the auroral aspects of the *daēnā*-. As already GERSHEVITCH suggested,[399] *daēnā*- and *cistā*- maintain a special relation, because they could be considered the same divinity in different forms.[400] In other words, we have to do with a remarkable symbolic game or with a hidden reference to the twinning between "Yima *cistō*" and his *daēnā*-, "*cistā*-" *par excellence*. Thus, as in India the mother of the Aśvins and of Yama has some aspects of Dawn, the she-double of Yima assumes an auroral image.[401] She is called *āhūiri*-, which can also mean that the *daēnā*- belongs not only to Yima, but also to Ahura Mazdā, as a female manifestation of his ipseity. In this case, the incest would have a double symbolic level: The one level comprises the unity of the two sides of

396 2006: 80.

397 See also ZELLER (1990: 100-104) about the relations between the Aśvins, Uṣas and Sūryā.

398 BARTHOLOMAE 1904: 427-428. Cf. BENVENISTE in BENVENISTE – RENOU 1935: 63, n. 1.

399 1967: 167.

400 See KELLENS 1995: 49-50. Cf. also SWENNEN 2010b.

401 In the present net of relations we must include the fact that Uṣas, in *R̥V*. 3, 30, 13, is called *vivásvaitī*-, f., "die aufleuchtende" (GELDNER 1951, I: 365). In *R̥V*. 1, 44, 1, *vívasvat*- appears in the locution *vívasvad uṣásaś citrám*, and GELDNER (1951, I: 44, n.) considered it as a haplological derivation from **vivasvat-vát* "wie bei Vivasvant", but cf. MAYRHOFER 1976: 222, in note. RENOU (1964: 8, 80-81) remarked that, here, *vívasvat*- could mean "lumineux", with reference to 3, 30, 13, and perhaps 1, 96, 2, but he preferred "lumière" considering the presence of *vivásvan*-, n. ("l'éclairement [des monts par l'aurore] 1.187.7 et l'instr. *vivásvabhiḥ* 8.102,22 ("avec les lumières de l'aurore"), but he assumed that an "allusion latente" to Vivasvant was present (see also RENOU 1964: 97; 1967: 95). SKJÆRVØ (2008: 502) notes that the Vedic verbal stem *vi- vas*- "is commonly used of dawn", while the Avestan one, *vī.usa*- is attested "in the description of the third morning after death".

the animical complex, *uruuan-* and *daēnā-* (as a kind of Dawn), which symbolically corresponds to the unification of two twins. The other symbolic level includes the unity of Yima with the female side of god (corresponding to Cistā and Ušas), offered to a male protagonist as a gift of beatification. In this case, Yima's *daēnā-* would be both his sister and his mother.

Apart from the references to Vivasvant, some Vedic passages state that the father of Aśvins (or, at least, of only one of them) is Dyaus,[402] who, in any case, should have begot them with his daughter Uṣas. This fact puts the birth of the Aśvins in the framework of the myth of the primordial incest, which can be compared with (and possibly linked to) the myth of Heaven's incest. In this framework, Dyaus (or Tvaṣṭar,[403] who can in some occurrences take the place of the latter)[404] commits an incest with his daughter (Uṣas), a sin attributed to Prajāpati in the *Śatapatha Brāhmaṇa* 1, 7, 4, 3-4, etc.[405]

I cannot enter the whole problem of Prajāpati's rise "to a higher rank", a subject already investigated by Gonda in an homonymous book,[406] but some additional Indo-Iranian aspects of this mythologic cycle can be revealed by his direct connections with Dyaus and Tvaṣṭar, on the one hand, and with Yama, in the framework of the idea of the self-sacrifice, as first mortal being, on the other hand.[407] Generally, this story is evaluated from a Vedic

---

402 JACKSON 2006: 57-62, *passim*.

403 See GÜNTERT 1923: 362. About later developments of Prajāpati's cycle see MACDONALD 1953.

404 See the presentation of the data offered by St. JAMISON (1991: 204-208) and by JACKSON (2006: 63-72). Cf. MACDONELL 1897: 51.

405 See VARENNE 1967: 47-49. Cf. also JAMISON 1997: 128-129.

406 See GONDA 1986. Cf. also DANGE 1963.

407 Cf. also GÜNTERT 1923: 345-346. KELLENS – SWENNEN (2009: 72-76) have proposed a convincing re-interpretation of the consecration of the Vedic *yajamāna-*, as presented in the *Aitareya Brāhmaṇa* 1, 3 (see KEITH 1920: 108-109; SWENNEN 2010a: 111-112) and particularly in the *Śatapatha Brāhmaṇa* (Mādhyandina), 3, 1, 3, 2-5 (see SWENNEN 2010a: 117-118, 122; where the offering is given to Aditi), in the framework of the *dīkṣā-*, and where the sacrificer becomes a *gárbha-* "embryo". Very interestingly they connect this initiatic ritual to the myth of Mārtāṇḍa, openly mentioned in the *Śatapatha Brāhmaṇa Mādhyandina*, thus showing that "le sacrifiant qui reprend l'apparence d'un embryon ne le fait pas pour exprimer sa nouvelle naissance dans l'espace sacré. Il le fait plutôt pour se remettre dans la peau de l'avorton qui sut reconquérir sa divinité en offrant le premier pressurage de *soma*" (2009: 74). Although, in my opinion, the contemporary idea of a rebirth cannot be excluded (as already stated by HUBERT – MAUSS 1899: 47-52 = MAUSS 1968: 212-217), this ritual establishes a new link with the divine dimension, and in any case it represents another example of self-sacrifice. The attested differences with the

perspective; but if we consider the Iranian side of the problem, it appears that the three prototypical incests attested in the Zoroastrian tradition are no more isolated.

The incest of Ahura Mazdā (as god of Heaven)[408] and his daughter[409] corresponds to that of Dyaus/Tvaṣṭar/Prajāpati with Uṣas. The incest between Ārmaiti and Gayōmart (= Vīuuaŋᵛhaṇt) can be compared with the one between Uṣas/Saraṇyū and Vivasvant, while the last one between Mašya and

---

Avestan tradition are not sufficient, as both scholars show, to deny the evidence that also in the *Yasna*, the *zaotar-* "D'une part, il abandonne son corps au dieu afin de le ressusciter, d'autre part, il assimile sa pensée transcendante pour la mettre au service du sacrifice. Après avoir ainsi procédé à l'immolation symbolique de sa part mortelle (son corps donné à Haoma), mais aussi son âme *uštana* lors du Y.11.18), le zaotar n'est plus un homme fait de matière et d'esprit; il est un cadavre dont la pensée, libérée du corps, a acquis la puissance de la pensée du dieu" (2009: 75). Very pertinent are SWENNEN's (2010a: 130, n. 7) remarks, in particular with regard to the initiation of the sacrificer: "Cosa fa il sacrificante che, nell'ambito della sua consacrazione, prende l'apparenza di embrione sotto una tettoia che deve rappresentare la matrice? Gli studiosi del passato hanno tutti sottolineato un valore simbolico generale: il sacrificante deve essere consacrato per poter entrare nel sacro, cioè nell'universo chiuso dove si sviluppa il sacrificio. Prende dunque l'apparenza di un embrione perché deve prepararsi a una nascita spirituale. In altre parole, la simbologia è interna al codice simbolico del sacrificio stesso, ma non ha alcun valore né mitologico né antropologico. L'analisi di *Śatapathabrāhmaṇa* (Mādhyandina), particolarmente la discussione dedicata all'uso di una stanza estratta dell'inno 10.72, prova che il senso originale della consacrazione era totalmente diverso e iscriveva il sacrificante in una dimensione mitologica. Anche se questo senso sta morendo per lasciare il posto a dèi nuovi come Viṣṇu e Prajāpati, i sacerdoti si ricordano che il sacrificante prendeva le apparenze di un aborto per poter diventare un Vivasvant nuovo, cioè per offrire un sacrificio così perfetto come il primo, e conquistare uno status divino. Se la mia analisi è corretta, la consacrazione ci insegna anche la natura dell'antropologia vedica antica. Gli uomini non si vedevano come creature degli dèi. Pensavano che la loro natura fosse divina, e che la vita umana risultasse dall'aborto criminale provocato dai figli primogeniti di Aditi, gelosi del loro potere. Il sacrificio doveva permettergli di cominciare a recuperare il loro statuto vero, quello di gemelli di Indra, il re degli dèi". Furthermore, he fittingly notes (2010: 131, n. 15) that "È probabile che l'offerta del budino per onorare i figli di Aditi rifletta una visione arcaica; e questo per due ragioni. La prima sta nella coerenza della spiegazione: se il sacrificante rappresenta veramente un aborto, l'allusione ad Aditi all'inizio del sacrificio è spiegata dalla mitologia vedica stessa: il sacrificante onora prima sua madre mitologica. L'uso della stanza 10.72.8 del *Ṛgveda* (qui a p. 48) sembra logico, mentre la dottrina dello *Śatapathabrāhmaṇa* Mādhyandina, che vuole offrire il budino a Viṣṇu non dà senso".

408 See SKJÆRVØ 2002.

409 See again SKJÆRVØ 2002: 406-408, with a direct reference to the theme of the incest.

Mašyāne is the later reflex of the incest between Yama and Yamī. In the Iranian framework, the mythological complex of the incest between god-Heaven and Dawn has been adapted and inserted into the myth of the incest between Heaven and Earth, but the background remains probably common. The radical difference do not actually lie in the discrepances concerning the single protagonists, but in the "moral(-ist)" evaluation of these sexual stategies that have been considered a sin in India, a merit in Iran. In this case, it is the Iranian side to continue the earlier Indo-European mythological pattern, and the story of the anticipated vision of Yima's *daēnā-* (i.e. before dying and not only in the afterlife) demonstrates the existence of a particular connection between human and divine levels, in which the auroral side of god was offered to humanity.

11. CONCLUSIVE REMARKS ABOUT "DOUBLES", "PAIRS" AND "TWIN PAIRS"

Along this "travel" we have found an impressive number of twin pairs.[410] No study of this evidence can be carried on without regarding the fact that in many ancient (and modern) cultures the birth of twins was considered not simply uncommon[411] but also dangerous and in any case uncanny,[412] as also GONDA noted.[413] A number of legends and taboos was connected to their appearance, as, for instance, the widespread idea that "twins — also human twins — were reputed to be [...] of one mother, but of different father and that of a pair of heavenly twins one is mortal, the other immortal".[414] Very significant for our discussion is the connection of divine twins with fertility, which has been underlined by various scholars.[415] In order to resume some of the problems we have discussed and the various cases we have mentioned, I think it could be useful to offer a final look on the comparative situation concerning the mythological pattern of twinning in India and Iran, thus distinguishing the following categories:

1) real twins;
2) doubles;
3) simple pairs.

---

410 See ZELLER 1990: 18-22.

411 See VON NEGELEIN 1902; HARRIS 1904: 4.

412 HARRIS 1904: 10-23.

413 1974: 33-34. See also HARRIS 1904 and HARTLAND 1924.

414 GONDA 1974: 47. Cf. JACKSON 2006: 59-62.

415 HARRIS 1904: 30-42; GONDA 1974: 34 (with bibliography). According to SCHNEIDER (1967-68: 23-32), the Ṛgvedic hymn 10, 10, was part of a lost ritual performed in order to prevent twins of different sex from a future incest and as a purification for the same sin, which should have been committed by them already in the womb of the mother.

INDIA	IRAN
Real twins	
Indra – Mārtāṇḍa[416]	
Saraṇyū – Triśiras(-Viśvarūpa)[417]	
Yama – Yamī	Yima – *Ya/imī (J̌im – J̌imāg)[418]
	Mašya – Mašyāne
	The couples living in the *vara-* generate another pair of twins (one male, one female) each every 40 years. The incest between the new pairs of twins, then, is quite presumable.
	Although the *uruuan-* and the *daēnā-* are not defined as twins, they represent a kind of specular (animical) couple. This evidence is particularly relevant in the case of the myth concerning Yima and his (provisory) refusal of the *daēnā-*.
	Spəṇta Mainiiu – Aṇgra Mainiiu (both referred to as *yəma-* in *Y.* 30, 3).

416 Both, in fact, are the last sons of Aditi: Indra, when he was born, immediately rose with all his powers and started his demiurgic activity, while Mārtāṇḍa fell down as a dead egg. Then, the gods fashioned him, and he might assume human proportions; see KELLENS – SWENNEN 2009: 74.

417 According to *R̥V.* 10, 10, 4, Yama and Yamī are children (in the text *nā́bhiḥ*; cf. BERGAIGNE 1878, I: 36-37) of a Gandharva in the waters and of a Lady of the water (*gandharvó apsv ápyā ca yóṣā*), but GELDNER (1951, III: 183, 184) shows that in the Vedas Vivasvant can be associated to the Sun. See on this problem also SCHNEIDER 1967 and KUIPER 1996: 247-249.

418 I must recall the presence of two sisters, *Saŋhauuācī-* ("she who speaks solemn announcements") and *Arənauuācī-* ("she who speaks faults"), captured by Aži Dahāka and liberated by Θraētaona. They are considered sisters of J̌am in later sources (see chapter 5, n. 212). Potentally they could be twins and, thus, represent a unique identity (divided in a mirrored double, one positive and one negative). Which kind of link with Yamī could be theroretically posed is a question to which I do not dare to venture, but the problem remains pertinent. In any case, they must be mentioned in this conspectus of the most relevant cases attested in the Indo-Iranian framework. Cf. the alternative solution proposed by REMMER (2006: 218-225).

The two Aśvins	
The Vedic divine charioteers are the sons of Heaven and of Saraṇyū, while Uṣas (whose links with the latter female divinity are complex too)[419] is their sister or mother.[420] According to some sources, one of them is mortal, the other one immortal;[421] without doubts, this trio finds a correspondence in another Greek trio, composed of Kastor and Polydeukēs, sons of Zeus, and their sister Helenē.[422] The latter female figure is very pertinent for our research: it was already EHNI[423] to propose some fitting thematic correspondences between the cycle about the Tyndarids and the Vedic group. He suggested a certain (but imprecise) comparison between Helenē and Yamī. Few years later, FAY[424] raised a direct comparison between the name of ῾Ελένη and that of the goddess *Saraṇyū*; but the largest discussion about this Indo-Greek common theme has been independently developed and underlined by PISANI,[425] who focused on some patent similarities between Helenē, in particular as εἴδωλον,[426] and Saraṇyū – Savarṇā, whose importance in the myth of Yama has been already noted. Furthermore, SKUTSCH has recently brought[427] new arguments in support of a possible etymological link between the Greek name ῾Ελένη and that of *Saraṇyū- – Savarṇā-/Sāvarṇī*, a comparison which deserves to be seriously considered.	

419 See PISANI 1928 = 1969: 342, 345-346. About the Purāṇic tradition concerning Saṃjñā-Saraṇyū and the twilight, see LOMMEL 1950, and the various contributions by DONIGER.

420 JACKSON 2006: 56-72, 79-93.

421 R̥V. 1, 181, 4. See ZELLER 1990, *passim*; cf. PARPOLA 2002: 366.

422 It is also worthwhile to recall that, according to Athen. II 57 F, Helenē was born from an egg that fell down on the earth from the moon; PISANI 1928 = 1969: 342. See also GONDA 1974: 45-47.

423 EHNI 1890 proposed a very large comparison between the Indian and the Greek mythological figures, already involving also some Germanic correspondences (cf. also EHNI 1896). SKUTSCH's declaration (1987: 190) that EHNI allegedly proposed a comparison between the names of Helenē and Saraṇyū is incorrect, as well as his claim that PISANI perhaps might have not known EHNI's book; indeed, this study was quoted in PISANI's article frequently and in detail. It is also peculiar that FAY's article (1896) is never mentioned by SKUTSCH. See also JACKSON 2006 and EDMUNDS 2007: 2-11.

424 1896: 17-18.

425 1928 (= 1969).

426 SKUTSCH 1987: 189. Cf. GÜNTERT 1923: 364.

427 987: 189-193.

The problem has been re-assessed in detail by JACKSON,[428] who basically accepts this Indo-Greek parallel. We recall that, according to another version, *R̥V.* 10, 17, 1, Vivasvant, in the form of a horse, generated the two Aśvins, "the horsemen" with the true Saraṇyū.	
Doubles	
Vivasvant – Mārtāṇḍa	Vīuuaŋᵛhaṇt – Gaiia Marətan (Gayōmart)
Saraṇyū – Savarṇā /Sāvarṇī or Chāyā	
Mr̥tyu – the sacrificial horse	
Saraṇyū in form of a mare	
Vivasvant in form of a steed	
	Kirdēr and his "double" (*hangerb*)
Simple pairs	
The two messengers of Yama	
The two dogs of Yama[429] (one "black", the other one "spotted").	
Half-brothers	
Yama – Manu	Yima – Spitiiura(-*Manu?)
Manu Vaivasvata – Manu sāvarṇya- or sāvarṇi-	
Yama, son of Vivasvant/Mārtāṇḍa and Saraṇyū	
Manu, son of Vivasvant/Mārtāṇḍa and Savarṇā	

The ratio behind these recurrent patterns partly escapes our horizon of knowledge, but we cannot avoid a reflection on their continuous elaboration, upon which already Malamoud focused, noting for instance that a twin is a special form of the double, while the double is an *alter ego* with similar (but

[428] 2006: 84-92.

[429] See HOPKINS 1915; cf. already DE HARLEZ 1887: CASARTELLI 1890b; LINCOLN 1979; 1980; KRICK 1972. About the positive aspects of Iranian origin regarding the dogs in ancient folklore see DÄNHARDT 1907: 107-110.

also diverging) characters. Anyway, also a twin, although similar, can be, in some cases and at the same time, the opposite (antagonist [e.g. Spəṇta Mainiiu *vs.* Aṇgra Mainiiu, expressely called *yə̄ma-* in *Y.* 30, 3] or simply correspondent in a certain regard [e.g. male – female, Yama – Yamī]), while the double tries to substitute its original *pendant* (Saraṇyū – Savarṇā/Sāvarṇī). In general, when the twins are male, antagonism is very frequent, as it appears in the most evident case of the opposition between the two Avestan primordial Mainiius. When the twins are of different sex, then the possibility of the incest, although sometimes hidden, is very strong. In this context we must also recall the existence, in a Pahlavi source (*Selections* of Zādspram, ch. 9, 1), of Manušag, the sister of Manu (and then wife of Ēšm).

We must also remark that the relation between Indra and Mārtāṇḍa shows that, in principle, humanity was strictly related with the divine dimension, although its semi-human earliest ancestor, the dead egg, was fashioned by the gods so that he might assume a new shape, and behave as another god himself, although in the form of his alter ego Vivasvant, the first sacrificer. This tremendous invention, the sacrifice, re-established a divine status and offered him the opportunity to generate gods (as the two Aśvins, whom, at least according to some sources, Vivasvant generated with the true Saraṇyū, when he assumed the form of a horse) and humans (Yama and Yamī, sons of Vivasvant/Mārtāṇḍa and Saraṇyū, Manu, son of Vivasvant/Mārtāṇḍa and Savarṇā). It is remarkable that in later Yajurvedic framework, Mr̥tyu, as a primordial cosmological being, creates a double of himself in form of a horse, to be sacrificed to himself. Thus, the double can be a real substitute of the ipseity in the sacrificial framework, as Vivasvant, the sun, who is the founder of the sacrifice, can mate with Saraṇyū, he in form of a stallion, she in that of a mare, in order to generate the Aśvins. While the Iranian mythology developed a new set of primordial couples, like Mašya – Mašyāne, without forgetting the earlier one corresponding to J̌im – J̌imāg (Yima – *Ya/imī), the Indian tradition created a double identity for Manu, Manu Vaivasvata – Manu *sāvarṇya-* or *sāvarṇi-*, but this creation was just followed by that of many other Manus.[430] Thus, although the duplication was, perhaps, an attempt of synthesis regarding the ambiguous identity of the human race, the later developments showed how difficult it was to resume the origin of humanity.

430 See DONIGER 1999: 53-55 (= 2009: 80-82).

One additional element in this discussion concerns the importance attributed in Iran to the meeting of the *uruuan-* and of the *daēnā-* as a kind of mystic union between two parts of the spiritual ipseity, which is divided in two images and which finally can restore a primordial unity. The present interpretation of the vision and the refusal of the *daēnā-* by Yima has thus opened new perspectives, which invite us to revise the Iranian approach to the problem of the incest. Thus, the incest – basically that between twins – is a symbolical anticipation of the future state of perfection, of spiritual re-integration. Thus, it anticipates the afterlife in its perfect condition, and the vision of his/her own opposite double, respectively, brings the most fitting (narcissistic?)[431] satisfaction. In any case, the splitting of the ipseity into a pair of a male and a female components attributes any human being a remarkable complexity and should have been the fruit of a deep esoteric speculation, which represented one of the diverging points in the religious elaboration developed by Mazdean priests with respect to the Indo-Iranian background.

I hope that this object of analysis could find some interest, opening the way to future investigations.

---

[431] I have discussed this problem in another forthcoming article. Although GÜNTERT (1923: 357-361) assumed that Yamī was a later figure, he made a very interesting comparison between the image of Echo (in the "Narcissus-Sage"), and that of Yamī. Also the subject of the myth of J̌eh has been taken into consideration by GÜNTERT (1923: 360-361) in the same framework. See PANAINO 2009a and 2009b. In this context, I would like also to mention that WINDISCHMANN (1857: 76-78) assumed that Gayōmart saw in the water an image of J̌eh, and that this vision was responsible of his death. WINDISCHMANN (1857: 76-78) suggested a comparison between this myth and a less known version of the story of Narcissus, which has been reported by Pausanias (9, 31, 7). According to this ancient author, Narcissus had a twin sister, who suddenly died. Thus, looking into the waters, he fell in love with her image, and not with himself. Although this direct comparison has no grounds, because WINDISCHMANN's interpretation of the most pertinent passages of the *Bundahišn* was based on the inadequate translation offered by ANQUETIL-DUPERRON (1771, 3), the basic idea that this Greek story concerning the existence of a twin sister of Narcissus was worth of consideration in the framework of the mythological complex of the twins needs indeed a new assessment.

LITERATUR- UND ABKÜRZUNGSVERZEICHNIS

AGRAWALA 1963 = AGRAWALA, J. *India as known to Pāṇini. [A study of the cultural material in the Ashtādhyāyī]*. Lucknow [1]1953. Varanasi [2]1963.

AiGr 1–3 = WACKERNAGEL, Jacob [Jakob]: *Altindische Grammatik*. Göttingen. Band I: *Lautlehre*. 1896, [2]1957 inkl. *Nachträge zu Band I* von Albert DEBRUNNER. [Neued.: RENOU, Louis: *Introduction générale. Nouvelle édition du texte paru en 1896 au tome I*. 1957]. Band II, Teil 1: *Einleitung zur Wortlehre. Nominalkomposition*. 1905, [2]1957 inkl. *Nachträge zu Band II,1* von Albert DEBRUNNER. Band II, Teil 2: *Die Nominalsuffixe*. Von Albert DEBRUNNER. 1954, [2]1957. Band III: *Nominalflexion – Zahlwort – Pronomen*. Von Albert DEBRUNNER und Jacob WACKERNAGEL. 1930, [2]1957. [IV.] *Register* [...] *(Bd. I–III)*. Von Richard HAUSCHILD. 1964.

ALLEN 1991 = ALLEN, N. J.: 'Some Gods of Pre-Islamic Nuristan'. Revue de l'Histoire des Religions 208/2, 141–168.

ALRAM 1986 = ALRAM, Michael: *Materialgrundlagen zu den iranischen Personennamen auf antiken Münzen*: *Nomina propria Iranica in nummis*. (= *Iranisches Personennamenbuch*, Band IV). Wien.

AMMER 1939 = AMMER, Karl: *Die Vergleiche im Ṛgveda*. Als Dissertation zur Erlangung des Doktorgrades der Philosophischen Fakultät der Universität Wien vorgelegt. Wien [unpubliziert; Sign. 15.193 der Bibliothek des Instituts für Südasienkunde, Universität Wien, cf. http://permalink.obvsg.at/AC04317795 (10.04.2011)].

ANDREAS – WACKERNAGEL 1913 = ANDREAS, F. C. – WACKERNAGEL, J.: 'Die erste, zweite und fünfte Ghāthā des Zaraˣthuštro (Josno 28. 29. 32)'. *Nachrichten von der Königlichen Gesellschaft der Wissenschaften zu Göttingen. Philosophisch-historische Klasse*, 3. Berlin, 369–385.

ANKLESARIA 1942 = ANKLESARIA, B. T.: *Pahlavi Vendidâd*. Bombay.

ANKLESARIA 1956 = ANKLESARIA, B. T.: *Zand-Ākāsīh. Iranian or Greater Bundahishn*. Transliteration and Translation in English. Bombay.

ANQUETIL-DUPERRON 1771 = ANQUETIL-DUPERRON, A. H.: *Zend-Avesta, ouvrage de Zoroastre*. Tome II (= vol. 3). Paris.

ARBMAN 1927 = ARBMAN, E.: 'Tod und Unsterblichkeit im vedischen Glauben'. *Archiv für Religionswissenschaft*, 25/2, 338–387.

ARBMAN 1928 = ARBMAN, E.: 'Tod und Unsterblichkeit im vedischen Glauben'. *Archiv für Religionswissenschaft*, 26/2, 186–240.

AUFRECHT 1877 = AUFRECHT, A.: *Die Hymnen des Ṛgveda*. Erster Theil. *Maṇḍala I–VI*. Zweiter Theil. *Maṇḍala VII–X*. Zweite Auflage. Bonn.

BACK 1978 = BACK, M.: *Die sassanidischen Staatsinschriten*. Studien zur Orthographie und Phonologie des Mittelpersischen der Inschriften zusammen mit einem etymologischen Index des mittelpersischen Wortgutes und einem Textcorpus der behandelten Inschriften. (Acta Iranica 18). Téhéran – Liège.

BAILEY 1943 = BAILEY, H. W.: *Zoroastrian Problems in the Ninth-Century Books*. (Ratanbai Katrak Lectures) Oxford (revised edition with a new Introduction, 1971).

BALDRY 1952 = BALDRY, H. C.: 'Who Invented the Golden Age?' *The Classical Quarterly*, N. S., 2,1/2, 83–92.

BARTHOLOMAE 1888 = BARTHOLOMAE, Christian: 'Die arische flexion der adjectiva und participia auf *-nt-*'. Zeitschrift für Vergleichende Sprachforschung auf dem Gebiet der Indogermanischen Sprachen 29, 487–588.

BARTHOLOMAE 1904 = BARTHOLOMAE, Christian: *Altiranisches Wörterbuch*. Strassburg.

BARTHOLOMAE 1905 = BARTHOLOMAE, Christian: *Die Gatha's des Awesta. Zarathushtra's Verspredigten*. Strassburg.

BARTHOLOMAE 1906 (*ZAirWb*) = BARTHOLOMAE, Christian: *Zum Altiranischen Wörterbuch* 1906.

BASU 1969 = BASU, Jogiraj, *India of the age of the Brāhmaṇas.* Calcutta.

BAUSANI, A. 1963 = BAUSANI, A.: *Testi religiosi Zoroastriani*. Traduzione dall'originale pahlavi con introduzione e note (Settima edizione). Catania.

BECK – GEUENICH – STEUER (eds.) 2000 = *Reallexikon der Germanischen Altertumskunde*. Von Johannes HOOPS. Zweite [...] Auflage mit [...] unter [...] redaktioneller Leitung von [...] Rosemarie MÜLLER [...] Heinrich BECK, [...] Dieter GEUENICH, [...] Heiko STEUER. Fünfzehnter Band: *Hobel – Iznik*. Berlin – New York.

BENDER 1910 = BENDER, H. H.: *The Suffixes* Mant *and* Vant *in Sanskrit and Avestan*. Baltimore.

BENVENISTE 1935 = BENVENISTE, Émile: *Les infinitifs avestiques*. Paris.

BENVENISTE 1940 = BENVENISTE, Émile: *Textes Sogdiens*. Paris.

BENVENISTE 1967 = BENVENISTE, Émile: 'Fondements syntaxiques de la composition nominale'. Bulletin de la Société de linguistique de Paris 62/1, 15–31.

BENVENISTE 1968 = BENVENISTE, Émile: 'Phraséologie poétique de l'indo-iranien'. In: *Mélanges d'indianisme*. A la mémoire de Louis Renou. (Publications de l'Institut de Civilisation Indienne, série in-8°, 28). Paris.

BERGAIGNE 1878 = BERGAIGNE, A.: *La religion védique d'après les hymnes du Rig-Veda*. Tome Ier. (Bibliothéque de l'École des Hautes Études – IVe Section – Sciences historiques et philologiques, 36e fascicule). Paris.

BERGAIGNE 1884 = BERGAIGNE, A.: *La religion védique d'après les hymnes du Rig-Veda*. Tome IIe. (Bibliothéque de l'École des Hautes Études – IVe Section – Sciences historiques et philologiques, 53e fascicule). Paris.

BIANCHI 1978 = BIANCHI, U.: 'La doctrine zarathustrienne des deux esprits'. In: U. BIANCHI, *Selected Essays on Gnosticism, Dualism and Mysteriosophy*. (Supplement to *Numen* 38). Leiden, 361–389.

BLOOMFIELD 1893 = BLOOMFIELD, M.: 'Contributions to the Interpretation of the Veda'. Journal of the American Oriental Society 15, 143–188.

BOTTÉRO – KRAMER 1993 = BOTTÉRO, J. – KRAMER, S. N.: *Lorsque les dieux faisaient l'homme*. Mythologie mésopotamienne. (Bibliothèque des Histoires). Paris.

BRELICH 1955 = BRELICH, A.: *Tre variazioni romane sul tema delle origini*. (Pubblicazioni della Scuola di Studi Storico-religiosi 2). Roma.

BRERETON 2002 = BRERETON, J. P.: 'The Race of Mudgala and Mudgalānī'. Journal of the American Oriental Society 112/2 (*Indic and Iranian Studies inHonor of Stanley Insler on His Sixty-Fifth Birthday*), 224–234.

BROWN 1931 = BROWN, W. N.: 'The Sources and Nature of *pū́ruṣa* in the Puruṣasūkta (Rigveda 10. 91)'. Journal of the American Oriental Society 51/2, 108–118.

BROWN 1942 = BROWN, W. N.: 'The Creation Myth of the Rig Veda'. Journal of the American Oriental Society 62/2, 85–98.

BROWN 1968 = BROWN, W. N.: 'Agni, Sun, Sacrifice, and Vāc: a Sacerdotal Ode by Dīrghatamas (Rig Veda 1. 164)'. Journal of the American Oriental Society 88/2, 199–218.

BRUCKER 1980 = BRUCKER, Egon, *Die spätvedische Kulturepoche nach den Quellen der Śrauta-, Gr̥hya-, und Dharmasūtras. Der Siedlungsraum.* Wiesbaden.

BRUGMANN 1905/06a = BRUGMANN, Karl: 'Der Kompositionstypus *ἔν-θεος*'. Indogermanische Forschungen 18, 127–129.

BRUGMANN 1905/06b = BRUGMANN, Karl: 'Zur Wortzusammensetzung in den indogermanischen Sprachen'. Indogermanische Forschungen 18, 59–76.

BURKERT 1962 = BURKERT, W.: *Caesar und Romulus*-Quirinus. *Historia* 11, 356–376.

BURKERT 1977 = BURKERT, W.: 'Le mythe de Géryon: perspectives préhistoriques et tradition rituelle'. In: *Il Mito Greco. Atti del Convegno Internazionale (Urbino 7–12 maggio 1973).* A cura di B. GENTILI – G. PALONE. (Quaderni Urbinati di Cultura Classica. Atti di Convegni 1). Roma, 273–283.

CALAND – HENRI (1906–07) = CALAND, W. – HENRI, V. *Agniṣṭoma: description complète de la forme normale du sacrifice de Soma dans le culte védique.* 2 vols. Paris.

CALAND 1908 = CALAND, W[illem]: *Altindische Zauberei. Darstellung der altindischen „Wunschopfer".* (Verhandelingen der Koninklijke Akademie van Wetenschappen te Amsterdam. Afdeeling Letterkunde. Nieuwe Reeks, Deel 10.1). Amsterdam.

CALAND 1919 = CALAND, Willem: *Das Jaiminīya-Brāhmaṇa in Auswahl. Text, Übersetzung, Indices.* (Verhandelingen der Koninklijke Nederlandse Akademie van Wetenschappen. Afd. Letterkunde. Deel I – Nieuwe reeks. Deel XIX, No. 4). Amsterdam. [Reprint: Wiesbaden 1970].

CALAND 1990 = CALAND, Willem: *Kleine Schriften.* Hrsg. von Michael WITZEL. (Glasenapp-Stiftung, Band 27). Stuttgart.

CAMPANILE 1999 = CAMPANILE, Enrico: *Saggi di linguistica comparativa e ricostruzione culturale.* A cura di Maria Patrizia BOLOGNA, Filippo MOTTA, Chatia ORLANDI. (Testi linguistici, N. S. 1). Pisa – Roma.

CARDONA – ZIDE 1987 = *Festschrift for Henry Hoenigswald.* Ed. by George CARDONA and Norman H. ZIDE. (Ars Linguistica 15). (Commentationes analyticae et criticae). Tübingen 1987.

CARNOY 1916 = CARNOY, A. J.: 'Iranian Views of Origins in Connection with Similar Babylonian Beliefs'. Journal of the American Oriental Society 36, 300–320.

CASARTELLI 1889 = CASARTELLI, L. C.: 'Pehlevi Notes. V. A Side-Light on the Khvêtûk-Das Controversy'. Babylonian and Oriental Record. A Monthly Magazine of the Antiquities of the East, 3/9, 200–204.

CASARTELLI 1890a = CASARTELLI, L. C.: 'Pehlevi Notes. VI. Oriental Testimonies Regarding Khvêtûk-Das'. Babylonian and Oriental Record. A Monthly Magazine of the Antiquities of the East, 4/5, 97–102.

CASARTELLI 1890b = CASARTELLI, L. C.: 'The Dog and Death'. Babylonian and Oriental Record. A Monthly Magazine of the Antiquities of the East, 4/12, 265–270.

CASSIN 1982 = CASSIN, E.: 'The Death of the Gods'. In: *Mortality and Immortality: the Anthropology and Archaeology of Death.* Ed. by P. EICHER. München, 64–66.

CERETI – MAGGI – PROVASI (eds.) 2003 = CERETI, Carlo G. – MAGGI, Mauro – PROVASI, Elio (eds.): *Religious themes and texts of pre-Islamic Iran and Central Asia. Studies in honour of Professor Gherardo Gnoli on the occasion of his 65th birthday on 6th December 2002*. Wiesbaden.

CERETI 1995 = CERETI, C.: *The Zand ī Wahman Yasn*. A Zoroastrian Apocalypse. (Serie Orientale Roma 75). Roma.

CHADWICK – ZHIRMUNSKY, V. 1969 = CHADWICK, N. K. – ZHIRMUNSKY, V.: *Oral Epics of Central Asia*. (Reprint 2010) Cambridge

CHEUNG 2007 = CHEUNG, J.: *Etymological Dictionary of the Iranian Verb*. (Leiden Indo-European Etymological Dictionary Series 2). Leiden – Boston.

CHRISTENSEN 1916 = CHRISTENSEN, A.: 'Reste von Manu-Legenden in der iranischen Sagenwelt'. In: *Festschrift für Friedrich Carl Andreas zur Vollendung des siebzigsten Lebensjahres am 14. April 1916*. Leipzig, 63–69.

CHRISTENSEN 1934 = CHRISTENSEN, A.: *Les types du premier homme et du premier roi dans l'histoire légendaire des Iraniens*. IIe partie. *Jim*. Leide.

COOMARASWAMY 1942 = COOMARASWAMY, A. K.: 'Horse-Riding in the R̥gveda and the Atharvaveda'. Journal of the American Oriental Society 62, 139–140.

COSTA 1998 = COSTA, Gabriele: *Le origini della lingua poetica indeuropea*. Voce, coscienza e transizione neolitica. (Studi / Accademia Toscana di Scienze e Lettere "La Colombaria", 164). Firenze.

DÄHNHARDT 1907 = DÄHNHARDT, O. (Hrsg.): *Natursagen. Eine Sammlung naturdeutender Sagen, Märchen, Fabeln und Legenden*. Band 1. *Sagen zum Alten Testament*. Leipzig – Berlin.

DANDEKAR 1945 = DANDEKAR, R. N.: 'Yama in the Veda'. In: *B[imala] C[haran] Law Volume*. Ed. by D. R. BHANDARKAR – K. A. NILAKANTA SASTRI (et al.). Calcutta, vol. I, 195–209.

DANDEKAR 1946–85 = DANDEKAR, R. N.: *Vedic Bibliography*. Vol. I, Bombay 1946. Vol. II, Poona 1961. Vol. III, Poona 1973. Vol. IV, Poona 1985.

DANGE 1963 = DANGE, S. A.: 'Prajāpati and his Daughter'. *Purāṇa*, 5/1, 39–46.

DARMESTETER 1–3 = DARMESTETER, Jacques: *Le Zend-Avesta*. I–III. Paris 1892–1893.

DARMESTETER 1877 = DARMESTETER, J.: *Ohrmazd et Ahriman: leurs origines et leur histoire*. Paris.

DARMESTETER 1892 = DARMESTETER, J.: *Le Zend-Avesta. Traduction nouvelle avec commentaire historique et philogique*. Première volume. *La liturgie (Yasna et Vispered)*. (Annales du Musée Guimet 21). Paris.

DARMESTETER 1893 = DARMESTETER, J.: *Le Zend-Avesta. Traduction nouvelle avec commentaire historique et philogique*. Troisième volume. *Origines de la littérature et de la religion zoroastriennes. Appendice à la traduction de l'Avesta: fragments des nasks perdus et index*. (Annales du Musée Guimet 24). Paris.

DAS – MEISER 2002 = DAS, Rahul Peter – MEISER, Gerhard (Hrsg.): *Geregeltes Ungestüm. Bruderschaften und Jugendbünde bei indogermanischen Völkern*. (Veröffentlichungen zur Indogermanistik und Anthropologie 1). Bremen.

DEBRUNNER – WACKERNAGEL 1930 = WACKERNAGEL, Jacob: *Altindische Grammatik*. Band II, Teil 2: *Die Nominalsuffixe*. Von Albert DEBRUNNER. Göttingen.

DEBRUNNER 1954 = WACKERNAGEL, Jacob: *Altindische Grammatik.* Band II: *Nominalflexion – Zahlwort – Pronomen.* Von Albert DEBRUNNER und Jacob WACKERNAGEL. 1930. [IV.] *Register* [...] *(Bd. I–III).* Von Richard HAUSCHILD. 1964. Göttingen.

DEBRUNNER 1917 = DEBRUNNER, Albert: *Griechische Wortbildungslehre.* (Indogermanische Bibliothek, hrsg. von H. HIRT und W. STREITBERG. Zweite Abteilung: Sprachwissenschaftliche Gymnasialbibliothek [...], 8). Heidelberg.

DELBRÜCK 1876 = DELBRÜCK, Berthold: *Altindische Tempuslehre.* (= *Syntaktische Forschungen*, 2). Halle.

DETKOVA 2008 = DETKOVA, I.: *Bogomilismo e dualismo iranico. Il "neomanicheismo".* Tesi per il conseguimento del Dottorato di Ricerca "Bisanzio ed Euraisa". Alma Mater Studiorum dell'Università di Bologna. Sede di Ravenna. Bologna – Ravenna.

DEVOTO 1967 = DEVOTO, G.: Lat. *imago.* In: *Beiträge zur Indogermanistik und Keltologie Julius Pokorny zum 80. Geburtstag gewidmet.* Hrsg. von W. MEID. (Innsbrucker Beiträge zur Kulturwissenschaft 14). Innsbruck, 25–28.

DHABHAR 1949 = DHABHAR, B. N.: *Pahlavi Yasna and Visperad.* Bombay.

DONIGER O'FLAHERTY 1975 = DONIGER O'FLAHERTY, Wendy: *Hindu Myths.* London – New York.

DONIGER O'FLAHERTY 1979 = DONIGER O'FLAHERTY, Wendy: 'Sacred Cows and Profane Mares in Indian Mythology'. History of Religions, 19/1, 1–26.

DONIGER 1976 = DONIGER, Wendy: *The Origins of Evil in Hindu Mythology.* Berkeley, California.

DONIGER 1994 = DONIGER, Wendy: 'Speaking in Tongues: Deceptive Stories about Sexual Deception'. The Journal of Religion, 74/3, 320–337.

DONIGER 1999 = DONIGER, Wendy: *Splitting the Difference. Gender and Myth in Ancient Greece and India.* (Jordan Lectures in Comparative Religion, 1996–97, SOAS, London). Chicago – London.

DONIGER 2002 = DONIGER, Wendy: *Le origini del male nella mitologia indù.* (Il ramo d'oro 37). (Italian translation by V. VERGIANI of DONIGER 1976). Milano.

DONIGER 2009 = DONIGER, Wendy: *La differenza sdoppiata. Identità sessuale e mito nella Grecia e nell'India antiche.* (Il ramo d'oro 52). (Italian translation by A. BERTOLINO of DONIGER 1999). Milano.

DUCHESNE-GUILLEMIN 1936 = DUCHESNE-GUILLEMIN, Jacques: *Études de morphologie iranienne.* Vol. I: *Les composés dans l'Avesta.* (Bibliothèque de la Faculté de philosophie et lettres de l'Université de Liége 74). Paris – Liége.

DUCHESNE-GUILLEMIN 1948 = DUCHESNE-GUILLEMIN, J.: *Zoroastre. Étude critique avec une traduction commentée des Gâthâ.* (Les dieux et les hommes, 2). Paris.

DUCHESNE-GUILLEMIN 1980 = DUCHESNE-GUILLEMIN, J.: 'Cor de Yima et trompette d'Isrāfīl: de la cosmologie mazdéenne à l'eschatologie musulmane'. *Comptes-rendus de l'Académie des Inscriptions et Belles Lettres* [1979], 539–549.

DUMÉZIL 1986 = DUMÉZIL, G.: *Mythe et épopée.* II. *Types épiques indo-européens; un héros, un sorcier, un roi.* (Bibliothèque des Sciences Humaines). Nouvelle édition corrigée. ([1]1971). Paris.

DUMÉZIL 1994 = DUMÉZIL, G.: *Le roman des jumeaux. Esquisse de mythologie et autres essais.* Vingt-cinq esquisses de mythologie (76–100) publiées par J. H. GRISWARD. (Bibliothèque des Sciences Humaines). Paris.

DUMÉZIL 1995 = DUMÉZIL, G.: *Mythe et épopée* I. *L'idéologie des trois functions dans les épopées des peuples indo-européens*. II. *Types épiques indo-européens ; un héros, un sorcier, un roi*. III. *Histoires romaines*. Préface par J. H. GRISWARD. (Quarto). Paris.

DUMONT 1927 = DUMONT, Paul-Émile: *L'Aśvamedha: Description du sacrifice solennel du cheval dans le culte védique d'après les textes du Yajurveda blanc. Vājasaneyisaṃhitā, Śathapatha brāhmaṇa, Kātayāyanaśrautasūtra*. Paris – Louvain.

DUMONT 1948 = DUMONT, Paul-Émile: 'The Horse-Sacrifice in the Taittirīya-Brāhmaṇa. The Eighth and Ninth Prapāṭhakas of the Third Kāṇḍa of the Taittirīya-Brāhmaṇa with Translation'. Proceedings of the American Philosophical Society 92, 447–503.

EBENBAUER 1974 = EBENBAUER, A.: 'Ursprungsglaube, Herrschergott und Menschenopfer: Beobachtungen zum Semnonenkult'. In: MAYRHOFER – MEID – SCHLERATH – SCHMITT (Hrsg.) 1974: 233–249.

EDGERTON 1919 = EDGERTON, F., 'The Metaphor of the Car in the Rigvedic Ritual. Studies in the Veda, III.' *American Journal of Philology* 40, 175–193.

EDMUNDS 2007 = EDMUNDS, L.: 'Helen's divine origins'. Electronic Antiquity 10/2 (May 2007), 1–45.

EGGELING 1–5 = *The Satapatha-Brâhmana according to the text of the Mâdhyandina School*. Translated by Julius EGGELING. Oxford. (Sacred Books of the East 12, 26, 41, 43, 44): Part I, 1882. Part II, 1885. Part III, 1894. Part IV, 1897. Part V, 1900. [Reprint: Delhi 1978–1979].

EHNI 1890 = EHNI, J.: *Der vedische mythus des Yama, verglichen mit den analogen typen der persischen, griechischen und germanischen mythologie*. Strassburg.

EHNI 1896 = EHNI, J.: *Die urspruengliche gottheit des vedischen Yama*. Leipzig.

EICHLER – HILTY – LÖFFLER – STEGER – ZGUSTA (Hrsg.) 1995–1996 = *Namenforschung / Name Studies / Les noms propres. Ein internationales Handbuch zur Onomastik*. Hrsg. von Ernst EICHLER – Gerold HILTY – Heinrich LÖFFLER – Hugo STEGER – Ladislav ZGUSTA. Berlin – New York. 1. Teilband. (Handbuch der Sprach- und Kommunikationswissenschaft 11,1), 1995. 2. Teilband. (Handbuch der Sprach- und Kommunikationswissenschaft 11,2), 1996.

EICHNER – FRAGNER – SADOVSKI – SCHMITT (Hrsg.) 2005 = EICHNER, Heiner – FRAGNER, Bert G. – SADOVSKI, Velizar – SCHMITT, Rüdiger (Hrsg.): *Iranistik in Europa – gestern, heute, morgen*. Unter redaktioneller Mitarbeit von Hannes HOFMANN und Vera GIESEN. (Sitzungsberichte der Österreichischen Akademie der Wissenschaften. Phil.-hist. Klasse, 739. Band: Veröffentlichungen zur Iranistik 34). Wien.

EICHNER – LUSCHÜTZKY (Hrsg.) 1999 = *Compositiones Indogermanicae in memoriam Jochem Schindler*. Hrsg. von Heiner EICHNER und Hans Christian LUSCHÜTZKY unter redaktioneller Mitwirkung von Velizar SADOVSKI. Prag.

EINOO 1988 = EINOO, Shingo: *Die Câturmâsya oder die altindischen Tertialopfer*. (Monumenta Serindica 18). Tokyo.

ELIZARENKOVA 1999 = ELIZARENKOVA, Tat'jana: *Slova i vešči v Rigvede*. Moskva.

EMMERICK 1992 = EMMERICK, R.: 'Old Indian. Iranian'. In: *Indo-European Numerals*. Ed. by J. GVOZDANOVIĆ. (Trends in Linguistics. Studies and Monographs 57). Berlin – New York, 163–198; 289–345.

ESNOUIL 1986 = ESNOUIL, Anne Marie: 'Le Cheval dans le monde indien'. Études indoeuropeennes, 18, 15–20.

ETTER 1986 = ETTER, A.: 'Vedisch *kám – akám*'. In: o-o-pe-ro-si. *Festschrift für Ernst Risch.* Hrsg. von A. ETTER. Berlin, 220–228.

EVP = RENOU, Louis: *Études védiques et pāṇinéennes.* I–XVIII, Paris 1955–1969 (zitiert nach dem betreffenden Band, z.B. EVP 5).

EWAia. 1–3 = MAYRHOFER 1992–1996–2001.

FABIAN 1931 = FABIAN, Erich: *Das exozentrische Kompositum im Deutschen.* Leipzig.

FALK 1994 = FALK, H.: 'Die Kosmogonie von RV X 72'. Wiener Zeitschrift für die Kunde Südasiens 38, 1–22.

FALK 1994 = FALK, Harry: 'Das Reitpferd im Vedischen Indien'. In: HÄNSEL – ZIMMER (eds.) 1994: 91–101.

FAULKES 1995 = FAULKES, A.: Snorri Sturluson, *Edda.* Translated and edited by A. FAULKES. Second edition. London.

FAULKES 2005 = FAULKES, A.: Snorri Sturluson, *Edda. Prologue and* Gylfaginning. Edited by A. FAULKES. Second edition. London.

FAY 1896 = FAY, E. W.: 'The Aryan God of Lightning'. *American Journal of Philology*, 17, 1–29.

FICK 1874 = FICK, August: *Die griechischen Personennamen nach ihrer Bildung erklärt* [...]. Göttingen.

FOLEY 2005 = FOLEY, John Miles (ed.): *A Companion to Ancient Epic.* (Blackwell Companions to the Ancient World. Literature and Culture). Oxford.

FORSSMAN – PLATH (eds.) 2000 = *Indoarisch, Iranisch und die Indogermanistik. Arbeitstagung der Indogermanischen Gesellschaft vom 2. bis 5. Oktober 1997 in Erlangen.* Hrsg. von Bernhard FORSSMAN und Robert PLATH. Wiesbaden.

FÖRSTEMANN 1854–1859ff. = FÖRSTEMANN, Ernst Wilhelm. *Altdeutsches Namenbuch.* Bonn/ Nordhausen 1854–1859. 2., völlig umgearb. Aufl. Bonn/Nordhausen 1872–1901. 3., völlig neu bearb., um 100 Jahre (1100–1200) erw. Aufl., ed. by Hermann JELLINGHAUS. Bonn 1911–1916. [Reprint München – Hildesheim 1966ff.]

FORSTER 1950 = FORSTER, Hans: *Zur Geschichte der griechischen Komposita vom Typus* ἐπί-χρυσος. Dissertation, Universität Zürich, 1949. Teildruck Zürich.

FOY 1897 = FOY, W.: Rez. von A. HILLEBRANDT, *Vedische Mythologie.* I: *Soma und verwandte Götter*, Breslau 1891. Anzeiger für indogermanische Sprach- und Altertumskunde. Beiblatt zu den Indogermanischen Forschungen, 8, 21–34.

FRANKE, R. Otto: *Die indischen Genuslehren: mit dem Text der Liṅgânuçâsana's des Çâkaṭâyana, Harṣavardhana, Vararuci, nebst Auszügen aus den Commentaren des Yakṣavarman (zu Ç.) und des Çabarasvâmin (zu H.) und mit einem Anhang über die indischen Namen.* Kiel 1890.

FRENKIAN 1943 = FRENKIAN, A. M.: 'Puruṣa – Gayômard – Anthropos'. Revue des études indoeuropéennes 3, 118–131.

FRITZ 2006 = FRITZ, Sonja: *Die ossetischen Personennamen.* (= *Iranisches Personennamenbuch*, Band III, Faszikel 3). (Sitzungsberichte der ÖAW. Phil.-hist. Klasse, 746. Band: Iranische Onomastik 2). Wien.

FUSSMAN 1977 = FUSSMAN, G.: 'Pour une problématique nouvelle des religions indiennes anciennes'. Journal Asiatique 264, 20–71.

GEIGER 1916 = GEIGER, B.: *Die Aməša Spəntas. Ihr Wesen und ihre ursprüngliche Bedeutung.* (Sitzungsberichte der Kaiserlichen Akademie der Wissenschaten in Wien. Phil.-hist. Klasse, 176,7). Wien 1916.

GELDNER 1881 = GELDNER, Karl Friedrich: 'Uebersetzungen aus dem Avesta. II. Vendidâd 2. 15. 5'. Kuhn's Zeitschrift für Vergleichende Sprachforschung auf dem Gebiet der Indogermanischen Sprachen 25 (N. F. 5), 179–212.

GELDNER 1886–1889–1896 = GELDNER, Karl Friedrich: *Avesta, the holy books of the Parsis*. I: *Prolegomena, Yasna*. Stuttgart 1886. II: *Vispered and Khorda Avesta*. Stuttgart 1889. III: *Vendidad*. Stuttgart 1896.

GELDNER 1907 = GELDNER, Karl Friedrich: *Der Rigveda in Auswahl*. Erster Teil. *Glossar*. Stuttgart.

GELDNER 1909 = GELDNER, Karl Friedrich: *Der Rigveda in Auswahl*. Zweiter Teil. *Kommentar*. Stuttgart.

GELDNER 1926 = GELDNER, Karl Friedrich: *Die Zoroastrische Religion*. (*Das Avesta*). (Religionsgeschichtliches Lesebuch. Zweite erweiterte Auflage. Heft 1). Tübingen.

GELDNER 1951–1957 = GELDNER, Karl Friedrich: *Der Rig-Veda*. Aus dem Sanskrit ins Deutsche übersetzt und mit einem laufenden Kommentar versehen. Cambridge, Mass. – London – Wiesbaden. Band I–III. (Harvard Oriental Series 33–36). 1951. Band IV: *Namen- und Sachregister zur Übersetzung, dazu Nachträge und Verbesserungen*. Aus dem Nachlaß des Übersetzers herausgegeben, geordnet und ergänzt von Johannes NOBEL. 1957. [Reprint of vols. 1–3 in one vol.: (Harvard Oriental Series 63, Cambridge, Mass. 2003. Reprint of vols. 1–4 in two vols.: Wiesbaden 2008].

GERING 1896 = GERING, H.: *Glossar zu den Liedern der Edda (Sæmundar Edda)*. Zweite Auflage. Paderborn (Bibliothek der ältesten deutschen Litteratur-Denkmäler 8).

GERSHEVITCH 1967 = GERSHEVITCH, Ilya: *The Avestan Hymn to Mithra. With an introduction, translation and commentary*. (University of Cambridge Oriental Publication, 4). Cambridge (2nd edition; first ed. Cambridge 1959).

GERSHEVITCH 1987 = GERSHEVITCH, I.: 'Yima's *Beef-Plea*'. In: *Orientalia Iosephi Tucci Memoriae Dicata*. Ed. by Gh. GNOLI and L. LANCIOTTI (Serie Orientale Roma 61/2). Rome, 487–499.

GHATAGE et al. (ed.) 1976ff. = GHATAGE, Amrit Madhav (general ed., vol. 1–3,2) – JOSHI, Shivram Dattatray (gen. ed. vol. 3,3–5,3) – RANADI, H. G. (gen. ed. vol. 6,1) – BHATTA, Vinayaka P. (gen. ed. vol. 6,2–9,3) : *An Encyclopaedic Dictionary of Sanskrit on Historical Principles*. Vol. I ff. Poona [derzeit bei Vol. 9, Part 3, 2011].

GIGNOUX 1982 = GIGNOUX, Philippe: 'Vie et mort en Iran ancien'. In: *La mort, les mortes dans les sociétés anciennes*. Sous la direction de Gh. GNOLI et J.-P. VERNANT. Cambridge – Paris, 349–354.

GIGNOUX 1986 = GIGNOUX, Philippe: *Noms propres sassanides en moyen-perse épigraphique*. (= *Iranisches Personennamenbuch*, Band II, Faszikel 2). (Österreichische Akademie der Wissenschaften, Philosophisch-historische Klasse: Sonderpublikation der Iranischen Kommission). Wien.

GIGNOUX 1989 = GIGNOUX, Philippe: 'Le mage Kirdir et ses quatre inscriptions'. *Comptes Rendus de l'Académie des Inscriptions et Belles-Lettres*, 133e année 3 (Paris), 689–699.

GIGNOUX 1990 = GIGNOUX, Philippe: *Les inscriptions de Kirdīr et sa vision de l'au-delà*. (Conferenze IsMEO 2). Roma.

GIGNOUX 1991 = GIGNOUX, Philippe: *Les quatre inscriptions du mage Kirdīr*. Textes et Concordances. (Studia Iranica, Cahier 9). Paris.

GIGNOUX 2003 = GIGNOUX, Philippe: *Noms propres sassanides en moyen-perse épigraphique. Supplément [1986–2001]*. (= *Iranisches Personennamenbuch*, Band II, Faszikel 3). (Österreichische Akademie der Wissenschaften, Philosophisch-historische Klasse: Sonderpublikation des Instituts für Iranistik). Wien.

GIGNOUX – JULLIEN – JULLIEN 2009: GIGNOUX, Philippe – JULLIEN, Christelle – JULLIEN, Florence: *Noms propres syriaques d'origine iranienne*. (= *Iranisches Personennamenbuch*, Band VII, Faszikel 5). (Sitzungsberichte der ÖAW. Phil.-hist. Klasse, 789. Band: Iranische Onomastik, Nr. 5). Wien.

GIGNOUX – TAFAZZOLI 1993 = GIGNOUX, PH. – TAFAZZOLI, A.: *L'Anthologie de Zādspram*. (Studia Iranica, Cahier 13). Paris.

GLADIGOW 1975 = GLADIGOW, Burkhard: 'Götternamen und Name Gottes. Allgemeine religionsgeschichtliche Aspekte'. In: STIETENCRON (Hrsg.) 1975: 13–32.

GLADIGOW 1981 = GLADIGOW, Burkhard: 'Gottesnamen (Gottesepitheta)'. In: *Reallexikon für Antike und Christentum*. Band 11. Stuttgart, Sp. 1202–1238.

GLADIGOW 1993 = GLADIGOW, Burkhard: 'Gottesvorstellungen'. In: CANCIK, H. – GLADIGOW, B. – LAUBSCHER, M. (Hrsg.): *Handbuch religionswissenschaftlicher Grundbegriffe*. Band III. Stuttgart etc., 32–49. — 'Name'. Ibidem, 209–212. — 'Interpretationsmodelle'. Ibidem, 289–298.

GNOLI 1963 = GNOLI, Gherardo: 'Osservazioni sulla dottrina mazdaica della creazione'. *AION*, N.S., 13, 163–193.

GNOLI 1965 = GNOLI, Gherardo: 'Lo stato di "maga"'. *AION*, N.S. 16, 105–117.

GNOLI 1971 = GNOLI, Gherardo: 'Questioni sull'interpretazione della dottrina gathica'. *AION*, N.S. 21, 341–370.

GNOLI 1979 = GNOLI, Gherardo: 'Aš̌avan. Contributo allo studio del libro di Arda Wirāz'. In: *Iranica*, a cura di Gherardo GNOLI – Adriano V. ROSSI. (Seminario di Studi Asiatici, Serie Minor X). Napoli pp. 387–452.

GNOLI 1980 = GNOLI, Gherardo: *Zoroaster's Time and Homeland: A study on the origins of Mazdeism and related problems*. (Seminario di Studi Asiatici. Istituto Universitario Orientale. Series Minor 7). Naples.

GNOLI 1989 = GNOLI, Gherardo: 'On Kushan and Avestan Yima'. In: *Archaeologia Iranica et Orientalis. Miscellanea in honorem Louis Vanden Berghe*. Edenda curaverunt L. DE MEYER et E. HAERINCK. Vol. II. Gent, 919–927.

GNOLI 1991 = GNOLI, Gherardo: 'L'Iran antico e lo Zoroastrismo'. In: *L'uomo indoeuropeo e il sacro*. A cura di J. RIES. Milano, 105–147

GONDA 1949 = GONDA, Jan: *Remarks on Similes in Sanskrit Literature*. (Orientalia Rheno-Traiectina 1). Leiden 1949.

GONDA 1959a = GONDA, Jan: *Stylistic Repetition in the Veda*. (Verhandelingen der Koninklijke Nederlandse Akademie van Wetenschappen. Afd. Letterkunde. Nieuwe reeks 65,3). Amsterdam.

GONDA 1959b = GONDA, Jan: *Epithets in the Ṛgveda*. (Disputationes Rheno-Traiectinae 4). 's-Gravenhage.

GONDA 1965 = GONDA, Jan: *Change and Continuity in Indian Religion*. (Disputationes Rheno-Traiectinae 9). 's-Gravenhage. [Reprint: New Delhi 1997].

GONDA 1968 = GONDA, Jan: 'Abbreviated and inverted compounds in Sanskrit'. In: HEESTERMAN – SCHOKKER – SUBRAMONIAM (eds.) 1968, 221–246 [= GONDA 1975–1991: 2,43–68].

GONDA 1970 = GONDA, J[an]: *Notes on Names and the Name of God in Ancient India.* (Verhandelingen der Koninklijke Nederlandse Akademie van Wetenschappen. Afd. Letterkunde. Nieuwe reeks 75,4). Amsterdam – London.

GONDA 1974 = GONDA, Jan: *The Dual Deities in the Religion of the Veda.* (Verhandelingen der Koninklijke Nederlandse Akademie van Wetenschappen. Afdeeling Letterkunde. Nieuwe Reeks 81). Amsterdam – London.

GONDA 1975a = GONDA, Jan: *Vedic Literature* (*Saṃhitās and Brāhmaṇas*). (= *A History of Indian Literature* 1,1). Wiesbaden 1975.

GONDA 1975b–1991 = GONDA, Jan: *Selected Studies. Presented to the author by the staff of the Oriental Institute, Utrecht University, on the occasion of his 70th birthday*. Vol. I–VI. Leiden.

GONDA 1977 = GONDA, Jan: *The ritual sūtras.* (= *A History of Indian Literature* 1,2). Wiesbaden.

GONDA 1980 = GONDA, Jan: *Vedic ritual. The non-solemn rites.* (Handbuch der Orientalistik. Zweite Abteilung: Indien. Vierter Band: Religionen. Erster Abschnitt). Leiden – Köln.

GONDA 1986 = GONDA, Jan: *Prajāpati's Rise to a Higher Rank.* (Orientalia Rheno-Traiectina 29). Leiden.

GONDA 1987 = GONDA, Jan: *Rice and barley offerings in the Veda.* (Orientalia Rheno-Traiectina 31). Leiden 1987.

GOPAL 1959 = GOPAL, Ram, *India of Vedic Kalpasūtras.* Delhi.

GÖTZE 1963 = GÖTZE, A.: 'Persische Weisheit in griechischem Gewande'. Zeitschrift für Indologie und Iranistik, 2, 60–98, 167–174.

GRASSMANN 1873 = GRASSMANN, Hermann: *Wörterbuch zum Rig-Veda* [...]. Leipzig 1873. 4., unveränderte Aufl. Wiesbaden 1964. 6. Ausg. überarbeitet und ergänzt von Maria KOZIANKA. Wiesbaden 1996.

GRASSMANN 1877 = GRASSMANN, Hermann: *Rig-Veda. Übersetzt und mit kritischen und erläuternden Anmerkungen versehen* [...]. *In zwei Theilen.* Erster Theil: *Familienbücher des Rig-Veda (zweites bis achtes Buch).* Zweiter Theil: *Sammelbücher des Rig-Veda (erstes, neuntes, zehntes Buch).* Leipzig.

GRASSMANN 1996 – s. unter GRASSMANN 1873.

GRAY 1926 = GRAY, H. L.: 'A List of the Divine and Demonic Epithets in the Avesta'. Journal of the American Oriental Society 46, 97–153.

GRENET 1984 = GRENET, Frantz: 'Notes sur le panthéon iranien des Kouchans'. Studia Iranica, 13, 253–261.

GRENET 1995–1996 'Vaiśravaṇa in Sogdiana'. Silk Road Art and Archaeology, 4, 277–297.

GRENET 2002 = GRENET, Frantz: 'Pour une nouvelle visite à la "vision de Kerdīr"', Studia Asiatica 3/1–2, 5–27.

GRIFFITH 1899 = *The texts of the White Yajurveda.* Translated [...] by Ralph T. H. GRIFFITH. Benares 1899. [Reprint (4th ed.): Chawkhamba Sanskrit Studies 95, Varanasi 1976].

GRIMM 1875 = GRIMM, Jacob: *Deutsche Mythologie.* 4. Auflage, besorgt von E. Hugo MEYER. Band I. Berlin 1875.

GROTTANELLI 1980 = GROTTANELLI, Cristiano: 'Cosmogonia e sacrificio, I. Problemi delle cosmogonie "rituali" nel R̥gVeda e nel Vicino Oriente Antico'. *Studi Storico-religiosi* 4/2, 207–235.

GROTTANELLI 1981 = GROTTANELLI, Cristiano: 'Cosmogonia e sacrificio, II. Death as the Supreme God's Beloved Son and the Founding Myth of Human Sacrifice'. *Studi Storico-religiosi* 5/2, 173–196.

GUBLER 1903 = GUBLER, Theophil: *Die Patronymica im Alt-Indischen.* Dissertation, Univ. Basel. Göttingen.

GÜNTERT 1923 = GÜNTERT, Hermann: *Der arische Weltkönig und Heiland.* Halle.

HÄNSEL – ZIMMER (eds.) 1994 = *Die Indogermanen und das Pferd. Akten des Internationalen interdisziplinären Kolloquiums Freie Universität Berlin, 1.–3. Juli 1992.* [...] *Bernfried Schlerath zum 70. Geburtstag gewidmet.* Herausgegeben von Bernhard HÄNSEL und Stefan ZIMMER unter Mitwirkung von Marie-Luise DUNKELMANN und Almut HINTZE. Budapest.

HARLEZ 1887 = HARLEZ, Ch. DE: 'The Four-Eyed Dog of the Avesta'. Babylonian and Oriental Record. A monthly Magazine of the Antiquities of the East, 1/3, 36–38.

HARRIS 1906 = HARRIS, R.: *The Cult of the Heavenly Twins.* Cambridge.

HARTLAND 1922 = HARTLAND, E. S.: 'Twins'. *Encyclopædia of Religion and Ethics.* Ed. by J. HASTINGS. Vol. 12. Edinburgh, 491–500.

HARTMAN 1953 = HARTMAN, Sven S.: *Gayōmart. Étude sur le syncretisme dans l'ancien Iran.* Uppsala.

HARWEG 1964 = HARWEG, Roland: *Kompositum und Katalysationstext, vornehmlich im späten Sanskrit.* (Janua linguarum, Series practica 5). London – The Hague – Paris.

HAUDRY 1987 = HAUDRY, J.: 'Les R̥bhus et les Alfes'. Bulletin d'Études Indiennes 5, 159–219.

HAUG 1878 = HAUG, M.: *Essays on the Sacred Language, Writings, and Religion of the Parsees.* 2nd ed. by E. W. West., Boston [first ed., Bombay, 1862; reprint New Delhi 2003].

HAUSCHILD 1959 = HAUSCHILD, R.: 'Die Tirade von der Wagenwettfahrt des Königs Haosravah und des Junkers Nərəmanah (*Yašt* 5, 50): Neuer Versuch einer Deutung'. Mitteilungen des Instituts für Orientforschung der Deutschen Akademie der Wissenschaften, 7, 1–78.

HÄUSLER 1981 = HÄUSLER, Alexander: 'Zur ältesten Geschichte von Rad und Wagen im nordpontischen Raum'. Ethnographisch-archäologische Zeitschrift 22, 581–647.

HÄUSLER 2000 = HÄUSLER, Alexander: '[Indogermanische Altertumskunde.] II. Archäologisches'. In: BECK – GEUENICH – STEUER (eds.) 2000: 402–408.

HEESTERMAN – SCHOKKER – SUBRAMONIAM 1968 = HEESTERMAN, J. C. – SCHOKKER, G. H. – SUBRAMONIAM, V. I. (eds.): *Pratidānam. Indian, Iranian and Indo-European Studies Presented to Franciscus Bernardus Jacobus Kuiper on his Sixtieth Birthday.* (Janua linguarum. Studia memoriae Nicolai van Wijk dedicata. Series maior 34). The Hague – Paris.

HEIDERMANNS 2005 = HEIDERMANNS, Frank: *Bibliographie zur indogermanischen Wortforschung. Wortbildung, Etymologie, Onomasiologie und Lehnwortschichten der alten und modernen indogermanischen Sprachen in systematischen Publikationen ab 1800.* Band I–III. Mit einer CD-ROM. Tübingen.

HEIMANN 1931 = HEIMANN, Betty: 'Zur indischen Namengebung'. In: *Studia Indo-Iranica. Ehrengabe für Wilhelm Geiger zur Vollendung des 75. Lebensjahres*. Hrsg. von Walter WÜST. Leipzig, 139–155.

HENNING 1946 = HENNING, Walter Bruno: 'The Sogdian Texts of Paris'. Bulletin of the School of Oriental and African Studies, 11, 713–740 (= HENNING 1975: II, 231–740).

HENNING 1975 = HENNING, Walter Bruno: *Selected Papers*. I–II. (Acta Iranica 15). Téhéran – Liège.

HERRENSCHMIDT 1994 = HERRENSCHMIDT, Clarisse: 'Le xwêtôdah ou mariage «incestueux» en Iran ancien'. In: *Épouser au plus proche. Inceste, prohibitions et stratégies matrimoniales autour de la Méditerranée*. Sous la direction de P. BONTE. (Civilisations et sociétés 89). Paris, 113–125.

HERRENSCHMIDT 1996 = HERRENSCHMIDT, Clarisse: 'Entre Perses et Grecs, I. Démocrite et le mazdéisme. Religion, philosophie, science'. Transeuphratène 11, 115–143.

HERTEL 1924 = HERTEL, Johannes: *Die Himmelstore im Veda und im Awesta*. (Indo-Iranische Quellen und Forschungen. Heft 2). Leipzig.

HERTEL 1936 = HERTEL, Johannes: *Der Planet Venus im Awesta*. (Berichte über die Verhandlungen der Sächsischen Akademie der Wisenschaften zu Leipzig, Philologisch-historische Klasse, 87. Band, 1. Heft). Leipzig.

HERZFELD 1947 = HERZFELD, E.: *Zoroaster and his World*. Princeton.

HETTRICH 2007 = HETTRICH, Heinrich: *Materialien zu einer Kasussyntax des R̥gveda*. (Elektronische Publikation: http://www.vergl-sprachwissenschaft.phil1.uni-wuerzburg.de/fileadmin/04080400/Materialien.pdf, kontrolliert am 30.04.2011). Würzburg.

HILKA 1910 = HILKA, Alfons: *Beiträge zur Kenntnis der indischen Namengebung. Die altindischen Personennamen*. (Indische Forschungen 1). Breslau.

HILLEBRANDT 1891 = HILLEBRANDT, A.: *Vedische Mythologie*. Erster Band. *Soma und verwandte Götter*. Breslau.

HILLEBRANDT 1897 = HILLEBRANDT, Alfred: *Ritual-Litteratur. Vedische Opfer und Zauber*. (= *Grundriss der Indo-Arischen Philologie und Altertumskunde / Encyclopedia of Indo-Aryan research* 3,2). Strassburg.

HILLEBRANDT 1927–1929 = HILLEBRANDT, Alfred: *Vedische Mythologie*. Zweite veränderte Auflage in zwei Bänden. Breslau. I, 1927. II, 1929.

HILLEBRANDT 1980 = HILLEBRANDT, Alfred: *Vedic Mythology*. Translated by Sr. R. SARMA. Vol. I–II. Delhi.

HINTZE 1994 = HINTZE, Almut: *Der Zamyād-Yašt. Edition, Übersetzung, Kommentar*. (Beiträge zur Iranistik 15). Wiesbaden.

HINZ 1975 = HINZ, Walther: *Altiranisches Sprachgut der Nebenüberlieferungen*. (Göttinger Orientforschungen, III. Reihe: Iranica, 3), Wiesbaden.

HIRZEL 1918 = HIRZEL, R.: *Der Name. Ein Beitrag zu seiner Geschichte im Altertum und besonders bei den Griechen*. (Abhandlungen der Sächsischen Akademie der Wissenschaften. Phil.-hist. Klasse, 36,2). Leipzig.

HOANG-SON 1969 = HOANG-SON HOAN-ŠY-Ọ̣U: 'Le mythe indien de l'Homme cosmique dans son contexte cultural et dans son évolution'. *Revue de l'histoire des religions* 175, 133–154.

HOFFMANN – FORSSMAN 1996 = HOFFMANN, Karl – FORSSMAN, Bernhard, *Avestische Laut- und Flexionslehre*. (Innsbrucker Beiträge zur Sprachwissenschaft 84). Innsbruck [1]1996; 2., durchges. und erw. Aufl. Innsbruck. 2004.

HOFFMANN – NARTEN, J. 1989 = HOFFMANN, Karl – NARTEN, J.: *Der Sasanidische Archetypus. Untersuchungen zu Schreibung und Lautgestalt des Avestischen.* Wiesbaden.

HOFFMANN 1952 = HOFFMANN, Karl: 'Jungawestisch *zazāite*'. Münchener Studien zur Sprachwissenschaft 4, 43–49 (reprinted 1961; reprinted also in HOFFMANN 1975–1976: II, 373–377).

HOFFMANN 1952–1956 = HOFFMANN, Karl: 'Zum prädikativen Adverb'. Münchener Studien zur Sprachwissenschaft 1, 1952/1956, 42–53 [= HOFFMANN 1975–1976: II, 339–349].

HOFFMANN 1957 = HOFFMANN, Karl: 'Mārtāṇḍa und Gayōmart'. Münchener Studien zur Sprachwissenschaft 11, 85–103 (reprinted in HOFFMANN 1975–1976: II, 422–438; English translation in HOFFMANN 1976 and 1992: III, 715–732).

HOFFMANN 1975–1976 = HOFFMANN, Karl: *Aufsätze zur Indoiranistik.* Bd. I–II, hrsg. von Johanna NARTEN. Wiesbaden. [Bd. III = HOFFMANN 1992].

HOFFMANN 1976 = HOFFMANN, Karl: Mārtāṇḍa and Gayōmart. In: *German Scholars on India. Contributions to Indian Studies*. Ed. by the Cultural Department of the Embassy of the Federal Republic of Germany. Vol. II. Bombay, 100–117 (reprinted also in IDEM 1992: III, 715–732).

HOFFMANN 1992 = HOFFMANN, Karl: *Aufsätze zur Indoiranistik*. Band III. Hrsg. von Sonja GLAUCH – Robert PLATH – Sabine ZIEGLER. Wiesbaden.

HOFFMANN (Hrsg.) 1996 = HOFFMANN, Ludger (Hrsg.): *Sprachwissenschaft. Ein Reader*. (De-Gruyter-Studienbuch). Berlin – New York, 444–451.

HOPKINS 1894 = HOPKINS, E. W.: 'The Dog in the Rig-Veda'. The American Journal of Philology, 15/2, 154–163.

HOPKINS 1915 = HOPKINS, E. W.: *Epic Mythology*. (= *Grundriß der Indo-Arischen Philologie und Altertumskunde*. III. Band. I. Heft B). Straßburg. [Reprint: Delhi 1986].

HORSCH 1957 = HORSCH, Paul: 'The Wheel: an Indian Pattern of World Interpretation'. Sino-Indian Studies 5,3.4 (= *Festschrift Liebenthal*), 62–79.

HOS = *Harvard Oriental Series*. Cambridge, Massachusetts.

HUBERT – MAUSS 1899 = HUBERT, H. – MAUSS, M.: 'Essai sur la nature et la fonction du sacrifice'. Année Sociologique, 2, 29–138, 265–266.

HULTGÅRD 2004 = HULTGÅRD, A. 'Fimbulvintern – ett mytmotiv och dess tolkning'. Saga och Sed 2003 [2004], 51–69.

HULTGÅRD 2007 = HULTGÅRD, A.: 'The mythic theme of the great winter in ancient Iranian traditions'. In: *Religious Texts in Iranian Languages. Symposium held in Copenhagen, May 2002*. Ed. by F. VAHMAN and Cl. V. PEDERSEN. (Historike-filosofiske Meddelelser 98). Copenhagen, 101–120.

HUMBACH 1957 = HUMBACH, H.: 'Zur altiranischen Mythologie'. Zeitschrift der Deutschen Morgenländischen Gesellschaft 107, 362–371.

HUMBACH 1959 = HUMBACH, Helmut: *Die Gathas des Zarathustra.* 2 vols. (Indogermanische Bibliothek, Reihe 1: Lehr- und Handbücher). Heidelberg.

HUMBACH 1974 = HUMBACH, Helmut: 'Methodologische Variationen zur arischen Religionsgeschichte'. In: MAYRHOFER – MEID – SCHLERATH – SCHMITT (Hrsg.) 1974: 193–200.

HUMBACH 1977 = HUMBACH, Helmut: 'Awestisch *raθa-* 'Wagen' und seine Ableitungen *raiθiia* und *raiθī*'. Münchener Studien zur Sprachwissenschaft 36, 49–52.

HUMBACH 1991 = HUMBACH, Helmut: *The Gāthās of Zarathushtra and the Other Old Avestan Texts*. In collaboration with Josef H. ELFENBEIN and Prods Oktor SKJÆRVØ. Vol. 1–2. (Indogermanische Bibliothek: Reihe 1, Lehr- und Handbücher). Heidelberg.

HUMBACH 2002 = HUMBACH, Helmut: 'Yama/Yima/Jamšed, King of Paradise of the Iranians'. *Jerusalem Studies in Arabic and Islam*, 26, 68–77.

HUMBACH – ICHAPORIA 1998 = HUMBACH, Helmut – ICHAPORIA, Pallan R.: *Zamyād Yasht. Yasht 19 of the Younger Avesta: Text, Translation, Commentary*. Wiesbaden.

HUYSE 1991 = HUYSE, Philip: *Iranische Namen in den griechischen Dokumenten Ägyptens*. (= *Iranisches Personennamenbuch*, Band V, Faszikel 6a). Wien.

HUYSE 1998 = HUYSE, PH.: 'Kerdīr and the first Sasanians'. In: *Proceedings of the Third European Conference of Iranian Studies held in Cambridge, 11th to 15th September 1995*. Part 1: *Old and Middle Iranian Studies*. Ed. by N. SIMS-WILLIAMS. Wiesbaden, 109–120.

INSLER 1962 = INSLER, Stanley: 'Avestan *daxš-*'. Indogermanische Forschungen 67, 1962, 53–68.

INSLER 1970 = INSLER, Stanley: 'On Yasna 30.1 and 31.7'. Zeitschrift für Vergleichende Sprachforschung auf dem Gebiet der Indogermanischen Sprachen 84, 187–201.

INSLER 1975 = INSLER, Stanley: *The Gāthās of Zarathustra*. (Acta Iranica 8). Téhéran – Liège.

INSLER 1993 = INSLER, Stanley: Review of A. ETTER, *Die Fragesätze im Ṛgveda*. Journal of the American Oriental Society 113/4, 597–599.

IPNB = *Iranisches Personennamenbuch*: s. oben, Anm. 7, S. 8–9.

IPNB 1 = MAYRHOFER 1977a.

IVANOV 1925 = IVANOV, J.: *Bogomilski knigi i legendi*. Sofija.

JACKSON 1899 = JACKSON, A. V. W.: *Zoroaster, the Prophet of Ancient Iran*. New York.

JACKSON 2006 = JACKSON, Peter: *The Transformations of Helen. Indo-European Myth and the Roots of the Trojan Cycle.* (Ergänzunghefte zu den Münchener Studien zur Sprachwissenschaft 23). Dettelbach.

JACKSON – OETTINGER 2003 = JACKSON, Peter – OETTINGER, Norbert: 'Traitana and Θraēta(o)na. Reste urindoiranischer Heldenlegenden'. Indo-Iranian Journal 45, 221–229.

JAINI 1977 = JAINI, P. S.: 'Jina Ṛṣabha as an *Avatāra* of Viṣṇu'. Bulletin of the School of Oriental and African Studies, 40/2, 321–337.

JAMASP 1907 = JAMASP, H.: *Vendidâd. Avesta Text with Pahlavi Translation and Commentary, and Glossarial Index*. I. *The Texts*. II. *Glossarial Index*. Bombay.

JAMASPASA – HUMBACH 1971 = JAMASPASA, Kaikhusroo M. – HUMBACH, Helmut (Hrsg.): *Pursišnīhā. A Zoroastrian Catechism*. Part I. *Text, Translation, Notes*. Part II. *Facsimiles*. Wiesbaden.

JAMISON 1988 = JAMISON, Stephanie W.: '*vā́yav índraś ca* revisited'. Münchener Studien zur Sprachwissenschaft 49, 13–59.

JAMISON 1991 = JAMISON, Stephanie W.: *The Ravenous Hyenas and the Wounded Sun: Myth and Ritual in Ancient India*. (Myth and Poetics). Ithaca.

JAMISON 1996 = JAMISON, Stephanie W.: *Sacrificed Wife/Sacrificer's Wife*. Women, Ritual, and Hospitality in Ancient India. New York – Oxford.

JAMISON 1997 = JAMISON, Stephanie W.: 'Formulaic Elements in Vedic Myth'. In: *Inside the Texts. Beyond the Texts: New Approaches to the Study of the Vedas*. Ed. by Michael WITZEL. (Harvard Oriental Series: Opera Minora 2). Cambridge, Massachusetts, 127–138.

JAMISON 2001 = JAMISON, Stephanie W.: 'The Rigvedic Svayaṃvara? Formulaic Evidence'. In: *Vidyārṇavavandanam. Essays in Honor of Asko Parpola.* Ed. by K. KARTTUNEN – P. KOSKIKALLIO. Helsinki, 303–315.

JANDA 2005 = JANDA, M.: *Elysion. Entstehung und Entwicklung der griechischen Religion.* (Innsbrucker Beiträge zur Sprachwissenschaft 119). Innsbruck.

JASANOFF – MELCHERT – OLIVER (eds.) 1998 = JASANOFF, Jay – MELCHERT, H. Craig – OLIVER, Lisi: *Mír curad. Studies in honor of Calvert Watkins.* (Innsbrucker Beiträge zur Sprachwissenschaft 92). Innsbruck.

JONG 1985 = JONG, J. W. DE: 'The Over-Burdened Earth in India and Greece'. Journal of the American Oriental Society 105/3, 397–400.

JUSTI 1861 = JUSTI, Ferdinand: *Ueber die Zusammensetzung der Nomina in den indogermanischen Sprachen.* Göttingen.

JUSTI 1895 = JUSTI, Ferdinand: *Iranisches Namenbuch.* Marburg.

KANE 1930–1962 = KANE, V. M.: *History of Dharmaśāstra.* Vol. I–V. Puṇe.

KASHIKAR 1968 = KASHIKAR, C. G.: *A Survey of the Śrautasūtras* (= Journal of the University of Bombay, N.S. 35.2, 1968, 1–188). Bombay.

KEITH 1914 = KEITH, Arthur Berriedale: *The Veda of the Black Yajus School entitled Tattirīya Saṃhitā.* Translated from the original Sanskrit prose and verse. Part 1: *Kāṇḍas I–III.* (Harvard Oriental Series 18). Part 2: *Kāṇḍas IV-VII.* (Harvard Oriental Series 19). Cambridge, Massachusetts.

KEITH 1920 = KEITH, Arthur Berriedale: *Rigveda Brahmanas. The Aitareya and Kauṣītaki Brāhmaṇas of the Rigveda.* Translated from the original Sanskrit. (Harvard Oriental Series 25). Cambridge, Massachusetts – London 1920. [Reprints: Delhi – Patna – Varanasi 1971, 1981 etc.].

KEITH 1925 = KEITH, Arthur Berriedale: *The Religion and Philosophy of the Veda and Upanishads.* Vol. I–II. (Harvard Oriental Series 31, 32) Cambridge, Massachusetts.

KELLENS 1974 = KELLENS, Jean: *Les noms-racines de l'Avesta.* (Beiträge zur Iranistik 7). Wiesbaden.

KELLENS 1976 = KELLENS, Jean: 'Les présents avestiques en *isa-* et *iša-*'. Zeitschrift für Vergleichende Sprachforschung auf dem Gebiet der Indogermanischen Sprachen 90, 87–103.

KELLENS 1984a = KELLENS, Jean: *Le verbe avestique.* Wiesbaden 1984.

KELLENS 1984b = KELLENS, Jean: 'Yima, magicien entre les dieux et les hommes'. In: *Orientalia J. Duchesne-Guillemin emerito oblata* (Acta Iranica 24). Leiden, 267–281.

KELLENS 1988 = KELLENS, Jean: 'Yima et la mort'. In: JAZAYERY, Mohammad Ali (ed.): *Languages and Cultures. Studies in Honour of Edgard C. Polomé.* Berlin – New York – Amsterdam, 329–334.

KELLENS 1990 = KELLENS, Jean: 'Un avis sur vieil-avestique *mainiiu-*'. Münchener Studien zur Sprachwissenschaft 51, 97–123.

KELLENS 1994–1995 = KELLENS, Jean: 'Langues et religions indo-iraniennes: L'âme entre le cadavre et le paradis'. Annuaire du Collège de France. Résumé des cours et travaux, 697–705.

KELLENS 1995 = KELLENS, Jean: 'L'âme entre le cadavre et le paradis'. Journal Asiatique 283, 19–56.

KELLENS 1997–1998 = KELLENS, Jean: 'Langues et religions indo-iraniennes: De la naissance des montagnes à la fin du temps: le Yašt 19'. Annuaire du Collège de France. Résumé des cours et travaux, 738–765.

KELLENS 1999–2000 = KELLENS, Jean: 'Langues et religions indo-iraniennes: Promenade dans les Yašts à la lumière de travaux nouveaux (suite)'. Annuaire du Collège de France. Résumé des cours et travaux, 721–751.

KELLENS 2000 = KELLENS, Jean: 'De la tombe à l'enceinte: les mythes indo-européens de fondation urbaine'. In: *Ville et pouvoir: origines et développements. Actes du colloque international de Paris «La ville au coeur du pouvoir», 7 et 8 décembre 2000,* organisé par les Cahiers KUBABA (Université de Paris I) et l'Institut catholique de Paris. Éd. par M. MAZOYER, J. PÉREZ REY, Fl. MALBRAN-LABAT. Vol. 1. (Collection KUBABA, Série Actes). Paris, 35–41.

KELLENS 2000 = KELLENS, Jean: 'Le jumeau primordial: un problème de mythologie comparée indo-iranienne'. Bulletin de la Classe des Lettres. Académie Royale de Belgique. 6e série, Tome XI (7–12), 243–254.

KELLENS 2007a = KELLENS, Jean: *Études avestiques et mazdéennes.* Vol. 2. *Le* Hōm Stōm *et la zone des déclarations* (*Y7.24–Y15.4, avec les intercalations de Vr3 à 6*). (Persika 10). Paris.

KELLENS 2007b = KELLENS, Jean: 'Fils du soleil, fils du sacrifice'. In: *Philologica et Linguistica. Historia, Pluralitas, Universitas. Festschrift für Helmut Humbach zum 80. Geburtstag am 4. Dezember 2001.* Herausgegeben von M. G. SCHMIDT und W. BISANG unter Mitarbeit von M. GREIN und B. HIEGL. Trier, 316–322.

KELLENS – PIRART 1988–1991 = KELLENS, J. – PIRART, Éric: *Les textes vieil-avestiques.* I. *Introduction, texte et traduction.* Wiesbaden 1988. Vol. II : *Les textes vieil-avestiques.* II. *Répertoires grammaticaux et lexique.* Wiesbaden.

KELLENS – PIRART 1991 = KELLENS, J. – PIRART, Éric: *Les textes vieil-avestiques.* III. *Commentaire.* Wiesbaden.

KELLENS – SWENNEN 1991 = KELLENS, J. – SWENNEN, PH.: 'Le sacrifice et la nature humaine'. Bulletin of the Asia Institute 19 (= *Iranian and Zoroastrian Studies in Honor of Prods Oktor Skjærvø*), 71–76.

KEWA = s. MAYRHOFER 1956–1963–1976–1980.

KIRFEL 1951 = KIRFEL, Willibald: 'Der *Aśvamedha* und der *Puruṣamedha*'. In: *Beiträge zur indischen Philologie und Altertumskunde, Walther Schubring zum 70. Geburtstag dargebracht von der deutschen Indologie.* (Alt- und Neu-Indische Studien, 7). Hamburg, 39–50.

KLAUS 1986 = KLAUS, Konrad: *Die altindische Kosmologie. Nach den Brāhmaṇas dargestellt.* (Indica et Tibetica. Monographien zu den Sprachen und Literaturen des indo-tibetischen Kulturraumes 9). Bonn.

KLAUS 1989 = KLAUS, Konrad: *Die Wasserfahrzeuge im vedischen Indien.* (Abhandlungen der Geistes- und Sozialwissenschaftlichen Klasse / Akademie der Wissenschaften und der Literatur [Mainz]; Jg. 1989, Nr. 13). Stuttgart 1989 [1990].

KLAUS 2000 = KLAUS, Konrad: 'Zu den Śrautasūtras'. In: FORSSMAN – PLATH (eds.) 2000: 177–190.

KLINGENSCHMITT 1992 = KLINGENSCHMITT, Gert: 'Die lateinische Nominalflexion'. In: PANAGL, Oswald – KRISCH, Thomas (eds.): *Latein und Indogermanisch. Akten des Kollo-*

quiums der Indogermanischen Gesellschaft, Salzburg, 23.-26. September 1986. (Innsbrucker Beiträge zur Sprachwissenschaft 64). Innsbruck, 89–135.

KOHUT 1871 = KOHUT, A.: 'Die talmudische-midraschische Adamssage und ihrer Rückbeziehung auf die persische Yima- und Meshiasage'. Zeitschrift der Deutschen Morgenländischen Gesellschaft 25, 59–94.

KÖNIG 2008 = KÖNIG, Götz: *Die Erzählung von Ṭahmuraṣ̱ und Ǧamšid.* Edition des neupersischen Textes in Pahlavi-Schrift (MU 29) nebst zweier Parallelfassungen. (Iranica 14). Wiesbaden.

KOPPERS 1936 = KOPPERS, W.: 'Pferdeopfer und Pferdekult der Indogermanen'. Wiener Beiträge zur Kulturgeschichte und Linguistik 4, 279–411.

KOTWAL – BOYD 1991 = *A Persian Offering. The Yasna: A Zoroastrian High Liturgy.* By Dastur Firoze M. KOTWAL and James W. BOYD. (Studia Iranica – Cahier 8). Paris 1991.

KRAMRISCH 1961 = KRAMRISCH, Stella: 'Pūṣan'. Journal of the American Oriental Society 81,2, 104–122.

KRETSCHMER 1909 = KRETSCHMER, P.: 'Remus und Romulus'. *Glotta*, 1, 288–302.

KRICK 1972 = KRICK, H.: 'Der vieräurige Hund im Aśvamedha. Zur Deutung von TS VII, 1, 11, 1 (b)'. Wiener Zeitschrift für die Kunde Südasiens 16, 27–39.

KRICK 1982 = KRICK, Hertha: *Das Ritual der Feuergründung (Agnyādheya).* Hrsg. von Gerhard OBERHAMMER. [Indizes von Chlodwig WERBA]. (Sitzungsberichte der Österreichischen Akademie der Wissenschaften. Phil.-hist. Klasse 399: Veröffentlichungen der Kommission für Sprachen und Kulturen Südasiens 16). Wien.

KUHN 1852 = KUHN, Adalbert: 'Saranyû – 'Ερινvύς'. Zeitschrift für Vergleichende Sprachforschung auf dem Gebiete des Deutschen, Griechischen und Lateinischen (= *KZ*) 1, 439–470.

KUHN 1853 = KUHN, Adalbert: 'Ueber die durch nasale erweiterten verbalstämme'. Zeitschrift für vergleichende Sprachforschung auf dem Gebiete des Deutschen, Griechischen und Lateinischen (= *KZ*) 2, 392–398; 455–471.

KUIPER 1991 = KUIPER, F.B.J.: *Aryans in the Rigveda.* (Leiden Studies in Indo-European 1). Amsterdam – Atlanta 1991.

KUIPER 1996 = KUIPER, F. B. J.: 'Gandharva and Soma'. Studien zur Indologie und Iranistik 20, 225–255.

KÜMMEL 2000 = KÜMMEL, M. J.: *Das Perfekt im Indoiranischen. Eine Untersuschung der Form und Funktion einer ererbten Kategorie des Verbums und ihrer Weitererntwicklung in den altindoiranischen Sprachen.* Wiesbaden.

KUNZE 1998 = KUNZE, Konrad: *dtv-Atlas Namenkunde. Vor- und Familiennamen im deutschen Sprachgebiet.* München 1998.

KWELLA 1973 = KWELLA, P.: *Flußüberschreitung im Rigveda. RV III.33 und Verwandtes.* Wiesbaden.

LANGLOIS 1870 = LANGLOIS. A.: *Rig-véda.* (Bibliothéque international universelle, Monde Ancien, Civilisation Orientale I. Poésie Lyrique. Inde). Paris.

LARRINGTON 2008 = LARRINGTON, C.: *The Poetic Edda.* Translated with an Introduction and Notes. Oxford ([1]1996).

LASSEN 1867 = LASSEN, Christian: *Indische Altertumskunde.* I. Band. Leipzig – London [2]1867.

LAZARD 1956 = LAZARD, G.: 'Un texte persan sur la légende de Gayōmart'. Journal Asiatique 244/2, 201–216.

LENTZ 1962 = LENTZ, Wolfgang: 'Yima und Khvarenah in the Avestan Gathas'. In: *A Locust's Leg. Studies in honour of S. H. Taqizadeh*. Ed. by W. B. HENNING and E. YARSHATER. London, 131–134.

LEUMANN 1893 = LEUMANN, Ernst: 'Eine arische femininbildungsregel'. Zeitschrift für Vergleichende Sprachforschung auf dem Gebiet der Indogermanischen Sprachen 32, 294–310.

LÉVI 1898 = LÉVI, S.: *La doctrine du sacrifice dans les Brâhmaṇas*. (Bibliothéque de l'École des Hautes Études 2, 11). Paris.

LÉVI-STRAUSS 1993 = LÉVI-STRAUSS, Claude: *Storia di Lince. Il mito dei gemelli e le radici etiche del dualismo amerindiano*. Torino (Italian translation of: *Histoire de Lynx*, Paris 1991).

LINCOLN 1975 = LINCOLN, Bruce: 'The Indo–European Myth of Creation'. History of Religions, 15/2, 224–241.

LINCOLN 1977 = LINCOLN, Bruce: 'Death and Resurrection in Indo-European Thought'. Journal of Indo-European Studies, 5, 247–264.

LINCOLN 1979 = LINCOLN, Bruce: 'The Hellhound'. *Journal of Indo European Studies*, 7, 1979, 273–285.

LINCOLN 1980 = LINCOLN, Bruce: 'The Ferryman of the Dead'. Journal of Indo-European Studies, 8, 1/2, 41–59.

LINCOLN 1981 = LINCOLN, Bruce: 'The Lord of the Dead'. History of Religions, 20/3, 121–145.

LINCOLN 1982 = LINCOLN, Bruce: 'The House of Clay'. Indo-Iranian Journal 24, 1–12.

LINCOLN 1986a = LINCOLN, Bruce: *Myth, Cosmos, and Society. Indo-European Themes of Creation and Destruction*. Cambridge (Massachusetts) – London.

LINCOLN 1986b = LINCOLN, Bruce: 'Yima'. In: *Wörterbuch der Mythologie*. Erste Abteilung. *Die alten Kulturen*. Band IV. *Götter und Mythen der kaukasischen und iranischen Völkern*. Unter Mitarbeit von C. COLPE, G. DUMÉZIL, J. ELFENBEIN, K. ISHKOL-KEROVPIAN. Herausgegeben von H. W. HAUSSIG. Stuttgart, 469–473.

LINCOLN 1991 = LINCOLN, Bruce: *Death, War, and Sacrifice. Studies in Ideology and Practice*. Chicago – London.

LINCOLN 1997 = LINCOLN, Bruce: 'Pahlavi *kirrēnīdan*: Traces of Iranian Creation Mythology'. Journal of the American Oriental Society 117/4, 681–685.

LINCOLN 2007 = LINCOLN, Bruce: *Religion, Empire and Torture. The Case of Achaemenian Persia. With a Postscript on Abu Ghraib*. Chicago – London.

LINDNER 1893 = LINDNER, Bruno: 'Die iranische Flutsage'. In: *Festgruss an Rudolf von Roth zum Doktor-Jubiläum 24. August 1893 von seinen Freunden und Schülern*. Stuttgart, 213–216.

LINKE 1992 = LINKE, U.: 'Manhood, Femaleness, and Power: A Cultural Analysis of Prehistoric Images of Reproduction'. Comparative Studies in Society and History, 34/4, 579–620.

LIV = *Lexikon der indogermanischen Verben*. Unter Leitung von Helmut RIX und der Mitarbeit vieler anderer bearbeitet von Martin KÜMMEL, Thomas ZEHNDER, Reiner LIPP, Brigitte SCHIRMER. Wiesbaden [1]1998. [2]2001.

LOMMEL 1927 = LOMMEL, Herman: *Die Yäšt's des Awesta* übersetzt und eingeleitet. Mit Namenliste und Sachverzeichnis. (Quellen der Religionsgeschichte, 15. Gruppe 6: Iran). Göttingen – Leipzig.

LOMMEL 1930 = LOMMEL, Herman: *Die Religion Zarathustras* nach dem Awesta dargestellt. Tübingen.

LOMMEL 1950 = LOMMEL, Herman: 'Vedische Einzelstudien'. Zeitschrift der Deutschen Morgenländischen Gesellschaft 99 (N.F. 25, 1945–1949), 225–257.

LOMMEL 1971 = LOMMEL, Herman: *Die Gathas des Zarathustra.* Mit einem Anhang von Erwin WOLFF: *Die Zeitfolge der Gathas des Zarathustra.* Herausgegeben von Bernfried SCHLERATH. (Sammlung Klosterberg). Basel – Stuttgart.

LOMMEL 1978 = LOMMEL, Herman: *Kleine Schriften.* Hrsg. von Klaus JANERT. (Glasenapp-Stiftung 16). Wiesbaden.

LUBOTSKY 2002 = LUBOTSKY, Alexander: *Atharvaveda-Paippalāda. Kāṇḍa Five. Text, translation, commentary.* (Harvard Oriental Series: Opera Minora, 4). Cambridge, Mass.

LUDWIG 1876–1888 = *Der Rigveda oder Die heiligen hymnen der Brâhmana.* Zum ersten male vollständig ins Deutsche übersetzt, mit commentar und einleitung von Alfred LUDWIG. Erster band, Prag 1876; Zweiter band, Prag 1876; Dritter band: *Die mantraliteratur und das alte Indien* als einleitung zur uebersetzung des Rigveda, Prag 1878; Vierter band: *Commentar zur Rig-veda übersetzung (des commentars erster teil): Zu dem ersten bande der übersetzung*, Prag 1881; Fünfter band *(des commentars zweiter teil): Zu dem zweiten bande der übersetzung*, Prag – Leipzig 1883; Sechster (schlusz-)band: *Register der belegstellen. Verzeichnis der conjecturen. Glossar. Sachliches und grammatisches repertorium für den Rigveda* [...] von Alfred LUDWIG. Prag – Wien – Leipzig 1888.

LUDWIG 1889 = LUDWIG, Alfred: *Über die Kritik des Ṛgveda-Textes.* (Abhandlungen der Königlich-Böhmischen Gesellschaft der Wissenschaften. VII, Folge, 3 Band. Phil.-hist. Classe 5). Prag.

LUGINBÜHL 1992 = LUGINBÜHL, Marianne: *Menschenschöpfungsmythen. Ein Vergleich zwischen Griechenland und dem Alten Orient.* (Europäische Hochschulschriften, Reihe 15: Klassische Sprachen und Literaturen, 58). Bern.

LURJE 2010 = LURJE, Pavel B.: *Personal Names in Sogdian Texts.* (= *Iranisches Personennamenbuch*, Band II, Faszikel 8). (Sitzungsberichte der ÖAW. Phil.-hist. Klasse, 808. Band: Iranische Onomastik 8). Wien.

MACDONALD 1953 = MACDONALD, A. W.: 'A propos de Prajâpati'. Journal Asiatique 240, 323–328.

MACDONELL 1897 = MACDONELL, A[rthur]. A[nthony].: *Vedic Mythology.* (= *Grundriss der Indo-Arischen Philologie und Altertumskunde / Encyclopedia of Indo-Aryan research* III. Band, Heft 1A). Strassburg. (Reprint: Delhi 1974).

MACDONELL 1899 = MACDONELL, Arthur A[nthony].: *A History of Sanskrit Literature.* (Short Histories of the Literatures of the World, 9). Oxford. [Reprint: New Delhi [3]1972].

MACDONELL 1904a = MACDONELL, Arthur Anthony: *The Bṛhad-devatā attributed to Śaunaka.* A Summary of the Deities and Myths of the Rig-Veda. Part I. *Introduction* and *Text and Appendices.* (Harvard Oriental Series 5). Cambridge (Massachusetts).

MACDONELL 1904b = MACDONELL, Arthur Anthony: *The Bṛhad-devatā attributed to Śanauka.* A Summary of the Deities and Myths of the Rig-Veda. Part II. *Translation and Notes.* (Harvard Oriental Series 6). Cambridge (Massachusetts).

MACDONELL 1910 = MACDONELL, A[rthur]. A[nthony].: *Vedic Grammar.* (= *Grundriß der indoarischen Philologie und Altertumskunde / Encyclopedia of Indo-Aryan research*, I. Band, Heft 4). Straßburg.

MACDONELL 1916 = MACDONELL, Arthur Anthony, *A Vedic Grammar for Students*, Oxford. (= First Indian Edition: [New] Delhi 1983).

MACDONELL – KEITH 1912 = MACDONELL, Arthur Anthony – KEITH, Arthur Berriedale: *Vedic Index of Names and Subjects*. (Indian Text Series). I–II. Oxford. [Reprint: Delhi – Varanasi – Patna ³1967].

MACKENZIE 1982 = MACKENZIE, David N.: Review of BACK (1978), Indogermanische Forschungen 87, 280–297.

MACKENZIE 1989 = MACKENZIE, David N.: 'Kerdir's Inscription'. In: *The Sasanian Rock Reliefs at Naqsh-i Rustam*, ed. by G. HERRMANN – D. N. MACKENZIE. (Iranische Denkmäler, Iranische Felsreliefs I). Berlin, 35–72.

MALAMOUD 2002 = MALAMOUD, CH.: *Le jumeau solaire*. (La Librairie du XXe siècle). Paris.

MALANDRA 1983 = MALANDRA, William Warren: *An Introduction to Ancient Iranian Religion*. (Minnesota Publications in the Humanities 2). Minneapolis.

MALLORY – ADAMS 1997 = MALLORY, James P. and ADAMS, Douglas Quincy (eds.): *Encyclopedia of Indo-European Culture*. Chicago – London.

MAUSS 1968 = MAUSS, Marcel: *Œuvres*. 1. *Les fonctions sociales du sacrée*. Présentation par V. KARADY. Paris.

MAYRHOFER 1956–1963–1976–1980 = MAYRHOFER, Manfred: *Kleines etymologisches Wörterbuch des Altindischen / A Concise Etymological Sanskrit Dictionary*. (Indogermanische Bibliothek. Zweite Reihe: Wörterbücher). Heidelberg. Band I: *A–Th*, 1956. Band II: *D–M*, 1963. Band III: *Y–H*, 1976. Band IV: *Register*, 1980. Unter Mitarbeit von Heinz Dieter POHL, Rüdiger SCHMITT und Ronald ZWANZIGER, 1980.

MAYRHOFER 1973 = Manfred MAYRHOFER: *Onomastica Persepolitana. Das altiranische Namengut der Persepolis-Täfelchen.* Unter Mitarbeit von János HARMATTA, Walter HINZ, Rüdiger SCHMITT und Jutta SEIFFERT. (Sitzungsberichte der Österreichischen Akademie der Wissenschaften. Phil.-hist. Kl., 286: Veröffentlichungen der Iranischen Kommission 1). Wien.

MAYRHOFER 1976 = MAYRHOFER 1956–1963–1976–1980: III. Band.

MAYRHOFER 1977a = MAYRHOFER, Manfred: *Die altiranischen Namen*. (= *Iranisches Personennamenbuch*, Band I, Faszikel 1–3). (Österreichische Akademie der Wissenschaften. Phil.-hist. Klasse: Sonderpublikation der Iranischen Kommission [1]). Wien 1977. (Publikation der Fasz. I–III als Gesamtband: 1979).

MAYRHOFER 1977b = MAYRHOFER, Manfred: *Zum Namengut des Avesta*. (Sitzungsberichte der Österreichischen Akademie der Wissenschaften. Phil.-hist. Klasse 308,5). Wien.

MAYRHOFER 1979–1996 = MAYRHOFER, Manfred: *Ausgewählte Kleine Schriften*. Hrsg. von Sigrid DEGER-JALKOTZY und Rüdiger SCHMITT. [Band I:] Wiesbaden 1979. Band II: *Festgabe für Manfred Mayrhofer zum 70. Geburtstag*. Hrsg. von Rüdiger SCHMITT. Wiesbaden 1996 [pp. 237–484].

MAYRHOFER 1992–1996–2001 = MAYRHOFER, Manfred: *Etymologisches Wörterbuch des Altindoarischen.* (Indogermanische Bibliothek. II. Reihe: Wörterbücher). I: *A–D*, Heidelberg [1986–]1992. II: *N–H*, Heidelberg [1992–]1996. III: *Die jüngere Sprache*. [1996–]2001.

MAYRHOFER 1996 = MAYRHOFER 1992–1996–2001: II. Band.

MAYRHOFER 2003 = MAYRHOFER, Manfred: *Die Personennamen in der Ṛgveda-Saṁhitā. Sicheres und Zweifelhaftes.* (Sitzungsberichte der Bayerischen Akademie der Wissenschaften. Phil.-hist. Klasse 2002, Heft 3). München.

MAYRHOFER 2006 = MAYRHOFER, Manfred: *Einiges zu den Skythen, ihrer Sprache, ihrem Nachleben.* (Sitzungsberichte der Österreichischen Akademie der Wissenschaften. Phil.-hist. Klasse, 742: Veröffentlichungen zur Iranistik 36). Wien.

MAYRHOFER – LOCHNER-[VON] HÜTTENBACH – SCHMEJA (Hrsg.) 1968 = *Studien zur Sprachwissenschaft und Kulturkunde. Gedenkschrift für Wilhelm Brandenstein (1898–1967).* Herausgegeben von Manfred MAYRHOFER in Verbindung mit FRITZ LOCHNER-HÜTTENBACH und Hans SCHMEJA. (Innsbrucker Beiträge zur Kulturwissenschaft 14). Innsbruck.

MAYRHOFER – MEID – SCHLERATH – SCHMITT (Hrsg.) 1974 = MAYRHOFER, Manfred – MEID, Wolfgang – SCHLERATH, Bernfried – SCHMITT, Rüdiger (Hrsg.), *Antiquitates Indogermanicae: Studien zur indogermanischen Altertumskunde und zur Sprach- und Kulturgeschichte der indogermanischen Völker. Gedenkschrift für Hermann Güntert zur 25. Wiederkehr seines Todestages am 23 April 1973.* (Innsbrucker Beiträge zur Sprachwissenschaft 12). Innsbruck.

MCCRINDLE 1926 = MCCRINDLE, J. W.: *Ancient India as Described by Megasthenes and Arrian.* Calcutta [2]1926.

MEID 1989 = MEID, Wolfgang: *Archäologie und Sprachwissenschaft. Kritisches zu neueren Hypothesen der Ausbreitung der Indogermanen.* Innsbruck.

MEID 1994 = MEID, Wolfgang: 'Die Terminologie von Pferd und Wagen im Indogermanischen'. In: HÄNSEL – ZIMMER (eds.) 1994: 53–65.

MEIER-BRÜGGER 2002 = MEIER-BRÜGGER, Michael: *Indogermanische Sprachwissenschaft.* 8., überarbeitete und ergänzte Auflage der früheren Darstellung von Hans KRAHE. Unter Mitarbeit von Matthias FRITZ und Manfred MAYRHOFER. (De-Gruyter-Studienbuch). Berlin – New York.

MEILLET 1931 = MEILLET, A.: 'Lettone 'jumis'.' Studi Baltici 1, 115–117.

MEISER 1993 = MEISER, Gerhard: 'Zur Funktion der Nasalpräsens im Urindogermanischen'. In: *Indogermanica et Italica. Festschrift für H. Rix zum 65. Geburtstag.* Unter Mitarbeit von J. BENDAHMAN, J. A. HARÐARSON und Chr. SCHAEFER herausgegeben von G. MEISER. (Innsbrucker Beiträge zur Sprachwissenschaft 72). Innsbruck, 280–313.

MEISSNER – CLACKSON (Hrsg.) 2002 = *Nominal Composition in Indo-European*, ed. by Torsten MEISSNER and James CLACKSON. Special number of *Transactions of the Philological Society*, Vol. 100.3.

MENASCE 1973 = MENASCE, J. DE: *Le troisième livre du Dēnkart: traduit du pehlevi.* (Travaux de l'Institut d'Études Iraniennes de l'Université de Paris III, 5: Bibliothèque des œuvres classiques persanes 4). Paris.

MODI 1924 = MODI, J. J.: *The Persian Farziyāt-Nāmeh and Kholasēh-ī Dīn of Dastur Dārāb Pāhlan.* Bombay.

MODI 1937 = MODI, J. J.: *The Religious Ceremonies and Customs of the Parsees.* 2nd ed. Bombay 1937. (Reprint : 1995).

MOISSON 1993 = MOISSON, P.: *Les dieux magiciens dans le* Rig-Véda. *Approche comparative de structure mythique indo-européennes.* Préface de J. VARENNE. Milano – Paris.

MOLÉ 1963 = MOLÉ, Marjan: *La legende de Zoroastre selon les textes pehlevis*. (Travaux de l'Institut d'Études Iraniennes de l'Université de Paris 3). Paris.

MOLÉ 1967 = MOLÉ, Marjan: *Culte, mythe et cosmologie dans l'Iran ancien*. (Annales du Musée Guimet: Bibliothèque d'études 69). Paris.

MORTON SMITH 1975 = MORTON SMITH, R.: Review of G. Dumézil, *The Destiny of a King*, Chicago – London 1973. Journal of the American Oriental Society 95/1, 146–147.

MOULTON 1913 = MOULTON, J. H.: *Early Zoroastrianism. Lectures Delivered at Oxford and in London, February to May 1912*. London.

MUIR 1870 = MUIR, J.: *Original Sanskrit Texts on the Origin and History of the People of India, their Religion and Institutions*. Vol. V. London.

MÜLLER 1868 = MÜLLER, F. Max: *Lectures on the Science of Language delivered at the Royal Institution of Great Britain in February, March, April and May 1963*. Second Series. London.

MUS 1962 = MUS, P.: 'Du nouveau sur Rgveda 10. 90?'. In: *Indological Studies in Honor of W. Norman Brown*. Ed. by E. BENDER. (American Oriental Series, vol. 47). New Haven, 165–185.

MYLIUS 1995 = MYLIUS, Klaus: *Wörterbuch des altindischen Rituals. Mit einer Übersicht über das altindische Opferritual und einem Plan der Opferstätte*. Wichtrach 1995.

NARAYAN 1898 = NARAYAN, A.: *Essay in Indo-Aryan Mythology*. Vol. 1. Bangalore. (Reprint: Delhi 1987).

NECKEL – KUHN 1983 = NECKEL, Gustav (ed.): *Edda: Die Lieder des Codex Regius nebst verwandten Denkmälern*. Bd 1. *Text*. Hrsg. von G. NECKEL ³1936. 5. verbesserte Auflage von Hans KUHN. (Germanische Bibliothek. Reihe 4, Bd 9. Texte). Heidelberg.

NEGELEIN 1902 = NEGELEIN, Julius VON: 'Die abergläubische Bedeutung der Zwillingsgeburt'. *Archiv für Religionswissenschaft*, 5, 271–273.

NEUMANN 1991a = NEUMANN, Günter: 'Zwischen Mykene und Homer. Namenkundliche Beobachtungen erhellen das „Dark Age"'. In: *La transizione dal Miceneo all'Alto arcaismo. Dal palazzo alla città. Atti del Convegno Internazionale Roma, 14–19 marzo 1988*. A cura di D. MUSTI, A. SACCONI, L. ROCCHETTI, M. ROCCHI, E. SCAFA, L. SPORTIELLO, M. E. GIANNOTTA. (Monografie Scientifiche. Serie Scienze Umane e Sociali). Roma, 167–175.

NEUMANN 1991b = NEUMANN, Günter: 'Die homerischen Personennamen. Ihre Position im Rahmen der Entwicklung des griechischen Namenschatzes'. In: *Zweihundert Jahre Homer-Forschung. Rückblick und Ausblick*. Herausgegeben von Joachim LATACZ. (Colloquium Rauricum 2). Stuttgart – Leipzig, 311–328.

NEUMANN 1994 = NEUMANN, Günter: 'Wertvorstellungen und Ideologie in den Personennamen der mykenischen Griechen'. Anzeiger der Österreichischen Akademie der Wissenschaften. Phil.-hist. Klasse, 131 (= Veröffentlichungen der Mykenischen Kommission 15), 1994, 127–166.

NUSSBAUM 1976 = NUSSBAUM, Alan J[effrey]: *Caland's "law" and the Caland system*, PhD thesis. Harvard University. Cambridge/Mass. [unveröffentlicht].

NUSSBAUM 1986 = NUSSBAUM, Alan J[effrey]: *Head and horn in Indo-European*. (Untersuchungen zur indogermanischen Sprach- und Kulturwissenschaft = Studies in Indo-

European Language and Culture. Neue Folge = New Series 2). Berlin – New York 1986.

NYBERG 1938 = NYBERG, Henrik Samuel: *Die Religionen des alten Iran*. Deutsch von Hans Heinrich SCHAEDER. (Mitteilungen der Vorderasiatisch-Aegyptischen Gesellschaft 43). Leipzig. [Reprint: Osnabrück 1966].

OBERLIES 1998 = OBERLIES, Thomas: *Die Religion des Ṛgveda*. Erster Teil: *Das religiöse System des Ṛgveda*. (Publications of the De Nobili Research Library 26). Wien.

OBERLIES 1999 = OBERLIES, Thomas: *Die Religion des Ṛgveda*. Zweiter Teil: *Kompositionsanalyse der Soma-Hymnen des Ṛgveda*. (Publications of the De Nobili Research Library 27). Wien.

OETTINGER 1983 = OETTINGER, Norbert: *Untersuchugen zur avestischen Sprache am Beispiel des Ardvīsūr-Yašt*. Unpubl. Habilitationsschrift, Universität Erlangen – Nürnberg, Erlangen [1983].

OETTINGER 1994 = OETTINGER, Norbert: 'Pferd und Wagen im Altiranischen und Anatolischen. Zur Frage ererbter Termini'. In: HÄNSEL – ZIMMER (eds.) 1994: 67–76.

OLDENBERG 1886–1892 = OLDENBERG, Hermann: *The Grihya Sûtras. Rules of Vedic Domestic Ceremonies.* Translated by Hermann OLDENBERG. Oxford. *Part I.* (The Sacred Books of the East 29). 1886. *Part III.* (The Sacred Books of the East 30). 1892.

OLDENBERG 1888 = OLDENBERG, Hermann: *Metrische und textkritsche Prolegomena zu einer kritischen Ṛgveda-Ausgabe*. Berlin. [Reprint: Wiesbaden 1982].

OLDENBERG 1909 = OLDENBERG, Hermann: *Rigveda. Textkritische und exegetische Noten. Maṇḍala I.–V.* (Abhandlungen der Königlichen Gesellschaft der Wissenschaften zu Göttingen. Phil.-hist. Klasse. N.F. 11,5). Berlin. [Reprint in einem Band mit OLDENBERG 1912: Nendeln, Liechtenstein 1970].

OLDENBERG 1912 = OLDENBERG, Hermann: *Rigveda. Textkritische und exegetische Noten. Siebentes bis zehntes Buch.* (Abhandlungen der Königlichen Gesellschaft der Wissenschaften zu Göttingen. Phil.-hist. Kl. N.F. 13,3). Berlin. [Reprint in einem Band mit OLDENBERG 1909: Nendeln, Liechtenstein 1970].

OLDENBERG 1912–13 = OLDENBERG, H.: 'Ṛgveda X, 13', Indogermanische Forschungen 31, 126–142.

OLDENBERG 1917 = OLDENBERG, Hermann: *Die Religion des Veda*. [¹1894]. 2. Aufl. Stuttgart – Berlin. (Reprint: Stuttgart [1983]).

OLDENBERG 1967–1993 = OLDENBERG, Hermann: *Kleine Schriften*. Herausgegeben von Klaus J. JANERT. Teil 1–2 (Glasenapp-Stiftung 1). Wiesbaden 1967; Teil III, herausgegeben von Hanns-Peter SCHMIDT. (Glasenapp-Stiftung 34). Stuttgart.

OMIDSALAR 1987 = OMIDSALAR, Mahmoud: 'The Dragon Fight in the National Persian Epic'. International Review of Psycho-Analysis, 14, 343–356.

OMIDSALAR 2008 = OMIDSALAR, Mahmoud: 'Jamšid. ii. In Persian Literature'. In: *Encyclopædia Iranica*. Ed. by E. YARSHATER. Vol. 14. New York, 522–528.

PAKZAD 2005 = PAKZAD, F.: *Bundahišn. Zoroastrische Kosmogonie und Kosmologie*. Band I. Kritische Edition. (Ancient Iranian Studies Series 2). Tehran.

PANAGL 1985 = PANAGL, Oswald: 'Hippologica Mycenaea'. In: ÖLBERG, Hermann (Hrsg.): *Sprachwissenschaftliche Forschungen. Festschrift für J. Knobloch.* (Innsbrucker Beiträge zur Kulturwissenschaft 23). Innsbruck, 283–292.

PANAINO 1990 = PANAINO, Antonio: *Tištriya*. Part 1: *The Avestan Hymn to Sirius*. (Serie Orientale Roma 68,1). Roma.

PANAINO 1997a = PANAINO, Antonio: 'Considerations on the "mixed fractions" in Avestan'. In: *Syntaxe des langues indo-iraniennes anciennes. Colloque international – Sitges (Barcelona), 4–6 mai 1993. Organisé par l'Institut du Proche-Orient Ancien (Université de Barcelona)*. Actes éd. par Éric PIRART. (Aula Orientalis: Supplementa 6). Barcelona, 91–109.

PANAINO 1997b = PANAINO, Antonio: Review of A. HINTZE, *Der Zamyād Yašt. Edition, Übersetzung, Kommentar*, Wiesbaden 1994. Kratylos 42, 63–71.

PANAINO 1997c = PANAINO, Antonio: 'Il Contributo di Ugo Bianchi allo studio del pensiero religiosa dell'Iran antico'. In: *Ugo Bianchi. Una vita per la storia delle religioni*. A cura di G. CASADIO. (Biblioteca di storia delle religioni 3). Roma, 145–171.

PANAINO 2002 = PANAINO, Antonio: *The Lists of Names of Ahura Mazdā (Yašt I) and Vayu (Yašt XV)*. (Serie Orientale Roma 94). Roma.

PANAINO 2004a = PANAINO, Antonio: *Rite, parole et pensée dans l'Avesta ancien et récent*. Quatre leçons au Collège de France (Paris, 7, 14, 21, 18 mai 2002). Éd. par Velizar SADOVSKI avec la collaboration rédactionelle de S. CIRCASSIA. (Sitzungsberichte der ÖAW, Phil.-hist. Klasse, 716. Band / Veröffentlichungen zur Iranistik 31). Wien.

PANAINO 2004b = PANAINO, Antonio: 'Philologia Avestica VI. The Widēwdād Fragment about the Millennium of Yima'. In: *Varia Iranica*. Ed. by C. G. CERETI – B. MELASECCHI – F. VAJIFDAR. (Serie Orientale Roma 97. Orientalia Romana 7). Roma, 19–33.

PANAINO 2006 = PANAINO, Antonio: 'La sfera della sessualità nel mondo iranico-preislamico'. In: *Comportamenti e Immaginario della Sessualità nell'Alto Medioevo. 31 marzo – 5 aprile*. (Settimane di Studio della Fondazione Centro Italiano di Studi sull'Alto Medioevo, 53). Spoleto, 223–260.

PANAINO 2007 = PANAINO, Antonio: 'Ahura Mazdā and the Darkness. About the Meaning of Y. *44*, 5b'. In: *Iranian Languages and Texts from Iran and Turan. Ronald E. Emmerick Memorial Volume*. Edited by M. MACUCH – M. MAGGI – W. SUNDERMANN. (Iranica 13). Wiesbaden, 271–283.

PANAINO 2009a = PANAINO, Antonio: 'The "Mental" Dimension of Evil. Psychoanalytic Remarks on the Image and Behaviour of Ahreman in the Framework of Zoroastrian Cosmology'. In: *Geist, Gehirn, Verhalten. Sigmund Freud und die modernen Wissenschaten*. Hrsg. von Patrizia GIAMPIERI-DEUTSCH. Würzburg, 143–158.

PANAINO 2009b = PANAINO, Antonio: 'Ahreman and Narcissus'. In: *Literarische Stoffe und ihre Gestaltung in mitteliranischer Zeit. Kolloquium anlässlich des 70. Geburtstages von Werner Sundermann*. (Beiträge zur Iranistik 31). Wiesbaden, 201–209.

PANAINO 2009c = PANAINO, Antonio: 'Anche il "migliore" si arrabbia. A proposito di *Y*. 19, 15'. In: *Trésors d'Orient. Mélanges offerts à Rika Gyselen*. Textes réunis par Philippe GIGNOUX, Christelle JULLIEN et Florence JULLIEN. (Studia Iranica. Cahier 42). Paris, 269–281.

PANAINO 2011a = PANAINO, Antonio: 'Apocalittica, Escatologia e Sciamanismo nell'opera iranologica di Philippe Gignoux con una nota sulla «visione» del Mago Kirdēr'. In: *Maître pour l'éternité: florilège offert à Philippe Gignoux pour son 80e anniversaire*. Textes réunis par Rika GYSELEN – Christelle JULLIEN. (Studia Iranica. Cahier 43). Paris, 205–243.

PANAINO 2011b = PANAINO, Antonio: 'The "Frog Prince" and the Whore. Remarks on the Image and Behaviour of Ahreman in the framework of Zoroastrian Cosmology at the Light of its "Phantasmic" and "Unconscious" Background'. In: *Studi Iranici Ravennati*, I. A cura di Antonio PANAINO – Andrea PIRAS, con la collabora zione editoriale di Sara Circassia. Milano. (Indo-Iranica et Orientalia, coll. diretta da Antonio Panaino e Velizar Sadovski. Series Lazur, 1), 17–81.

PANAINO (in press) = PANAINO, Antonio: 'Yima ed il "rifiuto" della *daēnā-*. Ovvero dell'incestualità, della beatitudine e della morte tra ambigui ostacoli e seducenti trasparenze'. In: *Anges et Démons*. Ed. par Éric PIRART. Liège.

PANAINO (forthc.) = PANAINO, Antonio: 'About the triadic Symbolism of Yima's *vara-* and Related Structures and Patterns' (forthc.).

PANAINO – SADOVSKI 2007 = PANAINO, Antonio – SADOVSKI, Velizar: *Disputationes Iranologicae Vindobonenses, I.* (Sitzungsberichte der Österreichischen Akademie der Wissenschaften. Phil.-hist. Klasse, 764: Veröffentlichungen zur Iranistik 41). Wien.

PANIKKAR 1970 = PANIKKAR, R.: 'The Myth of Incest as Symbol for Redemption in Vedic India'. In: *Types of Redemption*. Ed. by R. J. Zwi WERBLOWSKY, C. J. BLEEKER. (Studies in the History of Religion, 18). Leiden, 130–143.

PARKES 1991 = PARKES, P.: 'Temple of Imra, Temple of Mahandeu: A Kafir Sanctuary in Kalasha Cosmology'. Bulletin of the School of Oriental and African Studies, 54, 75–103.

PARPOLA 2002 = PARPOLA, Asko: 'Πανδαίη and Sītā: on the Historical Background of the Sanskrit Epics'. Journal of the American Oriental Society 122/2, 361–373.

PEISKER 1911 = PEISKER, T.: 'The Asiatic Background'. In: *Cambridge Medieval History*. Vol. I. *The Christian Roman Empire and the the Foundation of the Teutonic Kingdoms*. Planned by J. B. BURY. Ed. by H. M. GWATKIN – J. P. WHITNEY. Cambridge, 325–359.

PINAULT 2006 = PINAULT, Georges-Jean: 'Compétition poétique et poétique de la compétition'. In: PINAULT – PETIT (eds.) 2006: 367–411.

PINAULT – PETIT (eds.) 2006 = *La langue poétique indo-européenne. Actes du Colloque de travail de la Société des Études Indo-Européennes (Indogermanische Gesellschaft/Society for Indo-European Studies), Paris, 22–24 octobre 2003*, édités par Georges-Jean PINAULT et Daniel PETIT. (Collection linguistique, publiée par la Société de Linguistique de Paris, 91). Leuven – Paris 2006.

PIRART 1992 = *Kayân Yasn (Yasht 10.9–96 [19.9–96]): l'origine avestique des dynasties mythiques d'Iran*, par Éric Victor PIRART. (Aula Orientalis: Supplementa, 2). Sabadell – Barcelona.

PIRART 1995 = PIRART, Éric: *Les Nāsatya*. Vol. I. *Les noms des Aśvin. Traduction commentée des strophes consacrées aux Aśvin dans le premier maṇḍala de la R̥gvedasaṁhitā*. (Bibliothèque de la Faculté de Philosophie et Lettres de l'Université de Liège 261). Genève.

PIRART 1996 = PIRART, Éric: 'Le sacrifice humain dans l'Avesta'. Journal Asiatique 284/1, 1–36.

PIRAS 2000 = PIRAS, Andrea: *Hādōxt Nask 2. Il Racconto zoroastriano della sorte dell'anima.* Edizione critica del testo avestico e pahlavi, traduzione e commento. (Serie Orientale Roma 88). Roma.

PISANI 1928 = PISANI, Vittore: 'Elena e l'ΕΙΔΩΛΟΝ'. *Rivista di Filologia e di Istruzione Classica*, 56, 476–499 (reprinted in Pisani 1969: 323–245).

PISANI 1966 = PISANI, Vittore: 'Antichità Indeuropee'. *Paideia*, 21/5, 277–295.

PISANI 1969 = PISANI, Vittore: *Lingue e culture*. Brescia.

PISCHEL – GELDNER 1889–1897–1901 = PISCHEL, Richard – GELDNER, Karl Friedrich: *Vedische Studien*. Stuttgart. I, 1889. II, 1897. III, 1901.

PLATH 1992 = PLATH, Robert: 'Altindisch *havanasyád-*'. Münchener Studien zur Sprachwissenschaft 53, 215–228.

PLATH 1994a = PLATH, Robert: 'Pferd und Wagen im Mykenischen und bei Homer'. In: HÄNSEL – ZIMMER (eds.) 1994: 103–114.

PLATH 1994b = PLATH, Robert: *Der Streitwagen und seine Teile im frühen Griechischen. Sprachliche Untersuchungen zu den mykenischen Texten und zum homerischen Epos.* (Erlanger Beiträge zur Sprache, Literatur und Kunst 76). Nürnberg.

PNRV = MAYRHOFER 2003.

POTT 1853 = POTT, August Friedrich: *Die Personennamen, insbesondere die Familiennamen und ihre Entstehungsarten, auch unter Berücksichtigung der Ortsnamen*: eine sprachliche Untersuchung. Leipzig 1853. 2., durch ein Register vermehrte Ausg. Leipzig 1859. [Reprints Vaduz 1968, 1988, 1992].

POTT 1859 = POTT, August Friedrich: 'Ueber altpersische Eigennamen'. Zeitschrift der Deutschen Morgenländischen Gesellschaft 13, 359–444.

POUSSE 2005–2008 = POUSSE, Ch. R.: *La contiguïté temporelle des dieux. Etude philologique sur la syntaxe de la troisième personne du subjonctif aoriste en indépendante-principale dans la R̥gvedasaṁhitā.* Version relue et corrigée d'une thèse de doctorat soutenue à Liège le 31 août 2004. Liège.

PUHVEL 1970 = PUHVEL, Jaan: 'Aspects of Equine Functionality'. In: *Myth and Law among the Indo-Europeans*. Ed. by Jaan PUHVEL. Berkeley and Los Angeles, 159–172.

PUHVEL 1975 = PUHVEL, Jaan: 'Remus et Frater'. History of Religions, 15, 146–157.

PW = B(ÖHTLINGK –) R(OTH) = *Sanskrit-Wörterbuch*, herausgegeben von der Kaiserlichen Akademie der Wissenschaften, bearbeitet von Otto BÖHTLINGK und Rudolph ROTH. I–VII. St. Petersburg 1855–1875. [Reprint: Kyoto 1976. Reprint: Delhi 1990].

pw = *Sanskrit-Wörterbuch in kürzerer Fassung*, bearbeitet von Otto BÖHTLINGK. I–VII. St. Petersburg 1879–1889. [Reprint: Graz 1959; Kyoto 1991; Delhi 1991; 1998].

RADLOFF 1866 = RADLOFF, V. V.: *Proben der Volkslitteratur der türkischen Stamme Süd-Sibiriens*. Band 1. Sankt Petersburg.

RAGHU VIRA 1934 = RAGHU VIRA: 'Implements and Vessels Used in Vedic Sacrifice'. Journal of the Royal Asiatic Society 1934, 283–305.

RAU 1957 = RAU, Wilhelm: *Staat und Gesellschaft im alten Indien*. Nach den Brāhmaṇa-Texten dargestellt, von [...]. Wiesbaden.

RAU 1971 = RAU, Wilhelm: *Weben und Flechten im vedischen Indien.* (Abhandlungen der Geistes- und Sozialwissenschaftlichen Klasse / Akademie der Wissenschaften und der Literatur [Mainz]; Jg. 1970, Nr. 11). Wiesbaden.

RAU 1972 = RAU, Wilhelm: *Töpferei und Tongeschirr im vedischen Indien*. (Abhandlungen der Geistes- und Sozialwissenschaftlichen Klasse / Akademie der Wissenschaften und der Literatur [Mainz]; Jg. 1972, Nr. 10). Wiesbaden.

RAU 1974 = RAU, Wilhelm: *Metalle und Metallgeräte im vedischen Indien*. (Abhandlungen der Geistes- und Sozialwissenschaftlichen Klasse / Akademie der Wissenschaften und der Literatur [Mainz]; Jg. 1973, Nr. 8). Mainz – Wiesbaden.

RAU 1977 = RAU, Wilhelm: 'Ist vedische Archäologie möglich?'. In: *XIX. Deutscher Orientalistentag vom 28. September bis 4. Oktober 1975 in Freiburg im Breisgau. Vorträge*. Hrsg. von Wolfgang VOIGT. (Zeitschrift der Deutschen Morgenländischen Gesellschaft-Supplement 3,1). Wiesbaden, LXXXIII–C.

RAU 1983 = RAU, Wilhelm: *Zur vedischen Altertumskunde*. (Abhandlungen der Geistes- und Sozialwissenschaftlichen Klasse / Akademie der Wissenschaften und der Literatur [Mainz]; Jg. 1983, Nr. 1). Wiesbaden.

RAULWING 1995 = Review of HÄNSEL – ZIMMER 1994. Kratylos 40, 109–118.

RAULWING 1998 = RAULWING, Peter: 'Pferd, Wagen und Indogermanen. Grundlagen, Probleme und Methoden der Streitwagenforschung'. In: *Sprache und Kultur der Indogermanen. Akten der X. Fachtagung der Indogermanischen Gesellschaft, Innsbruck, 22.–28. September 1996*. Herausgegeben von Wolfgang MEID. (Innsbrucker Beiträge zur Sprachwissenschaft). Innsbruck, 523–546.

RAULWING 2000 = RAULWING, Peter: *Horses, Chariots and Indo-Europeans*. Foundations and Methods of Chariotry Research from the Viewpoint of Comparative Indo-European Linguistics. (Archaeolingua. Series Minor, 13). Budapest.

REICHELT 1911 = REICHELT, H.: *Avesta Reader. Texts, Notes, Glossary and Index*. Straßburg.

REITZENSTEIN – SCHAEDER 1926 = REITZENSTEIN, R. – SCHAEDER, H. H.: *Studien zum antiken Synkretismus aus Iran und Griechenland*. Leipzig.

REMMER 2006 = REMMER, Ulla: *Frauennamen im Rigveda und im Avesta. Studien zur Onomastik des ältesten Indischen und Iranischen*. (Sitzungsberichte der ÖAW. Phil.-hist. Klasse, 745. Band: Iranische Onomastik 3). Wien.

RENOU 1931 = RENOU, Louis: *Bibliographie védique*. Paris.

RENOU 1939 = RENOU, Louis: 'La maison védique'. Journal Asiatique 239, 481–504. [= RENOU 1997: 2,819–842].

RENOU 1950/1997 = RENOU, Louis: *The Civilization in Ancient India*. Transl. from the French by Philip SPRATT. New Delhi [1]1987 [Reprint 1997]. [Orig. publication: *La civilisation de l'Inde ancienne d'après les textes sanskrits*. (Bibliothèque de Philosophie Scientifique). Paris 1950. (Reprint : Paris 1981)].

RENOU 1954 = RENOU, Louis: *Vocabulaire du rituel védique*. (Collection de vocabulaires techniques du sanskrit 1). Paris.

RENOU 1956 = RENOU, L.: *Hymnes spéculatifs du Véda*. Traduit du sanskrit et annotés. 4e édition (Connaissance de l'Orient: Série indienne 3). Paris.

RENOU 1956a = RENOU, Louis: 'Évolution des composés nominaux en sanskrit'. Bulletin de la Société de linguistique de Paris 52, 96–116.

RENOU 1956b = RENOU, Louis: *Hymnes spéculatifs du Veda*. Paris.

RENOU 1964 = RENOU, L.: *Études védiques et pāṇinéennes*. Tome XII. (Publications de l'Institut de Civilisation indienne 20). Paris.

RENOU 1967 = RENOU, L.: *Études védiques et pāṇinéennes*. Tome XVI. (Publications de l'Institut de Civilisation indienne 27). Paris.

RENOU 1969 = RENOU, L.: *Études védiques et pāṇinéennes*. Tome XVII. (Publications de l'Institut de Civilisation indienne 30). Paris.

RENOU 1997 = RENOU, Louis: *Choix d'études indiennes*. Réuniés par Nalini BALBIR et Georges-Jean PINAULT. Tome 1–2. (EFEO / Collection Réimpressions 9). Paris.

RISCH 1945 = RISCH, Ernst: 'Griechische Komposita vom Typus *μεσο-νύκτιος* und *όμο-γάστριος*'. Museum Helveticum 2,1, 15–27. (= RISCH 1981: 112–124).

RISCH 1981 = RISCH, Ernst: *Kleine Schriften*, zum siebzigsten Geburtstag herausgegeben von Annemarie ETTER und Marcel LOOSER. Berlin – New York.

RIX 2001 = LIV.

RÖNNOW 1927 = RÖNNOW, K.: *Trita Āptya. Eine vedische Gottheit*. Inauguraldissertation. (Uppsala Universistets Årsskrift 1927). Uppsala.

ROSEN 1838 = ROSEN, Fr.: *Rigveda-Sanhita*. Liber Primus. Sanskritè et Latinè [sic!]. London.

ROTH 1850 = ROTH, R.: 'Die Sage von Dschemschid'. Zeitschrift der Deutschen Morgenländischen Gesellschaft 4, 417–433.

ROTH 1853 = ROTH, R.: 'On the Morality of the Veda. Translated from the Author's Manuscript by W. D. WHITNEY'. Journal of the American Oriental Society 3, 329–347.

RV, ed. TITUS = Electronic publication (synopsis of four editions) in: *TITUS* (titus.uni-frankfurt.de): *R̥gveda-Saṃhitā*. On the basis of the edition by Th. AUFRECHT, Bonn 1877 [...] entered by H. S. ANANTHANARAYANA, Austin/Texas; synoptically arranged with the metrically restored version by B. VAN NOOTEN and G. HOLLAND, the sandhifree version by A. LUBOTSKY. TITUS version (with corrections by Fco. J. MARTÍNEZ GARCÍA) by Jost GIPPERT. Frankfurt am Main, 31.1.1997 / 28.2.1998.

SACHAU 1879 = SACHAU, C. E.: *Al-Bîrûnî's Chronology of the Ancient Nations*. London.

SADOVSKI 1998 = SADOVSKI, Velizar: 'Entheos-Komposita und präpositionale Rektionskomposita: Die Theorien über ihren Ursprung im Kontext der anderen Bahuvrīhi-Zusammensetzungen bzw. Hypostasen. Übersicht über die Rezeptionsgeschichte der früheren Forschung'. Contrastive Linguistics 23,1–2, 136–151.

SADOVSKI 2000a = SADOVSKI, Velizar: 'Die exozentrischen Zusammensetzungen mit Vorderglied Präverb/Präposition im R̥gveda: Entheos-Komposita und präpositionale Rektionskomposita'. In: FORSSMAN – PLATH (eds.) 2000: 455–473.

SADOVSKI 2000b = SADOVSKI, Velizar: 'Klassifikation der aksl. Nominalkomposita am Material der 1975 gefundenen Fragmenten Euchologium Sinaiticum (1/N) und Missale Sinaiticum (5/N) und ihren griechischen Parallelen'. In: *Glagolitica. Zum Ursprung der slavischen Schriftkultur*, hrsg. von Heinz MIKLAS unter der red. Mitarbeit von Sylvia RICHTER und Velizar SADOVSKI. (Österreichische Akademie der Wissenschaften / Schriften der Balkan-Kommission). Wien. [= Akten der Tagung *Glagolitica. Zum Ursprung der slavischen Schriftkultur. Vatroslav Oblak (1864–1896) und Bernd von Arnim (1899–1946) zum Gedächtnis*, Wien, September 1996].

SADOVSKI 2001 = SADOVSKI, Velizar: 'Bahuvrīhis und Rektionskomposita im R̥gveda und Avesta: Reinterpretationen ursprünglicher Entheos-Komposita als Ausgangspunkt für die Herausbildung neuer präpositionaler Rektionskomposita'. In: *Norm und Abweichung*. Akten des 27. Deutschen Orientalistentags, Bonn, 28.09.–02.10.1998, hrsg. von Stefan WILD und Hartmut SCHILD. (Kultur, Recht und Politik in muslimischen Gesellschaften 1). Würzburg, 101–120.

SADOVSKI 2002a = SADOVSKI, Velizar: '*Dvandva*, *tatpuruṣa* and *bahuvrīhi*: On the Vedic sources for the names of the compound types in Pāṇini's Grammar'. In: *Nominal Composition in Indo-European*, ed. by Torsten MEISSNER and James CLACKSON. Special number of *Transactions of the Philological Society*, Vol. 100,3, 351–402.

SADOVSKI 2002b = SADOVSKI, Velizar: 'Die Wortform *abhīpatás* und die °*īpa*-Komposita'. Bulletin d'Études Indiennes 20,1. Paris, 231–264.

SADOVSKI 2004 = SADOVSKI, Velizar: 'Indoiranische Komposita und freie Syntagmata mit prädikativischem bzw. partitivischem Attributionsverhältnis der Elemente'. In: *Indo-European Word Formation: Proceedings of the Conference held at the University of Copenhagen, October 20th – 22nd 2000*. Ed. by James CLACKSON and Birgit Anette OLSEN. Copenhagen, 295–334.

SADOVSKI 2006 = SADOVSKI, Velizar: 'Dichtersprachliche Stilmittel im Altiranischen und Altindischen. *Figurae elocutionis*, I: Stilfiguren der Ausdrucksweitung'. In: *Indogermanica. Festschrift für Gert Klingenschmitt. Indische, iranische und indogermanische Studien, dem verehrten Jubilar dargebracht zu seinem fünfundsechzigsten Geburtstag*. Hrsg. von Günter SCHWEIGER. Taimering, 521–540.

SADOVSKI 2007 = SADOVSKI, Velizar: *Epitheta und Götternamen im älteren Indo-Iranischen. Die hymnischen Namenkataloge im Veda und im Avesta* (*Stilistica Indo-Iranica, I.*). Fascicle II of: PANAINO, Antonio – SADOVSKI, Velizar: *Disputationes Iranologicae Vindobonenses, I.* (Sitzungsberichte der Österreichischen Akademie der Wissenschaften. Phil.-hist. Klasse, 764: Veröffentlichungen zur Iranistik 41). Wien, 37–74 [mit drei Registern, pp. 75–108].

SADOVSKI 2011 = SADOVSKI, Velizar: 'Metamorphosen und Paradoxien in der neueren Geschichte des italienischen und des bulgarischen politischen Liedes und Namensystems (1870–1989)'. In: NEWERKLA, Stefan Michael – POLJAKOV, Fedor B. – SCHMITT, Oliver Jens (Hrsg.): *Das politische Lied in Ost- und Südosteuropa*. Red. Hansfrieder VOGEL, Armina GALIJAŠ. (Europa Orientalis 11). Wien, 49–85.

SALETORE 1973 = SALETORE, R. N.: *Early Indian economic history*. London – Totowa.

SARUP 1921 = SARUP, L.: *The Nighaṇṭu and the Nirukta*. The Oldest Indian Treatise on Etymology, Philology and Semantics. Text, Introduction, English Translation and Notes. London (Reprint Delhi – Varanasi – Patna 1967).

SCARLATA 1999 = SCARLATA, Salvatore: *Die Wurzelkomposita im Ṛg-Veda*. Wiesbaden.

SCHELLER 1959 = SCHELLER, Meinrad: *Vedisch* priyá- *und die Wortsippe frei, freien, Freund*. Eine bedeutungsgeschichtliche Studie. (Ergänzungshefte zur Zeitschrift für vergleichende Sprachforschung auf dem Gebiet der indogermanischen Sprachen 16). Göttingen.

SCHERMAN 1892 = SCHERMAN, Lucian: *Materialien zur Geschichte der indischen Visionslitteratur*. Leipzig.

SCHINDLER 1986 = SCHINDLER, Jochem: 'Zu den homerischen ῥοδοδάκτυλος-Komposita'. In: *o-o-pe-ro-si. Festschrift für Ernst Risch zum 75. Geburtstag*, herausgegeben von Annemarie ETTER. Berlin – New York, 393–401.

SCHINDLER 1987 = SCHINDLER, Jochem: 'Zur avestischen Kompositionslehre: *aš-* 'groß''. In: CARDONA – ZIDE 1987: 337–354.

SCHINDLER 1988 = SCHINDLER, Jochem: 'Zur Thorie der Doppelpossessiva'. [Unpubl.] Vortrag auf dem Kolloquium *Sprachwissenschaft und Philologie*: *Jacob Wackernagel und die Indogermanistik heute*. Basel, 13. Oktober 1988.

SCHINDLER 1997 = SCHINDLER, Jochem: 'Zur internen Syntax der indogermanischen Nominalkomposita'. In: *Berthold Delbrück y la sintaxis indoeuropea hoy*. Actas del Coloquio de la Indogermanische Gesellschaft Madrid, 21–24 de septiembre de 1994, ed. por Emilio CRESPO y José Luis GARCÍA RAMÓN. Madrid – Wiesbaden, 537–540.

SCHLERATH 1968 = SCHLERATH, Bernfried: *Awesta-Wörterbuch*. Vorarbeiten I. *Index locorum zur Sekundärliteratur des Awesta*. Vorarbeiten II. *Konkordanz*. Wiesbaden.

SCHLINGLOFF 1969 = SCHLINGLOFF, Dieter: *Die altindische Stadt. Eine vergleichende Untersuchung*. (Abhandlungen der Geistes- und Sozialwissenschaftlichen Klasse / Akademie der Wissenschaften und der Literatur [Mainz]; Jg. 1969, 5). Mainz 1969 [1970].

SCHMIDT 1968 = SCHMIDT, Hanns-Peter: *Bṛhaspati und Indra. Untersuchungen zur vedischen Mythologie und Kulturgeschichte*. Wiesbaden.

SCHMIDT 1996 = SCHMIDT, Hanns-Peter: 'The Non-Existence of Ahreman and the Mixture (*gumēzišn*) of Good and Evil'. In: *K. R. Cama Oriental Institute. Second International Congress Proceedings (5th to 8th January, 1995)*. Bombay, 79–95.

SCHMITT 1967 = SCHMITT, Rüdiger: *Dichtung und Dichtersprache in indogermanischer Zeit*. Wiesbaden.

SCHMITT 1978a = SCHMITT, Rüdiger: *Die Iranier-Namen bei Aischylos*. (Sitzungsberichte der Österreichischen Akademie der Wissenschaften. Phil.-hist. Kl., 337: Veröffentlichungen der Iranischen Kommission 6). Wien.

SCHMITT 1978b = SCHMITT, Rüdiger: 'Die theophoren Eigennamen mit altiranisch **Miθra-*'. In: *Études Mithriaques*. (Acta Iranica: Textes et mémoires, 4). Téhéran – Liège, 395–455.

SCHMITT 1982 = SCHMITT, Rüdiger: *Iranische Namen in den indogermanischen Sprachen Kleinasiens*: *Lykisch, Lydisch, Phrygisch*. (= *Iranisches Personennamenbuch*, Band V, Faszikel 4). Wien.

SCHMITT 1995 = Rez. von PLATH 1994b. Indogermanische Forschungen, 100, 1995, 284–287.

SCHMITT 2000a = SCHMITT, Rüdiger: *Selected Onomastic Writings*. Edited by Winfried BREITBACH and Philip HUYSE. (Persian Studies Series 20). New York.

SCHMITT 2000b = SCHMITT, Rüdiger: 'Indogermanische Altertumskunde. I. Sprachliches'. In: BECK – GEUENICH – STEUER (eds.) 2000: 384–402.

SCHMITT 2002 = SCHMITT, Rüdiger: *Die iranischen und Iranier-Namen in den Schriften Xenophons. (Iranica Graeca Vetustiora. II)*. (Sitzungsberichte der Österreichischen Akademie der Wissenschaften. Phil.-hist. Kl., 692. Band: Veröffentlichungen zur Iranistik 29). Wien.

SCHMITT 2003a = SCHMITT, Rüdiger: 'Onomastische Bemerkungen zu der Namenliste des *Fravardīn Yašt*'. In: CERETI – MAGGI – PROVASI (eds.) 2003: 363–374.

SCHMITT 2003b = SCHMITT, Rüdiger: 'Iranische Personennamen bei Aristoteles'. In: ADHAMI, Siamak (ed.): *Paitimāna*. Essays in Iranian, Indo-European, and Indian Studies in Honor of Hanns-Peter Schmidt. Volumes I & II. Costa Mesa, California, 2003: 275–299.

SCHMITT 2006a = SCHMITT, Rüdiger: *Iranische Anthroponyme in den erhaltenen Resten von Ktesias' Werk. (Iranica Graeca Vetustiora. III).* (Sitzungsberichte der Österreichischen Akademie der Wissenschaften. Phil.-hist. Kl., 736. Band: Veröffentlichungen zur Iranistik 33). Wien.

SCHMITT 2006b = SCHMITT, Rüdiger: *Das Iranische Personennamenbuch: Rückschau, Vorschau, Rundschau.* (Sitzungsberichte der Österreichischen Akademie der Wissenschaften. Phil.-hist. Klasse, 744: Iranische Onomastik 1). Wien.

SCHMITT 2006c = SCHMITT, Rüdiger: 'Modernisierung ererbter Personennamen im Altiranischen. Von 'primären' **ḱleu̯es-* zu 'sekundären' **farnah*-Bildungen'. In: *Studi linguistici in onore di Roberto Gusmani*, a cura di R. BOMBI, C. CIFOLETTI, F. FUSCO, L. INNOCENTE, V. ORIOLES. Alessandria, 1559–1568.

SCHMITT 2006d = SCHMITT, Rüdiger: 'Iranische Personennamenforschung: Geschichte – Leistungen – Zukunftsaufgaben'. In: EICHNER – FRAGNER – SADOVSKI – SCHMITT (Hrsg.) 2005: 195–216.

SCHMITT 2009 = SCHMITT, Rüdiger: *Iranische Personennamen in der neuassyrischen Nebenüberlieferung.* (= *Iranisches Personennamenbuch*, Band VII, Faszikel 1A). (Sitzungsberichte der ÖAW. Phil.-hist. Klasse, 777. Band: Veröffentlichungen zur Iranistik 4). Wien.

SCHMITT 2011 = SCHMITT, Rüdiger: *Iranische Personennamen in der griechischen Literatur vor Alexander d. Gr.* (= *Iranisches Personennamenbuch*, Band V, Faszikel 5A). (Sitzungsberichte der ÖAW. Phil.-hist. Klasse, 823. Band: Veröffentlichungen zur Iranistik 9). Wien.

[SCHMITT 2012 = SCHMITT, Rüdiger: *Manfred Mayrhofer: Leben und Werk. Mit vollständigem Schriftenverzeichnis.* (Sitzungsberichte der ÖAW. Phil.-hist. Klasse, 828. Band: Veröffentlichungen zur Iranistik 10). Wien 2012 – Korr.-Nachtrag].

SCHMITT – VITTMANN (in Vorbereitung) = SCHMITT, Rüdiger – VITTMANN, Günter: *Iranische Namen in ägyptischer Nebenüberlieferung* (= *Iranisches Personennamenbuch*, Band VIII). (Sitzungsberichte der ÖAW. Phil.-hist. Klasse, 842. Band: Veröffentlichungen zur Iranistik 13). Wien, geplante Erscheinung: 2013.

SCHNEIDER 1967 = SCHNEIDER, Ulrich: 'Yama und Yamī (R̥V X 10)'. Indo-Iranian Journal 10, 1–32.

SCHRAMM 1957 = SCHRAMM, Gottfried: *Namenschatz und Dichtersprache. Studien zu den zweigliedrigen Personennamen der Germanen.* (Ergänzungshefte zur Zeitschrift für vergleichende Sprachforschung auf dem Gebiet der indogermanischen Sprachen 15). Göttingen 1957.

SCHROEDER 1908 = SCHROEDER, L. VON: *Mysterium und Mimus im Rigveda.* Leipzig. [Reprint: Amsterdam 1974].

SCHWAB 1886 = SCHWAB, Josef: *Das altindische Thieropfer, mit Benützung handschriftlicher Quellen.* Erlangen.

SCHWARTZ 2007 = SCHWARTZ, Martin: 'Kirdēr's Clairvoyants: Extra-Iranian and Gathic Perspectives'. In: *Iranian Languages and Texts from Iran and Turan. Ronald E. Emmerick Memorial Volume.* Ed. by Maria MACUCH – Mauro MAGGI – Werner SUNDERMANN. (Iranica 13). Wiesbaden, 365–376.

ṢEDIQIĀN 1976 = ṢEDIQIĀN, M.: *Farhang-e asāṭiri-ḥamāsi-e Irān ba rewāyat-e manābeʿ-e baʿd az Eslām* I. Tehran.

SFERRA 2010 = SFERRA, Francesco: *Hinduismo antico*. Volume primo. *Dalle origini vediche ai Purāṇa*. Progetto editoriale a cura di Francesco SFERRA. Introduzione ai testi tradotti di A. RIGOPOULOS. Traduzioni e note a cura di C. DELLA CASA, R. GNOLI, A. PELISSERO, ST. PIANO, M. PIANTELLI, F. SQUARCINI, Ph. SWENNEN, V. VERGIANI. (I Meridiani. Classici dello Spirito). Milano.

SHAKED 1971 = SHAKED, Shaul: 'The Notions "mēnōg" and "gētīg" in the Pahlavi Texts and their relation to Eschatology'. Acta Orientalia, 33, 59–107 (repr. in SHAKED 1995).

SHAKED 1987a = SHAKED, Shaul: 'First man, first king. Notes on Semitic-Iranian syncretism and Iranian mythological transformations'. In: *Gilgul. Essays on transformation, revolution and permanence in the history of religions dedicated to R. J. Zwi Werblowsky*. Leiden, 238–256 (repr. in SHAKED 1995).

SHAKED 1987b = SHAKED, Shaul: '*Paymān*: an Iranian idea in contact with Greek thought and Islam'. In: *Transition Periods in Iranian History. Actes du Symposium de Fribourg-en-Brisgau (22–24 mai 1985)*. (Studia Iranica 5). Paris, 217–240 (repr. in SHAKED 1995).

SHAKED 1994 = SHAKED, Shaul: *Dualism in Transformation. Varieties of religions in Sassanian Iran*. London.

SHAKED 1995 = SHAKED, Shaul: *From Zoroastrian Iran to Islam. Studies in Religious History and Intercultural Contacts*. (Variorum, Collected Studies Series, CS 505). Great Yarmouth, Norfolk.

SHAKI 2001 = SHAKI, Mansour: 'Gayōmart'. In: *Encyclopædia Iranica*. Ed. by E. YARSHATER. Vol. 10. Costa Mesa, 345–347.

SHARMA 1977 = SHARMA, Rajendra Nath: *Culture and Civilization as revealed in the Śrautasūtras*. Delhi.

SIMS-WILLIAMS 2000 = SIMS-WILLIAMS, Nicholas: *Bactrian Documents from Northern Afghanistan*. I: *Legal and Economic Documents*. (Studies in the Khalili Collection, Vol. III = Corpus Inscriptionum Iranicarum. Part II, Vol. 6). Oxford.

SIMS-WILLIAMS 2001 = SIMS-WILLIAMS, Nicholas: 'Avestan *sufra-*, Turkish *süvre-*'. In: *De Dunhuang à Istanbul. Hommage à James Russell Hamilton*. Ed. par L. BAZIN – P. ZIEME. (Silk Road Studies 5). Turnhout, 329–338.

SIMS-WILLIAMS 2010 = SIMS-WILLIAMS, Nicholas: *Bactrian Personal Names*. (= *Iranisches Personennamenbuch*, Band II, Faszikel 7). (Sitzungsberichte der ÖAW. Phil.-hist. Klasse, 806. Band: Iranische Onomastik 8). Wien.

SKJÆRVØ 1983 = SKJÆRVØ, Prods Oktor: 'Kirdir's Vision: Translation and Analysis'. Archäologische Mitteilungen aus Iran 16, 269–306.

SKJÆRVØ 1993 = SKJÆRVØ, Prods Oktor: Review of GIGNOUX 1991. Bibliotheca Orientalis 5/6 (September–November 1993), 690–700.

SKJÆRVØ 1997 = SKJÆRVØ, Prods Oktor: 'Counter-Manichean elements in Kerdīr's inscriptions. Irano-Manichaica II'. In: *Atti del Terzo Congresso Internazionale di Studi "Manicheismo e Oriente Cristiano Antico", Arcavataca di Rende Amantea, 31 agosto – 5 settembre 1993*. Ed. by L. CIRILLO – A. VAN TONGERLOO. Louvain – Naples, 313–342.

SKJÆRVØ 2002 = SKJÆRVØ, Prods Oktor: 'Ahura Mazdā and Ārmaiti, Heaven and Earth, in Old Avesta'. Journal of the American Oriental Society 122,2, 399–410.

SKJÆRVØ 2008 = SKJÆRVØ, Prods Oktor: Jamšid. i. Myth of Jamšid. In: *Encyclopædia Iranica*. Ed. by E. YARSHATER. Vol. 14. New York, 501–522.

SKUTSCH 1987 = SKUTSCH, Otto: 'Helen, Her Name and Nature'. The Journal of Hellenic Studies 107, 188–193.

SMITH 1929 = SMITH, Maria Wilkins: *Studies in the Syntax of the Gathas of Zarathushtra together with Text, Translations and Notes*. (Language Dissertations published by the Linguistic Society of America, 4). Philadelphia.

SÖDERBLOM 1901 = SÖDERBLOM, N.: *La vie future d'après le Mazdéime à la lumière des croyances parallèlles dans les autres religions. Étude d'eschatologie comparée*. (Annales du Musée Guimet. Bibliothèque d'études 9). Paris.

SOMMER 1948 = SOMMER, Ferdinand: *Zur Geschichte der griechischen Nominalkomposita*. (Abhandlungen der Bayerischen Akademie der Wissenschaften. Phil.-hist. Klasse. N.F., Heft 27, 1948). München.

SÖRENSEN 1904–1925 = SÖRENSEN, Sören: *An Index to the Names in the Mahābhārata*. London. [Reprints: Delhi 1963, 1978].

SPARREBOOM 1985 = SPARREBOOM, M[arcus/Max].: *Chariots in the Veda*. (Memoirs of the Kern Institute 3). Leiden.

Śrautakośa I/1–I/2–II/1 = DANDEKAR, R.N. et al. (eds.): *Śrautakośa. English section*. Poona. I/1, 1958. I/2, 1962. II/1, 1973.

STAAL (ed.) 1983 = STAAL, Frits (ed.): *Agni. The Vedic ritual of the fire altar*. Volumes 1–2. Berkeley. [Reprint: Delhi etc. 2001]

STEBLIN-KAMENSKIJ 1995 = STEBLIN-KAMENSKIJ, Ivan M.: 'Avestan *kəmčit̰ paiti čaθrušanąm*'. East and West, 45/1–4 (December), 307–310.

STEETS 1993 = STEETS, Cheryl: *The Sun Maiden's Wedding: An Indo-European Sunrise/Sunset Myth*. Unpublished PhD thesis. University of California, Los Angeles.

STIETENCRON (Hrsg.) 1975 = STIETENCRON, Heinrich von (Hrsg.): *Der Name Gottes*. Mit Beiträgen von P. BREYERHAUS et al. Düsseldorf.

STIETENCRON (Hrsg.) 1992 = STIETENCRON, Heinrich von (ed.): *Epic and Purāṇic bibliography* (up to 1985). Annotated and with indexes. Compiled under the chairmanship of Heinrich von STIETENCRON by P. FLAMM, H. v. STIETENCRON, J. L. BROCKINGTON, A. MALINAR, P. SCHREINER, K.-P. GIETZ, A. KOLLMANN, S. DIETRICH, R. SÖHNEN-THIEME, A. S. PFEIFFER et al. Vol. 1: *A–R*. Vol. 2: *S–Z, Indexes*. (Purāṇa Research Publications Tübingen 3,1–2). Wiesbaden.

STOYANOV 2001 = STOYANOV, Y.: 'Islamic and Christian Heterodox Water Cosmogonies from the Ottoman Period: Parallels and Contrasts'. Bulletin of the School of Oriental and African Studies, 64,1, 19–33.

STRAUSZ 1898 = STRAUSZ, Adolf: *Die Bulgaren. Ethnographische Studien*. Leipzig.

SUNDERMANN 1978 = SUNDERMANN, Werner: 'Some More Remarks on Mithra in the Manichaean Pantheon'. In: *Études Mithriaques. Actes du 2e Congrès International, Téhéran, du 1er au 8 septembre 1975*. (Acta Iranica 17). Téhéran – Liège, 485–499.

SUNDERMANN 1993 = SUNDERMANN, Werner: Review of GIGNOUX 1991. Acta Orientalia 54, 184–187.

SWENNEN 2004 = SWENNEN, Philippe: *D'Indra à Tištrya. Portrait et évolution du cheval sacré dans les mythes indo-iraniens anciens*. (Collège de France. Publications de l'Institut de Civilisation Indienne, Série in-8°, Fascicule 71). Paris.

SWENNEN 2010a = SWENNEN, Philippe: 'Veda e Brāhmaṇa'. In: SFERRA 2010: 1,1–133.

SWENNEN 2010b = SWENNEN, Philippe: 'Note sur *viśvasuvíd-* (*R̥ksaṃhitā* 1.48.2a)'. Journal Asiatique 298/1, 169–172.

TAFAZZOLI 1354 h. = TAFAZZOLI, A.: *Tarjom-e Minū-ye xerad.* (Enteshārāt-e Bonyād-e Farhang-e Īrān, 201, 1975). Tehran.

TAFAZZOLI 1975 = TAFAZZOLI, A.: 'Elephant: a demonic creature and a symbol of sovereignty'. In: *Monumentum H. S. Nyberg*. Vol. II. (Acta Iranica 6). Leiden – Tehran – Liège, 395–398.

TAVERNIER 2007 = TAVERNIER, Jan: *Iranica in the Achaemenid Period (ca. 550–330 B.C.). Lexicon of Old Iranian Proper Names and Loanwords, Attested in Non-Iranian Texts.* (Orientalia Lovaniensia Analecta 158). Leuven – Paris – Dudley, MA.

TERRIBILI 2009–2010 = TERRIBILI, Gianfilippo: *Appartenenza etnica e percezione del nemico: la difesa dell'iranismo nel terzo libro del* Dēnkard. Tesi per il conseguimento del Dottorato di Ricerca in Studi Filologici e Letterari sul Vicino Oriente e l'Iran Pre-Islamico. (XXI ciclo. Università di Roma, "La Sapienza". Facoltà di Lettere e Filosofia). Roma.

THIEME 1929 = THIEME, Paul: *Das Plusquamperfectum im Veda.* (Ergänzungshefte zur Zeitschrift für vergleichende Sprachforschung auf dem Gebiete der indogermanischen Sprachen, Nr. 7). Göttingen.

THIEME 1963 = THIEME, P.: 'Agastya and Lopāmudrā'. Zeitschrift der Deutschen Morgenländischen Gesellschaft 111 (N.F. 36), 69–79.

THIEME 1984 = THIEME, Paul: *Kleine Schriften.* 2., unveränderte Auflage, mit einem Nachtrag 1984 zur Bibliographie. (Glasenapp Stiftung Band 5). Wiesbaden.

THIEME 1985 = THIEME, P.: Nennformen aus Anrede und Anruf im Sanskrit. Münchener Studien zur Sprachwissenschaft, 44 (*Festgabe für Karl Hoffmann*, Teil I), 239–258.

THITE 1975 = THITE, Ganesh Umakant: *Sacrifice in the Brāhmaṇa Texts.* Poona 1975.

TISCHLER 2008 = TISCHLER, Johann: *Hethitisches Handwörterbuch*, mit dem Wortschatz der Nachbarsprachen. 2., vermehrte und verbesserte Auglage. (Innsbrucker Beiträge zur Sprachwissenschaft 128). Innsbruck.

TSUJI 1970 = TSUJI, Naoshirô: *Existent Yajurveda literature. Philological study of the fundamental sources of the Vedic ritual.* (The Toyo Bunko Ronsô, Series A, 52). Tokyo.

VAAN 2008 = VAAN, Michiel DE: *Etymological Dictionary of Latin and the Other Italic Languages.* (Leiden Indo-European Etymological Dictionary Series 7). Leiden – Boston.

VAN BUITENEN 1975 = VAN BUITENEN, J. A. B.: *The Mahābhārata.* Vol. 2 *The book of the assembly hall.* Vol. 3. *The book of the forest.* Chicago.

VAN LOHUIZEN-DE LEEUW 1975 = VAN LOHUIZEN-DE LEEUW, M.: 'The Contribution of Foreign Nomads to the Culture of the Indian Subcontinent'. In: LESHNIK, L. S. – SONTHEIMER, G.-D. (eds.): *Pastoralists and Nomads in South Asia.* (Schriftenreihe des Südasien-Instituts der Universität Heidelberg). Wiesbaden 1975, 16–29.

VAN VELZE 1938 = VAN VELZE, Jacob Antoon: *Names of Persons in Early Sanscrit Literature.* Utrecht.

VARENNE 1967 = VARENNE, Jean: *Mythes et légendes extraits des Brâhmana.* Traduit du sanskrir et annotés. (Connaissance de l'Orient: Série indienne 24). Paris.

Ved. St. 1–3 = s. PISCHEL – GELDNER 1889–1897–1901.

VERNANT 1965 = VERNANT, Jean-Pierre: 'Figuration de l'invisible et catégorie psychologique du double: le colossos'. In: VERNANT, Jean-Pierre, *Mythe et pensée chez les Grecs. Études de psychologie historique*. Paris, 251–264.

VERNANT 1976–1977 = VERNANT, Jean-Pierre: 'La figure des morts I'. In: VERNANT, Jean-Pierre, *Figures, idoles, masques*. Paris, 17–30.

VERNANT 1977–78 = VERNANT, Jean-Pierre: 'La figure des morts II'. In: VERNANT, Jean-Pierre, *Figures, idoles, masques*. Paris, 31–59.

VERNANT 2010 = VERNANT, Jean-Pierre: *L'immagine e il suo doppio. Dall'era dell'idolo all'alba dell'arte*. Milano.

WACKERNAGEL (– DEBRUNNER [– RENOU]) 1896 = *AiGr* I.

WACKERNAGEL (– DEBRUNNER) 1905 = *AiGr* II,1.

WACKERNAGEL – DEBRUNNER 1930 = *AiGr* III.

(WACKERNAGEL –) DEBRUNNER 1954 = *AiGr* II,2.

WACKERNAGEL 1953–1979 = WACKERNAGEL, Jacob: *Kleine Schriften*. Band I–II, hrsg. von Albert DEBRUNNER. Göttingen 1953. Band III, hrsg. von Bernhard FORSSMAN. Göttingen 1979.

WAYMAN 1959 = WAYMAN, A.: 'Studies in Yama and Māra (I, II, III)'. Indo-Iranian Journal 3, 44–73; 113–131.

WEBER 1896 = WEBER, A.: 'Vedische Beiträge. 4. Das achtzehnte Buch der Atharvasaṃhitâ. (Fortsetzung und Schluß)'. *Sitzungsberichte der Königlich Preussischen Akademie der Wissenschaften zu Berlin*, Jg. 1896, Erster Halbband, 253–294.

WERBA 1997 = WERBA, Chlodwig H.: *Verba IndoArica*. Die primären und sekundären Wurzeln der Sanskrit-Sprache. Pars I: *Radices Primariae*. Wien.

WESENDONK 1924 = WESENDONK, Otto G. VON: *Urmensch und Seele in der iranischen Überlieferung*. Ein Beitrag zur Religionsgeschichte des Hellenismus. Hannover.

WEST 1880 = WEST, E. W.: *Pahlavi Texts*. Part I. (Sacred Books of the East 5). Oxford.

WEST 2007 = WEST, Martin L.: *Indo-European Poetry and Myth*. Oxford.

WHITNEY – LANMAN 1905 = WHITNEY, William Dwight – LANMAN, Charles Rockwell: *Atharva-Veda Saṁhitā*. Translated with a Critical and Exegetical Commentary by William Dwight WHITNEY [...]. Revised and Brought Nearer to Completion and Edited by Charles Rockwell LANMAN. I (Harvard Oriental Series 7). II (Harvard Oriental Series 8). Cambridge, Massachusetts 1905.

WIDENGREN 1980 = WIDENGREN, Geo: 'Macrocosmos–Microcosmos. Speculations in the Rasa'l Ikhwan al-Safa and some Hurufi Texts'. In: *Esistenza, Mito, Ermeneutica. Scritti per Enrico Castelli*. Vol. I. (Archivio di filosofia). Padova, 297–312.

WIDMER 2004 = WIDMER, Paul: *Das Korn des weiten Feldes. Interne Derivation, Derivationskette und Flexionshierarchie: Aspekte der nominalen Wortbildung des Indogermanischen*. (Innsbrucker Beiträge zur Sprachwissenschaft 111). Innsbruck 2004.

WILLIAMS 1990 = WILLIAMS, A. V.: *The Pahlavi Rivāyat Accompanying the Dādēstān ī Dēnīg*. Vol. 1–2. (Historisk-filosofiske Meddelelser, 60,1–2). Copenhagen.

WINDISCHMANN 1853 = WINDISCHMANN, Friedrich H. H.: 'Ursagen der arischen Völker'. In: *Abhandlungen der Philosophisch-philologischen Classe der Königlich Bayerischen Akademie der Wissenschaften*, 7. Bd., I. Abtheilung, 1–20.

WINDISCHMANN 1857 = WINDISCHMANN, Friedrich H. H.: *Mithra: Ein Beitrag zur Mythengeschichte des Orients*. (Abhandlungen [der Deutschen Morgenländischen Gesellschaft] für die Kunde des Morgenlandes 1,1). Leipzig. [Reprint: Nendeln 1957].

WINTERNITZ 1905 = WINTERNITZ, M.: *Geschichte der indischen Litteratur*. Erster Teil. *Einleitung und erster Abschnitt: Der Veda*. (Die Litteraturen des Ostens in Einzeldarstellungen. Band 9: 1. Halbband). Leipzig.

WITZEL – GOTŌ – DŌYAMA – JEŽIĆ 2007 = *Rig-Veda. Das heilige Wissen. Erster und zweiter Liederkreis*. Aus dem Vedischen übersetzt und herausgegeben von Michael WITZEL und Toshifumi GOTŌ unter Mitarbeit von Eijirō DŌYAMA und Mislav JEŽIĆ. Bd. I. Frankfurt am Main – Leipzig.

WITZEL 1984 = WITZEL, M.: 'Sur le chemin du ciel'. Bulletin d'Études Indiennes 2, 213–279.

WITZEL 1987 = WITZEL, Michael: 'On the Localisation of Vedic Texts and Schools. (Materials on Vedic Śakhas, 7)'. In: POLLET, Gilbert (ed.): *India and the Ancient World. History, Trade and Culture before A.D. 650. Professor P. H. L. Eggermont Jubilee Volume. Presented on the occasion of his seventieth birthday*. (Orientalia Lovaniensia Analecta 25). Leuven, 173–213.

WOLFF 1910 = *Avesta. Die heiligen Bücher der Parser* übersetzt auf der Grundlage von Chr. Bartholomae's Altiranischem Wörterbuch von Fritz WOLFF. Straßburg 1910.

YOUNG 1954 = Snorri Sturluson. *The Prose Edda. Tales from Norse mythology*. Introd. by Sigurður NORDAL. Selected and transl. by Jean I. YOUNG. Berkeley.

ZADOK 1909 = ZADOK, Ran: *Iranische Personennamen in der neu- und spätbabylonischen Nebenüberlieferung*. (= *Iranisches Personennamenbuch*, Band VII, Faszikel 1B). (Sitzungsberichte der ÖAW. Phil.-hist. Klasse, 777. Band: Veröffentlichungen zur Iranistik 4). Wien.

ZAEHNER 1955 = ZAEHNER, Robert CH.: *Zurvan. A Zoroastrian Dilemma*. Oxford. [Reprint: New York 1972].

ZAEHNER 1961 = ZAEHNER, Robert Ch.: *The Dawn and Twilight of Zoroastrianism*. London. New York, [1]1961. Reprint: London [2]1975

ZELLER 1990 = ZELLER, Gabriele: *Die vedischen Zwillingsgötter. Untersuchungen zur Genese ihres Kultes*. (Freiburger Beiträge zur Indologie 24). Wiesbaden.

ZIMMER 1879 = ZIMMER, Heinrich: *Altindisches Leben. Die Cultur der vedischen Arier. Nach den Saṁhitā dargestellt*. Berlin.

ZIMMER 1990 = ZIMMER, Stefan: *Ursprache, Urvolk und Indogermanisierung. Zur Methode der Indogermanischen Altertumskunde*. Innsbruck.

ZIMMER 2002 = ZIMMER, Stefan: 'Tendenzen der Indogermanischen Altertumskunde 1965–2000. I. Teil: Sachkultur'. Kratylos 47, 1–22.

ZIMMER 2003 = ZIMMER, Stefan: 'Tendenzen der Indogermanischen Altertumskunde 1965–2000. II. Teil: Geistige Kultur'. Kratylos 48, 1–25.

ZOËGA 2004 = ZOËGA, G. T.: *A Concise Dictionary of Old Icelandic*. (Medieval Academy Reprints for teaching, 41). Toronto – Buffalo – London.

REGISTER

I. *Sachregister (in Auswahl)*

Reihenfolge des lateinischen Alphabets. – Diakritika bleiben grundsätzlich unberücksichtigt. Die erfaßten Begriffe aus den beiden Untersuchungen erscheinen im folgenden aus Gründen der Einheitlichkeit in deutscher Sprache.

II. *Wortformen- und Namenregister (in Auswahl)*

Indo-Iranisch

Urindoiranisch (Rekonstruktionen und Transponate)

(Indo-)Arisch des Vorderen Orients; Mitanni-Arisch

Altind(oar)isch (Vedisch und Sanskrit)

Reihenfolge der Devanāgarī-Schrift. – Vedisch unmarkiert.

Mittelind(oar)isch

Pāli

Prākrit

(Alt- [Gāθisch] und Jung-)Avestisch

Reihenfolge: *a – ā/å/ā̊ – ą/ą̇ – b/β – c – d/δ – e/ē – ə/ə̄ – f – g/ġ/γ – h – i/ī – j – k – m/m̨ – n/ń/ṇ – ŋ/ŋ́/*η^{v} *– o/ō – p – r – s – š/š́/ṣ̌ – t/t̰ – θ – u/ū – v – x/x́ –* x^{v} *– y/ẏ – z – ž* (cf. das System von HOFFMANN/ZWANZIGER/MAYRHOFER in: MAYRHOFER 1971b: 54; MAYRHOFER 1971a: 5, mit Ergänzungen von ebenda fehlenden Zeichen). – Ausdrücklich markiert werden nur linguistisch distinktive gāθisch-avestische Formen und Stämme.

Rekonstruiertes Altiranisch

Medisch

Altpersisch

Reihenfolge des lateinischen Alphabets. Langvokale werden nach den entsprechenden Kurzvokalen eingereiht. – In Nebenüberlieferung bezeugte iranische Namen vgl. unter „Griechisch“ bzw. „Elamisch“.

Mittelpersisch

Slavisch

Griechisch

Reihenfolge des griechischen Alphabets. – Hier werden auch in Nebenüberlieferung in griechischer Buchstabenschrift bezeugte iranische Namen miterfaßt.

ITALISCH

Lateinisch unmarkiert.

GERMANISCH

Altisländisch

Mittel- und Neuhochdeutsch

Neuhochdeutsch unmarkiert.

Alt- und Neuenglisch

Neuenglisch unmarkiert.

Elamisch